中等职业学校职业素养系列教材

美育基础知识

（第三版）

刘受益 主编

高等教育出版社·北京

内容提要

本书旨在以美育培养时代新人，适应当代美育课教学需求。在《美育基础知识（第二版）》的基础上修订而成。

绪论外，本书分为四个单元，分别是单元一审美教育、单元二美学原理、单元三文艺美学、单元四生活美学。

本书适合作为职业学校美育课教材，也可作为广大青少年学习美学知识，提高自身审美水平和艺术修养的自学读物。从本书中，读者既可学到一些美学的基本理论、基础知识，又能够提高诸如美术、音乐、戏剧、影视、书法、建筑等方面的艺术欣赏能力以及在人物美、服饰美、风景美、环境美、饮食美等方面的鉴赏水平和审美品位。

第三版 前言

美育是一种高层次的素质教育，也就是精神层次的素质教育。美育的独特作用是其他教育所无法替代的。美育一般包括美学知识的普及、美感教育和以美的规律贯穿其中的普通教育等。显然，这三个方面的相互补充和配合，不在于培养几个艺术家，而是造就一代具有较高的审美趣味和道德修养以及有多种爱好和广泛知识的年青一代。美育必须有科学的美学理论为指导，才可以使受教育者开阔理论的视野，为培养正确的审美观提供坚实的哲学基础，从世界观的高度加深对美育的理解。所以说，美学是美育的起点，美育又是美学的归宿。青少年学习一些美学基础知识，可以培养正确的审美观念和健康的审美情趣，可以陶冶情操、净化心灵、丰富知识、激发热情，促进青少年全面发展。

从系统论的观点讲，美学一般可分为两个层次：美学的第一个层次是理论美学，主要内容包括美、美感等问题。美学的第二个层次是应用美学，它包括精神生活领域中的美学，如绘画美学、音乐美学、文学美学等，还包括物质生活领域中的美学，如人体美学、服饰美学、饮食美学等。应用美学表现了美学的分化，又体现了美学的综合。理论美学向应用美学的转移，已成为我国当今美学研究的一种趋势。这种趋势体现了理论美学的深化和现实生活发展的需要。本书的内容包括了这两个层次，既有利于青少年掌握美和美感的基本规律，对美的实践起指导作用，又有利于青少年把“美”带到他们的生活中去。

美感教育主要是通过审美实践训练，来强化人的感知、想象、情感、理解等心理能力，培养人的审美能力和创美能力。本书的内容包括了美感教育，主要体现在文艺美学和生活美学两部分中，这两部分对不同艺术门类的美和丰富的生活中的美进行了论述，重点介绍了各种美的特征和欣赏方法。在思考与练习题中，引导学生进行部分审美实践，学生通过审美和创美的实践，可以提高对美的感知能力、判断能力、想象能力、欣赏能力、分析能力和创造能力。

美育读物作为一种知识传播的载体，只要它的通俗化既是创造性的，又是便于掌握的，它就能积极推动读者能力的提高。这样的读物自身，也是与德智体劳四育密切相关、互相作用的美育产物。本书也是遵循这一原则编写的。在阐述美学原理时，尽可能深入浅出、通俗易懂。在文艺美学和生活美学的各单元中，美的欣赏与美的创造的要求都是比较基本的，便于掌握和应用。

使用本书时，建议授课课时为48课时，其中单元一审美教育4课时，单元二美学原理8课时，单元三文艺美学28课时，单元四生活美学8课时（可根据实际情况做调整）。除了传授美育基础知识，学校和教师还应安排组织一些艺术作品如书画、雕塑、摄影、音乐、戏曲、影视等的赏析课，以提高学生对美的感知力、想象力、鉴赏力。还应该根据学生不同的兴趣爱好，组织学生举办书画、摄影、工艺品等学习成果展示会。组织学生开展音乐、舞蹈、戏剧等演出活动。发挥学生特长，调动学生积极性，以提高学生创造美的能力。并把这些美的实践活动纳入美育课的教学计划，美育教育落到实处，产生实际效果。

本书在编写过程中，广泛地吸取了国内外专家、学者的研究成果。在此，谨向有关的专家、学者，致以衷心的感谢。

本书第一版由首都师范大学曹利华教授审稿。在修订过程中，得到了北京市职教中心邢晖老师的指导和帮助，为向教材新形态转化，江门市第一职业高级中学的宋玥和何小霞老师为本书制作了配套数字教学资源。在此，向他们表示诚挚的谢意。

本书自 1996 年出版以来，受到全国各职业院校师生的普遍欢迎。在 2001 年进行过一次修订再版。本书已持续发行了 24 年，在这漫长的岁月里，国家富强了，社会进步了，文化艺术事业也有了飞速发展，特别是出现了更多美的现象、美的事物和美的作品。因此，本书的内容非常需要修订充实。这次修订后的第三版，依据党和国家对教育方针和美育工作的重要指示和决定，补充了在社会上展现出美的典型事物、典型现象和艺术领域中出现的新作品。同时，对应书中列举的大量美的事物、美的作品添加了插图和彩页。因为学习美学、观察美的事物、赏析美的作品，尤其是美术作品，必须直观地看到这些作品。审美活动不是绝对抽象的，美的显著特征是具有形象性，没有形象也就没有美。直观感受是理解美的最有效方法，所以，这次修订努力做到图文并茂，既方便老师教学，也有利于同学自学，增加本书的实用性、可读性和趣味性。希望修订后的第三版，能得到老师们的支持帮助、同学们及青少年朋友们的喜爱。由于自己的理论素养和学识水平有限，书中难免有不妥之处，我诚恳地希望得到大家的批评指正，读者意见信箱：zz_dzyj@pub.hep.cn。

刘受益

2021 年 6 月

第一版

前言

美育，又称审美教育，它是人类文明发展的必然结果，也是人类自身建设的一个重要方面。审美教育一般包括美感教育，美学知识的普及和以美的规律贯穿其中的普通教育等。显然，这三个方面的相互补充和配合，不在于培养几个艺术家，而是造就一代具有高尚的审美趣味和道德修养以及有多种爱好和广泛知识的新人。美育有助于提高整个社会的审美能力，讲究美的社会风气，建立美的人际关系，制造美的劳动产品，创造美的生活环境，在建设社会主义物质文明和精神文明中发挥重要作用。

美育是我国社会主义教育事业不可分割的重要组成部分。进行美育，必须有科学的美学理论为指导。这样可以使受教育者开阔理论的视野，为培养正确的审美观提供坚实的哲学基础，从世界观的高度加深对美育的理解。所以说，美学是美育的起点，美育又是美学的归宿。青年人学习一些美学基础知识，可以培养正确的审美观念和健康的审美情趣，可以陶冶情操，净化心灵，丰富知识，激发热情，可以提高对美的感知能力、判断能力、想象能力、欣赏能力、分析能力和创造能力。

从系统论的观点讲，美学一般可分为两个层次：美学的第一个层次是理论美学，主要内容包括美、美感等问题。美学的第二个层次是应用美学，它包括精神生活领域中的美学，如绘画美学、音乐美学、小说美学等，还包括物质生活领域中的美学，如人体美学、服装美学、烹饪美学等。应用美学表现了美学的分化，又体现了美学的综合。理论美学向应用美学的转移，已成为我国当今美学研究的一种趋势。这种趋势表现了理论美学的深化和现实生活发展的需要。本书的内容包括了这两个层次，既有利于青年人掌握美和美感的基本规律，对美的实践起指导作用，又有利于青年人把“美”带到他们的生活中去。

美学家王朝闻指出：“美学作为一种知识，只要它的通俗化既是创造性的，也是便于掌握的，它就能积极作用于读者能力的提高。这样的读物自身，也就是与德智体三育密切相关、互相作用的美育。”本书也是遵循这一原则编写的。在阐述美学原理时，尽可能深入浅出、通俗易懂。在文艺美学和生活美学的各章节中，美的欣赏与美的创造的要求都是比较基本的，便于掌握和应用。

本书在编写过程中，广泛地吸取了国内外专家、学者的研究成果。在此，谨向有关的专家、学者，致以衷心的感谢。

本书在编写过程中，得到了首都师范大学曹利华教授、北京市职教中心邢晖老师、高等教育出版社王军伟同志的指导、帮助和支持。在此，向他们表示深挚的谢意。

这本书的出版，希望得到青年朋友，特别是青少年学生的喜爱。

由于自己的理论素养和学识水平有限，书中一定有许多缺点和错误，我诚恳地希望得到大家的批评指正。

刘受益
1994年12月

目 录

绪　　论

一

什么是美育？美育就是审美教育。在原始社会，人们通过讨论公共事务和参加宗教仪式，通过唱歌、跳舞、游戏和讲故事等手段，来培养社会成员应具备的品德、行为、习惯，以适应生产和生活的需要，以维护集体的生存和稳定。历史的事实说明，在原始社会人类就萌发了审美意识。到了夏朝，产生了学校，并形成了美育的教学内容。我国古代著名教育家孔子把礼（道德规范）和乐（艺术审美）作为教育科目，因为它有陶冶思想情操的作用。历朝历代延续了人文教育传统和传统美学观念，后来审美活动日益广泛，审美教育逐渐发展。

在西方，古希腊哲学家柏拉图，特别热衷于音乐教育，认为“音乐是求心灵的美善的”。美育作为一种特殊的教育，它通过审美活动，激发和净化人的感情，潜移默化地起到教育作用。18世纪，德国文学家、思想家席勒是第一个使用“美育”概念的人，在他的《美育书简》中，比较全面地论述了美育的性质、任务及其社会意义，被后人尊为第一部美育的宣言书。席勒明确指出，“若把感性的人变成理性的人，唯一的途径是先使他成为审美的人”“只有审美的趣味才能导致社会和谐，因为它在个体身上奠定和谐”。马克思汲取了前人的美育思想，高度概括了人与客观世界的关系，阐明人是“按照美的规律来建造的”“社会的进步就是人类对美的追求的结晶”。

在我国近现代史上，美育和艺术教育，始终作为新文化运动的重要组成部分。梁启超、王国维、蔡元培、鲁迅、陶行知等一大批先进知识分子，为美育和艺术教育在中国的发展和实施作出了积极有效的贡献。

当下，美育已被确定为教育的重要组成部分，是对青少年进行全面素质教育的重要内容。

学校美育一般包括美感教育、美学知识教育和以美的规律贯穿其中的普通教育等几方面。进行美育必须以科学的美学知识为指导，在一定意义上讲，美学是美育的理论基础，美育是美学的审美实践。用恩格斯的话来说，美育就是“关于美学方面的教育”。因此，美育是学习美学的基本知识，从而开阔理论视野，为培养正确的审美观打下坚实的哲学基础，从世界观的高度加深对美育的理解。

什么是美学呢？美学是一门古老的科学。其历史源头，可以追溯到几千年前。我国的春秋战国时期，一些著名的思想家、哲学家，如孔子、孟子、荀子、庄子等，对美的问题就有许多论述。孔子的《论语》中有不少地方谈到了美的问题。他说“里仁为美”，意思是说和有仁德的人在一起，才算善的、好的。他还说“君子成人之美，不成人之恶”，意思是说帮助和赞成别人做好事，不帮助和不赞同别人做坏事。孔子认为美和善是密切联系而不可分的。孟子在美的观点上提出了“充实之谓美”的论点，意思是说人有了仁、义、礼、智等品德，才谓之

“充实”，“使之不虚，是为美人，美德之人也”。

在西方，古希腊哲学家柏拉图就提出“美是理念”，意思是说美是纯粹的理性观念。他把美理解为抽象的观念，是先于事物而存在的，是美的事物的创造者。古希腊的亚里士多德提出“美在形式”，意思是说“美就在于体积大小和秩序”“事物的某种形式、规则是美的本质”。不论是东方还是西方，对美学的探讨都源远流长，所积累的美学思想遗产也是极其丰富的。因此，美学可以说是一门古老的科学。

美学又是一门年轻的科学。被称为“美学之父”的德国哲学家鲍姆嘉通在1735年第一次使用了“美学”这个术语，1750年他撰写了第一本美学专著，美学也就作为一门新兴的科学出现了。这门科学开始是从认识论的角度提出来的，属于哲学体系的一个组成部分，但又是有别于哲学、逻辑学、文学艺术的一门独立的学科。在我国，把美学作为一门独立学科介绍进来是从近代才开始的。

美学作为一门独立的学科，当然有自己特殊的研究对象。但是，在美学的研究对象的问题上，古往今来却存在着争论和分歧。如果结合人们的审美实践，对以往的理论，特别是对不同派别的理论加以总结，可以得出三点共同认识：第一，美学是美的哲学。美学主要研究美的本质问题、美的根源和特征、美的内容和形式、美与真和善的关系、美的领域和形态等。美的哲学是整个美学的基础，是美学大厦的地基。第二，美学是审美心理学。如果人根本不具备感受美的能力，那么客观世界存在多少美，对人来说也毫无意义。因此，美学必须研究美感。明确美感的本质和特征，分析形成美感的各种心理因素，认识美感的个性、共性和客观标准等。第三，美学是艺术的哲学。艺术集中了人类审美实践的丰富经验，是任何美学研究绝对无法回避的重要领域。美学在研究艺术时，与艺术概论有所区别，美学更强调从审美上研究艺术，即研究艺术美的创造与欣赏。

明确了美学研究的对象，我们就可以知道美学到底是一门什么科学了。美学是研究美、美感和艺术的创造与鉴赏规律的科学。它体现了审美活动中主体和客体的关系。

本书单元一审美教育，明确美育的意义、任务和特征等，加深青少年对美育的认识，从而提高接受美育的自觉性和积极性。单元二美学原理，了解关于美和美感的本质、特征、法则等基本规律，从科学的原理出发，让原理对美的实践起指导作用。单元三文艺美学，学习各种文学艺术的美学特征和欣赏方法，从而提高青少年对美的感知能力、想象能力、欣赏能力、鉴别能力、分析能力和创造能力。单元四生活美学，了解社会生活中各种美的表现、规律和创造方法，引导青少年把美带到生活中去。

美学是一门社会科学与自然科学相互渗透而成的科学，它与哲学、艺术学、心理学、伦理学等学科有着密切的联系。因此，学习美学必须把视野放开，才能较好地理解、领会美学的原理和观点，才能有较大的收获。学习美学还必须坚持理论与实践相结合的原则。美学涉及的范围很广，因此，学习美学需要兴趣广泛、视野开阔，积极参加美的实践活动，增强自己对美的感受能力、理解能力和鉴赏能力。

思考与练习

- 什么是美育？学校美育一般包括哪些内容？
- 什么是美学？美学和美育的关系是什么？

审美教育的缩写或简称就是美育，是运用自然界，社会生活，物质产品和精神产品中一切美的形式，给人们耳濡目染，潜移默化的教育，以达到美化人们心灵、行为、语言、体态，提高人们道德与智慧的目的。其本质就是在情感领域完成对人的全面教育。运用审美形象的感染作用，塑造健全完善的人性结构，使人在身心方面得到协调发展。当前，加强和深化美育，对于培养全面发展的一代新人，建设高度的社会主义精神文明，促使学生适应未来的职业需要有着重要意义。对于培养造就一大批全面发展的社会主义建设者和接班人，对于实现中华民族伟大复兴的中国梦，有着深远的影响和重要作用。

单　元　一

审　美　教　育

主题一

美育的意义

一、培养全面发展的一代新人

世界经济的全球化和科学技术的迅猛发展，正日益深刻地改变着人类的生产和生活方式。这使得国民综合素质和创新能力越来越成为综合国力的重要组成部分，成为推动或制约经济增长和社会发展的关键因素。

什么是素质呢？素质是指人在先天生理的基础上，受后天环境和教育的影响，通过个体自身的认识和社会实践，养成的比较稳定的身心发展的基本品质。简而言之，就是人的身心中内在的素质因素，包括思想道德素质、文化素质、专业素质、身体素质、心理素质等。各种素质因素的综合，就构成了人的整体素质。整体素质的提高，显然不能只靠智育，而必须加强德育、智育、体育、美育、劳育诸方面，并做到相互渗透、协调发展，才能促进学生各种素质因素的综合形成，从而提高整体素质。

美育不是一般的知识教育、艺术教育，而是一种文化素质教育、基本素质教育，一种精神世界层次上的素质教育。通过美育，能够教育年轻一代树立美的理想，发展美的品格，培养美的情操，形成完美的人格。同时，可以激发学习活力，促进智力的开发，培养创新能力。正如席勒所说："有促进健康的教育，有促进认识的教育，有促进道德的教育，还有促进鉴赏力和美的教育。这最后一种教育的目的在于，培养我们感性和精神力量的整体达到尽可能和谐。"美育在促进学生全面发展、提高学生整体素质方面，是德育、智育、体育、劳育不能代替的。学校只重视智育，不重视德育、美育和人文修养的教育，可能会造成学生的人文素质较差。历史的经验告诉我们，没有美育的教育是不完全的教育。马克思说："人是按照美的规律来建造的。"其含义之一就是说，只有用美的规律来培养人，才能培养出完美的人、全面发展的人。

学生时代是人的一生中精力充沛、风华正茂的时代，是富有青春活力、充满诗情画意的时代。爱美是人的天性，青少年学生渴望美、热爱美、追求美、创造美的意愿是最强烈的，也是最迫切的。美的世界又是一个五彩缤纷的"王国"，美是非常简单的，又是无比复杂的；美是那么具体，又是那么玄妙，具体得任何人都能感受到，玄妙得古今中外的美学家们对许多美的问题至今找不到确切的答案。青少年学生学习美学知识，就是为了步入"美的王国"，解开团团迷雾，学会如何鉴赏美、评价美、追求美、创造美，从而融入美的集体、美的生活、美的社会和美的世界；同时也造就美的个人，也就是培养自己成为高度审美能力的一代新人。

二、建设高度的社会主义精神文明

人类社会发展到今天，中国和世界各国都在物质文明方面取得了巨大进步，人们开始越来越关注精神世界的充实和精神文明的发展，也就是说随着物质生活水平的不断提高，人们对美的需求更为迫切。这是因为一个民族在摆脱了物质贫困之后，必然要向"美的王国"攀登。比如，人们已不满足于吃饱、穿暖、有房子住，而开始追求吃得美、穿得美、住得美，在享受丰富的物质生活的同时，也能得到较高层次的艺术享受。人们的精神生活也逐渐向高层次发展，从只听听歌曲、看看电影，到欣赏交响乐、撰写影视评论、学习绘画和书法、参加健美健身锻炼等，愈来愈丰富多彩。在节假日还会出去旅游，观赏自然风光和人文景观，寻求美的享受。尤其是不少青年人，非常喜爱音乐、舞蹈、绘画、摄影、戏剧等，也追求着自身的形体美、服饰美、风度美，充分反映出青年人对生活和艺术的热爱。

现代人审美需求的特点是审美趣味的多样化，审美表现的个性化，审美风格的典雅化，审美形式的流行化。因此，面对现代社会，在按照市场经济运行规律办事的同时，也必须按照美的规律办事。使商品和服务都符合美的要求。也就是说，商品的文化价值、审美价值正变得越来越重要，可以和商品的使用价值、交换价值相提并论，有时甚至更为重要。这就要求领导部门、生产部门和流通部门，不仅要有经济头脑和技术眼光，而且要有文化头脑和美学眼光。因此，对人才素质的要求明显地从单向“智力型”向兼具“审美型”过渡。社会的每一个成员，不但要有进取和创新的精神风貌，同时在处理人与人、人与自然、人与社会的关系时，也力求审美化。一个民族和国家的审美水平的高低，标志着这个民族和国家的文明程度的高低。我们实施美育，有助于给社会带来团结和安定，有助于给社会带来进步和幸福。正如席勒所说，美育“能够给社会带来和谐，因为它把和谐建立在个人心中”。如果忽视了美育，必然会出现不懂礼貌、不讲公德、自私自利、见利忘义、冷漠无情、尔虞我诈，甚至打架、偷窃、赌博、吸毒、强暴、诈骗等丑恶现象，严重时就会破坏社会的安定和团结。如果忽视了美育，庸俗的、虚假的、卑劣的和丑恶的文化，就会通过各种渠道迅速在社会上蔓延和扩展，毒害青年和污染社会。当然，出现这些问题和现象有多方面原因，但忽视美育而造成人的素质下降是一个重要原因。马克思说：“社会的进步就是人类对美的追求的结晶。”人类对美的追求，不但可以创造美的劳动产品和丰富的物质财富，还可以培养人审美的情操，形成完美的人格，从而促进社会的进步和发展。这是社会实践所证明的真理，违背了这一真理，事物就会走向反面。

社会主义精神文明建设的根本任务是适应社会主义现代化建设的需要，培养有理想、有道德、有文化、有纪律的社会主义公民，提高整个中华民族的思想道德素质和科学文化素质。加强美育，普及美学知识，有助于将公民培养成具有广博的知识、敏锐的审美能力、高尚的趣味和道德修养的人。目前，我国各族人民正在为实现中华民族伟大复兴的中国梦而奋斗，从一定意义上说，也就是为了实现各族人民共同的审美理想。加强美育，普及美学知识，可以加强社会主义精神文明建设，可以提高全民的美学理论修养，培养美好的情感，激发活跃的创造性和想象力，从而能够自觉地按照美的规律，来美化自身、美化社会、美化祖国，适应时代发展的需要。

三、促使学生适应未来的职业需要

随着社会生产力的发展，人类的审美实践活动范围愈来愈广阔，内容愈来愈丰富，人们的生活和工作也愈来愈美好。教育要面向现代化，面向世界，面向未来。而现代化的中国是美的，走向世界的中国人民是美的，未来的社会是美的。那么，将要从事某种职业或已经从事某种职业的青年，应该具有美的心灵、美的性格、美的情操、美的气质、美的风度，既是美的鉴赏者，又是美的体现者和创造者。

青少年学生在未踏上工作岗位之前，往往怀着对未来职业的憧憬，希望在未来的职业劳动中，施展自己的才能和实现自己的远大抱负。然而，在职业生活的激流中，怎样才能搏浪勇进呢？为了实现自己的抱负，在学校期间应该怎样提高自己的素质呢？学生的素质，除了思想道德素质、专业技能素质和身心素质外，还包含文化素质和艺术修养。学生要具有对美的鉴赏能力、表现能力和创造能力。例如，师范专业的学生，既要具有专业知识，也要具有广泛的兴趣爱好。因为能写善画或能歌善舞、博学多才或志趣高尚的老师，在学生中才会有较高的威信，才有可能使其培养的学生具有较高素质。外事服务或旅游专业的学生，要求谈吐文雅、着装美观得体，要熟悉中外的音乐、美术、文学、戏剧等，特别要熟悉祖国的传统艺术，如绘画、雕塑、工艺品、园林建筑和名胜古迹等，这样才能符合其职业的要求。商业专业的学生，应该熟悉商品的材质美、形体美、色彩美、装潢美的特征与规律，了解商品美的形态与风格、商品美的创造与欣赏。具有美学知识和修养，才能成为出色的商业工作者。烹饪专业的学生，制作的菜点不仅要求色泽美观、口味鲜香、造型精巧，而且还要求做到质地美、器具美、菜名美，能创造出意境美，因为烹饪不仅仅是一种技术，而且是一种文化、一种艺术。服装和美容、美发专业的学生，要求掌握更多的美学知识是不言而喻的。医务、食品、财经、电脑等专业的学生，也被要求在语言、仪表、环境布置、图表绘制等方面，具有美的表现力和创造力。将来从事高科技研发的理工专业学生懂得了科学美的知识，也可以在以后的研发工作中，努力体现科技项目的精确美、抽象美、逻辑美、和谐美、统一美、简洁美等，这也有利于高科技的研发。学生毕业后，将成为具有不同专业技术的人才，这是职业个性（差异性）的要求，但也存在着职业共性（共同性）的要求，即每种专业都离不开美的表现、美的应用和美的创造。学生毕业后无论走上什么岗位，都应该把美带到工作中去；把美和所从事的专业工作紧密联系在一起，并且有所创造，才能把专业工作完成地更出色。

主题二

美育的任务

一、树立正确的审美观

审美观是人们在审美实践中形成的对美、美感和美的创造等问题的基本观点，是世界观和人生观的组成部分，即从审美的角度出发对世界和人生的看法。在人的审美和创美实践中起着指导作用。因此，树立正确的审美观是美育的首要任务。

树立正确的审美观就是要树立马克思主义的审美观。因为马克思主义是人类文明发展的结晶，是正确认识世界和改造世界的精神武器。美育的根本出发点，就是要培养青年一代具有崇高的审美理想和高尚的审美情趣，能够按照美的规律去创造美的世界，成为全面发展的新人。马克思主义审美观的基本点，就是劳动者创造了财富，同时也创造了美，美的根源在于实践，没有劳动和实践就没有美。审美观的核心是审美理想和审美标准，大致可分为进步的或腐朽落后的、健康的或颓废的等，也就是对美或丑的基本观点。

在人生的意义的选择上，一种选择是能为人民大众辛勤劳动进而创造财富，作出贡献为最大的快乐和美的人生。另一种选择则是只讲索取和享受，不择手段追求金钱和地位，视满足个人吃喝玩乐为最大的快乐和美的人生。在处理人与人之间关系的问题上，一种看法是人的生存离不开集体，只有彼此尊重、互相帮助、团结友爱，才能促进社会的进步，所以要以建立亲密无间的友谊为美。另一种看法则认为人都是自私的，没有真情，只有你争我夺，伤害别人，才能使自己获得利益，所以持这种看法的人就以虚情假意、恶语伤人、以权势压人为美。以上两个方面，表现出两种人生观、两种审美观的矛盾和斗争。

树立正确的审美观，不仅需要掌握必要的美学知识，更需要到生活实践中去培养。因为，审美观的形成来源于审美感受，反过来又对审美感受起指导作用，还能提高审美的敏感度，使人们可以更好地辨别美丑，从而为欣赏美和创造美打下正确而坚实的基础。

二、提高审美能力

审美能力应包括三种能力，即对美敏锐的感知力、丰富的想象力和透彻的鉴赏力。

拥有审美感知力是人们审美、创美活动的前提和基础。欣赏音乐要有善于感受旋律的耳朵，欣赏绘画要有善于感受线条、色彩的眼睛，欣赏小说要有善于借助语言进行艺术想象的头脑。美育的首要任务，就是要训练人们的感官（耳、眼、鼻、舌、身等），提高听觉、视觉、嗅觉、味觉、触觉的感知能力和思维判断能力。审美感知包括审美感觉和审美知觉两部分。审美感觉是美感的初级阶段，它为审美活动提供丰富的素材，例如，看到鲜艳的红旗，听到动听的歌声，触到坚硬的岩石等。审美知觉阶段是人对美的事物的多种属性的整体反映。例如，对一只鹦鹉形态美的感知是由它那娇小的身躯，艳丽的羽毛、灵巧的动作、悦耳的鸣叫等多种属性和条件构成的。所以，在现实生活中，人们总是以审美知觉的形式来获得审美感受。要提高审美能力就要培养自己对形、色、声等的敏锐而准确的感知力。

审美想象力在审美活动中发挥着十分重要的作用。想象是指将头脑中已有的记忆形象进行分解、组合和改造，从而创造出新形象的过程。想象的最大特点就是在于对新形象的创造。例如，欣赏绘画《踏花归去马蹄香》，画面上有行进中的马，马蹄周围飞舞着许多蝴蝶。欣赏者就要思考：为什么马蹄周围会有蝴蝶飞舞呢？进而想到马蹄上一定是有花的香气。这时欣赏者就想象到在离马不远处，有一片美丽而芬芳的花丛，马是刚刚从花丛中走过来的。“花丛”就是新形象的创造。再如，中国戏曲的许多场景常常呈现出艺术夸张的表现形式，凭借演员表演的技巧、动作的程式和舞台设计中对时空的虚拟呈现来调动欣赏者的想象。舞台上表现骑马、坐轿时以无作有，以假作真。“六七步五湖四海，四五人千军万马”。任何艺术的欣赏和艺术的创作都离不开想象。在审美活动中，人的生活经验愈丰富，文化知识愈多，想象的翅膀也就愈丰满，在美的天空中愈可以自由地飞翔。所以，要重视知识的积累，培养广泛的兴趣，扩大美的视野。同时，还要体验社会生活中的美，因为想象的基础是生活，任何形象都来源于生活，只有对生活充满了热爱的人，才能更多地发现生活中美好的事物，有了丰富的生活经验才能有丰富的想象力。

审美鉴赏力是指对美的事物鉴别和欣赏的能力。在审美活动中，鉴别和欣赏二者密不可分，有鉴别才有欣赏，能欣赏才能鉴别。例如，国画和油画在审美情趣、造型手段、构图方法和画面内容上，有着截然不同的审美特征。能鉴别这两种绘画的不同风格和不同特点，在欣赏中国画时就不会用欣赏西洋画的眼光来对待，才能正确地分析、判断其美之所在，对中、西绘画才不会妄加褒贬。学会了欣赏绘画，懂得了绘画的造型手段和使用线条、设色、构图的方法和技巧，也才有可能对绘画作品的思想性和艺术性进行鉴别。审美鉴赏力首先表现在对事物和艺术美丑的辨析能力上。例如，有的女性以浓妆艳抹、忸怩作态、举止轻浮为“美”，有的人以庸俗而低级趣味的小说或音像制品为“美”等。这些都是以丑为美的表现，这些人需要加强审美修养，不断提高分辨美丑的能力。与此同时，审美鉴赏力还表现在对美的形态、范畴和程度的识别能力上。例如，自然美重在形式，但也具有社会性。自然景物的某些特征具有某种比喻、象征人们的思想品格的寓意作用，因此在欣赏自然美时，也可以使自己的心灵得到净化，性格得到陶冶，精神得到振奋。再如，对悲剧的认识，美学范畴的“悲剧”不是指生活中的悲惨事件或死亡，而是对带有深刻意义的事件的演义。悲剧人物具有善良、正直的品质，悲剧事件具有引起人们思想共鸣和净化人们情感的作用。正确认识悲剧，就不会在欣赏悲剧时只能感受到悲哀、痛苦、恐惧和消沉，而是从悲剧中得到启示，受到教育，净化了心灵，认识了真理，产生了力量，坚定了信念，得到一种美的陶冶和美的享受。又如，欣赏音乐，有一个在美的程度上由浅入深的过程。首先是表层美，通过作品的音色、节拍、音量的变化，使人感受到音乐的悦耳动听。然后是中层美，通过作品在旋律、和声、体裁方面的表现，使人感受到音乐的悦心悦意。最后是深层美，通过作品对形象、情感、意境的创造，使人感受到音乐的悦志悦神。不断提高对美的形态、范畴、程度的识别能力，才能具备比较透彻的审美鉴赏力。

三、培养创造美的能力

在美育中人们比较重视提高欣赏美的能力，而忽视对创造美的能力的培养。

实际上，一个美的欣赏者不一定能成为美的创造者，但是一个美的创造者一定能成为美的欣赏者。提高审美能力是为了创造美，而创造美的能力的增强，必然会提高审美能力。

创造美的能力是指人们按照美的规律创造美的事物和美化自身的能力。如何培养创造美的能力呢？

对美的创造要由易到难、由简到繁、由低级到高级，逐步提高。有的人认为美的创造很神秘或高不可攀，其实不然。青年学生创造美可以从自身做起，如努力做到助人为乐的品德美、文明礼貌的行为美、大方得体的风度美、素雅简洁的服饰美等。同时还可以从美化自己生活环境做起，如对教室、校园、宿舍、居室等的美化。青年学生创造美的另一重要方面是参加文艺活动，如学习绘画、书法、摄影，学习唱歌或某种乐器演奏，学习舞蹈、戏剧，进行文学创作等。

对美的创造要充满激情和善于想象。别林斯基说："没有感情，就没有诗人，也没有诗歌。"想象力的培养也是提高创造美的能力的重要方面。例如，要写一首热爱祖国的诗，首先要充满爱国的激情，然后进行艺术构思，通过想象创造出诗的形象和诗的意境，最后用高度浓缩和富有韵律的精练语言，诗情画意地表达出来，这就是美的创造。再如，要唱一支友谊之歌，首先要带着浓烈的友谊之情，通过想象理解歌词和旋律所塑造的形象和意境，最后用优美的旋律、从容的节奏、绚丽的和声和甜美的音色，声情并茂地表现出来，这也是美的创造。

对美的创造要有美的蓝图并掌握形式美的法则。例如，要布置教室环境，首先要通过想象、立意设计好美的蓝图，然后按照形式美的法则进行规划和实践。给课桌铺上相同颜色的桌布，表现出整齐一律的美。教室黑板的上方挂国旗，黑板的左右两侧各挂上一幅地图，表现出对称均衡的美，给人以稳重、庄严和衬托中心的感受。窗帘布的底色和花饰采用相接近的颜色，表现出调和的色彩之美，给人以柔和、协调、雅致的美感。窗台上放上几盆充满生机的有红花绿叶的盆景，表现出对比的色彩之美，给人以鲜明、醒目、振奋的美感。在教室的左右两面墙上挂上几幅激励同学进步的名人语录，在教室的后面墙上挂上几幅启发同学热爱自然、热爱生活的绘画作品，名人语录和绘画作品都装在完全相同的镜框中，表现出多样统一的美，给人以既丰富又单纯，既活泼又有秩序的美感。在这样整洁、幽雅的环境中学习，会感到庄重和谐、舒适愉快，这不也是美的创造吗？再如，在小说创作中要充分利用形式美法则，塑造人物形象时，正面和反面人物要形成鲜明的对比，才能将人物塑造得典型而深刻。设置故事情节时，要有节奏和韵律，才能将故事叙述得曲折而生动。表现环境时，环境与人物思想感情相协调，才能将环境描写得丰富而含蓄。一部小说中，塑造的人物是众多的，设置的情节是曲折的，描写的环境是丰富的，但都在一致地表现某一个主题，体现了多样统一的形式美。作家写一部小说就是在进行一次美的创造。画家画一幅画，工艺师完成一座雕塑，音乐家写出一首乐曲，舞蹈家编排一部舞剧，导演组织一部戏剧或电影，美容师设计和修饰一个人的形象，规划师改造或建造一座城市等都是美的创造。

努力培养自身创造美的能力，积极进行美的创造，才能更强烈地体验美，更透彻地鉴赏美，更深刻地理解美，也才能实现人类自身的美化。

主题三

美育与德、智、体、劳“四育”的关系

一、美育与德育

德育中渗透了美育，因为德育的任务是树立人的正确的人生观、世界观，培养人的高尚品德和为人民服务的精神，实际上就是让人具有精神美、心灵美。例如，受教育者通过访问、座谈或听报告，学习我国原子弹、氢弹事业的先驱者、理论物理学家邓稼先的事迹，了解邓稼先把自己的整个身心都献给了中国科学事业的生动感人的故事。在受教育者的心目中马上树立起一位热爱祖国，全心全意为人民服务的伟大科学家的光辉形象，并且决心以邓稼先为榜样，做一个为祖国无私奉献的人；然后根据自己的想象绘制有关邓稼先事迹的手绘宣传报，在班会上把邓稼先的事迹编排成短剧表演。这样就在德育中渗透了美育，使理性的灌输变成生动的形象，使道德说教转化为道德情感的感染。

美育中渗透了德育，因为在美育的过程中，通过情感的陶冶，使思想道德潜移默化地得到净化。演唱歌曲《光荣与梦想》，能够激励人们为实现民族复兴中国梦做出贡献。阅读诗人臧克家的诗《有的人》，能够启示人们去实现正确的人生价值。艺术教育是美育的重要方式，学习美学知识是美育的重要内容。车尔尼雪夫斯基在谈到诗人时认为，读他们的作品，会使我们养成这样的品格：“厌恶一切庸俗丑恶的东西，领会一切好的、美的东西的魅力，爱一切高尚的东西；读他们的作品，会使人们自己变得更美好、更善良、更高尚。”例如，一位学生谈了她的体会，她说："女孩子都爱花，我过去每次去公园总是把好看的花摘上几朵带回家。在学习了"自然美"的美学知识以后，不但懂得了如何欣赏自然美，更激发了我热爱大自然的思想感情。我爱花就应该珍惜它、保护它。我过去爱摘花，实际上是在破坏大自然、破坏生命、破坏美，也在剥夺别人享受美的权利，这是自私和不懂得美的表现。我的认识转变以后，再没有摘过花。大自然中的花朵在枝头怒放，同时道德的花朵也在我的心头开放。"以上事例说明，一个人愈懂得美就愈有道德，道德行为规范是美与道德的高度统一。正如席勒讲的："道德的人只能从审美的人发展而来，不能由自然状态中产生。"高尔基深刻地指出："美学是未来的伦理学。"

研究美育与德育之间的关系就是研究美与善之间的关系，在一定意义上说美是善的升华，当道德情感进一步转化为道德行为时，这种行为不仅是善的，而且是美的、是崇高的，我们应该以美导善。

美育的特殊性质，主要在于通过审美活动来教育学生。这种教育，不是靠讲道理、靠逻辑的力量来说服人，而是靠形象、靠情感的力量来感染人。所以，它能够使学生在鉴赏美的事物的过程中和在美的享受中受到教育，收到一般思想教育难以收到的教育效果。美育不能代替德育，但是不讲美育，德育也不会充实和完善。学生学习了美学知识，明白了什么是美、什么是丑，就能自觉地追求美和抵制丑。"美和道德是亲姐妹"。

二、美育与智育

智育中渗透了美育。在学习科学文化知识的过程中往往伴随着美的鉴赏。语文课的课文内容，常包含体现美好人性或带有进步意识的美的社会形象和美的自然形象。数学课中常表现出数的美、形的美、比例的美、对称的美、抽象的美、逻辑的美。物理和化学的实验中，常出现色彩、形状、质地、结构、声响的美以及它们的变化美。生物课中也有植物花叶的色彩美、形体美，动物的形态美、姿态美。历史课常介绍一些历史事件的伟大意义，和一些历史人物的崇高品德，给人以美的教育和陶冶。地理课的内容则体现出地理要素的秩序美和地理景观的自然美。要提高审美水平需要有丰富知识的积累。

美育中渗透了智育。美育具有传授知识的作用，可以促进智育的发展。例如，欣赏老舍的小说《骆驼祥子》就可以对半封建半殖民地的旧中国有较深的理解，同时可以了解那时北京劳动人民苦难的生活和社会底层的风土人情。老舍是语言大师，他所用的语言幽默诙谐、生动活泼，刻画形象惟妙惟肖，对提高欣赏者的语文水平是极有帮助的。再如，欣赏天安门广场的“人民英雄纪念碑”，就可以学习虎门销烟、金田起义、武昌起义、五四运动、五卅运动、南昌起义、抗日战争和解放战争的历史知识。又如，欣赏德国作曲家贝多芬的第五交响曲（“命运”），就可以了解到19世纪初欧洲封建王朝时期人民大众与命运决战的历史知识。欣赏自然美也可以增长知识。俗话说：“读万卷书，行万里路。”读书是提高理性知识的基础，旅游是丰富感性知识的途径。把欣赏祖国自然风光、名胜古迹同五千年源远流长的历史文化联系起来，可以学到很丰富的新知识。欣赏社会美首先要欣赏人的美，学识和修养体现人的美从别人丰富的学识和修养中可以学到知识。从生产劳动美、劳动产品美、社会变革美、生活环境美中都能学到知识。接受美育不但可以获得大量的自然科学知识和社会科学知识，同时还可以促使学生得到情感上的熏陶，获得精神上的力量，调动学习积极性，对知识产生浓厚的兴趣。

研究美育与智育之间的关系就是研究美与真之间的关系。真就是客观世界发展的必然规律，真与美是紧密地联系在一起的，美中蕴含着真。审美能力越高，获得的知识越丰富，智育的程度就越高，应该以美引真。

科学家经过多年的研究证明，左脑承担着逻辑思维功能，如处理语言、数字和其他分析功能等；右脑承担着形象思维功能，如处理空间图形、音乐、环境、声音等。人的大脑的两个半球，又是互相联系、互相沟通、互相促进而发展的。左右脑得到平衡发展，才能充分发挥大脑的智慧。爱因斯坦曾说过，在科学领域里“想象力比知识更重要”。由想象力即形象思维能力产生的对艺术美感和科学美感的感知力，能帮助学生更准确、更全面、更深刻地领会和掌握学科的课程内容，提高学习效果。在学校普及美学知识，可以使学生的右脑得到发展，提高形象思维能力，培养出聪明智慧、多才多艺、富于创造性的劳动者。

三、美育与体育

体育中渗透了美育。体育运动能让人锻炼出强壮的骨骼、发达的肌肉、红润的皮肤、健美的体型，有助于形成人的优雅的姿态、敏捷的动作、饱满的精神、优美的风度，是对美的运动形象的创造。人体的美表现为身体健康和有力量，表现为力量之美。正如艺术大师罗丹所说：“力与美往往结合在一起，而真正的美总是有力的。”力完善了美，美显示了力，达到力与美的完美结合，就可以充分展示富有朝气和生命活力的身体美。在体育的表演和比赛中还有丰富多彩的美，如跳水、冲浪、帆板、武术、体操、冰上芭蕾、花样游泳、健美比赛等体育活动，不断渗入了艺术因素。表现出人体的线条美、姿势美、造型美和动态美，以及配合人体运动表现出的服饰美、器械美、音乐美和光色美等，使人获得美的享受。

美育中渗透了体育。健与美是密不可分的，美育与体育是有机地结合在一起的。例如，欣赏自然美，在旅行中走路、骑车、登山、骑马、钓鱼、游泳等，这实际上都是体育锻炼。投入到大自然的怀抱之中，呼吸了新鲜空气，沐浴了和煦的阳光，获得了生理上的舒适和精神上的愉悦，促进了身体健康。再如欣赏艺术美，观看优秀的绘画、倾听优美的音乐、阅读感人的小说，都会使人轻松愉快、心情舒畅、陶冶情操、振奋精神，促进人的身心全面健康发展。特别是看漫画、观小品或听相声时，常常能引发人的大笑，俗话说“笑一笑，十年少”，适当的喜剧效果，有利于人的身体健康，经常获得美的享受、总是心情愉快的人，通常会比较长寿。又如创造艺术美，演唱时的呼吸和换气，可以加强胸廓、肌肉的力量，能促进血液循环和新陈代谢。指挥和演奏，实际上是有效的全身运动。舞蹈的动作中包括跑、跳、转、滚等，常要求时间短、速度快、力度强、能量大，这实际上起到了锻炼身体的作用。练习和创作书画，对怡养性情、增进健康也很有作用。许多老画家和老书法家，虽八九十岁，但身体仍然很好。在中国民间，千百年来流传着许多传统的娱乐活动，例如，汉族的踢毽、跳绳、放风筝、扭秧歌、耍龙灯、舞狮子、打腰鼓、踩高跷等；蒙古族的赛马、射箭；彝族的摔跤、斗牛；傣族的赛龙舟、丢花包等。近年来十分流行的街舞、跑酷、滑板等，这些娱乐活动都是美的展示、美的创造和美的享受，同时又具有体育的功效。

一个全面发展的人，要求身心健康，在体格和心灵上都是健美的。健和美体现着人体的生理、心理的内在发展规律的要求，应该贯穿于一切体育活动和美育活动之中。所以说，体育和美育是不可分离的。

四、美育与劳育

劳动教育中渗透了美育。马克思说“劳动创造了美”，深刻地说明劳动教育和美育紧密不可分的内在联系。比如：学生参加植树造林的公益劳动，在劳动中不仅培养了劳动观念、学会了植树的技能，同时创造了城市绿化的自然景观美，受到了美育。

1957年，北京十三陵水库修建工程破土动工，前后有40万人民群众轮流到水库工地参加义务劳动，北京的大学生也积极投入到建设工作中。昔日沉寂的荒山沟，出现了热火朝天的劳动场面。六十多年后的今天，十三陵水库宽阔的水面倒映着巍峨的蟒山，给人以“高峡出平湖”之感，景色幽静宜人。十三陵水库已发展成为防洪、发电、灌溉、养鱼、旅游观光，休闲度假及教育于一体的文化旅游景点，是国家水利风景区和森林公园。当年的大学生不但在劳动中受到教育和锻炼，同时参与了创造自然景观美和人文景观美的实践活动，接受到美育。

美育中渗透了劳育。美是到处都有的，爱美之心人皆有之。因此，每个人每一天都会自觉或不自觉地在创造美，特别在生活领域里。比如：每个学生都有机会美化或装修自己的居室或某些场所，这就需要自己考虑如何合理布局，如何选定色彩，如何陈设装饰，才能显现出居室或场所的风格美、特色美、时代美。思考和实践的过程，正是接受美育的过程。而完成这一过程就需要自己开动脑筋，按美的要求设计和规划，这也是一种脑力劳动。同时，还可能需要自己采购材料，动手操作等必要的体力劳动，因此，学生在这个过程中也受到劳动教育，培养了自己的劳动观念和技能。同样，演唱一首歌曲，表演一支舞蹈，书写一篇文章，设计一件服装，制作一盘美食，欣赏一处美景，都要付出适当的劳动。以劳育美，以美育劳，劳育和美育是不可分离的。

总之，德、智、体、美、劳“五育”是可以独立进行的，是相互不能替代的，但又不是孤立的，是相互依存，相互渗透，相互联系，相互作用，相辅相成的。德、智、体、劳“四育”中包含着美育，美育既可以从德、智、体、劳“四育”中表现出来，又可以诱导和促进德、智、体、劳深入发展。认识它们之间的关系并身体力行，才能促使自己全面发展。

主题四

美育的特征

认识了美育与德育、智育、体育、劳育的密切联系，还应该认识美育与德育、智育、体育、劳育的显著区别，也就是要认识美育所独具的特征。其特征有：情感性、形象性、娱乐性、趣味性、多样性、互动性、自由性、普遍性、感染性等。具体归纳为以下三点。

一、动之以情，理在情中

美育主要是培养人们对真、善、美的热爱和对假、恶、丑的憎恨，使人在情感上得到愉悦和陶冶，在道德上有鲜明、正确的是非观。德育中包含着情感因素，但其本质在于它的道德教化功用。智育中也包含着情感，但其本质在于认识和掌握客观规律。美育中情感因素是作为本质而存在的，情感是美育的核心，在一般审美过程中，概念、推理不是最主要的，而是以情感体验来贯穿始终，最后达到审美的目的。例如，欣赏《黄河大合唱》时，就可以激发起人们对祖国的热爱之情和对侵略者的愤恨之情，从而认识了只有同仇敌忾、团结一致才能战胜敌人的真理。再如，阅读鲁迅小说《祝福》后，就会激发起人们对祥林嫂的不幸、苦难和死亡的同情之心，从而认识到必须推翻腐朽和黑暗的封建制度的真理。又如，游览祖国名山大川，欣赏中外音乐作品，观看优秀戏剧电影，品味名家诗书画印，采访社会名流等，都会使我们精神愉快、心情舒畅、浮想联翩、思绪万千，体会到生命的意义和人生的乐趣，激发起我们对美好生活的向往和对远大理想的追求。情感转化为意志、物质转化为精神，在这情感的体验中暗含着理性的认识，情和理处于和谐统一，即动之以情，理在情中。这情与理的结合，体现了一种更高的精神境界。正如列宁所说：“没有‘人的感情’，从来就没有也不可能有人对于真理的追求。”美育的特点就是使人不仅在理论上认识到什么是美，而且在情感上产生共鸣。

二、形象鲜明，生动感人

在审美中的思维活动是十分复杂的，但其主要思维方式是形象思维。这个特点取决于美的形象性，离开了形象也就没有美可言了。德育和智育有时也要借助于形象，如采用参观、观察实验对象等手段，但基本上依赖的是分析、概括、说理的手段，运用的是逻辑思维、抽象思维、理论思维，主要靠理论和概念说服人。美育则不然，一切审美过程都是从形象直觉开始，这是审美的基本特点。欣赏自然美，必须看到高山、江河、树林、鲜花的美。欣赏社会美，必须观察到人的美、社会生活美、社会环境美。欣赏艺术美，听音乐要听到旋律和节奏的美，观绘画要看到线条、色彩和构图的美。只有鲜明的形象诉诸人的感官，才可能给人美的感受。美育中所说的形象，是具有感染力的形象，是饱含着情感的形象。欣赏者借助形象来思考，用想象来补充和创造，才能影响人的思想情感。例如，罗中立的油画《父亲》，画家鲜明、生动地塑造了一位朴实、勤劳的老农民形象，人们仿佛可以想象到这位农民历尽千辛万苦、饱经风霜的一生。人们除了给予其同情，还会思考我国农民为什么贫困和怎样摆脱贫困的问题，生动的形象引起人们对农民命运的关注。再如，欣赏小提琴协奏曲《梁山伯与祝英台》中的《化蝶》，优美的旋律把欣赏者带入一个风和日丽、彩蝶飞舞的幻觉中的仙境，欣赏者会想象到梁山伯与祝英台已化成一对彩蝶在万花丛中飞舞，生前不能幸福结合，死后二人终于能相爱长相守的情景。这动人的形象必然引起人们对梁祝悲惨命运的同情和惋惜，对梁祝忠贞爱情的祝愿和赞叹，对封建制度的憎恶和痛恨。美育就是这样以鲜明生动的形象来直接地感染人，使人的心灵受到震动，使人的情感产生共鸣，这就是典型形象的力量。正如车尔尼雪夫斯基所说：“形象在美的领域中占着统治地位。”可以说美的形象是美育最好的老师。

三、寓教于乐，潜移默化

美育是一种特殊的教育，具有娱乐性与趣味性，它是按个人的兴趣爱好，让人在娱乐中接受教育；它是在个人自由状态下，使之不知不觉地接受教育。德育和智育则更注重科学性、知识性、规律性、功利性等，常存在着抽象的说教和理性的灌输。“寓教于乐”这条原则既概括了美育的特殊途径，也揭示了实施美育的方式方法。“寓教于乐”即在“乐”中完成“教”的目的，“教”是隐含在“乐”的背后，“教”通过“乐”的形式来实现。音乐欣赏者不是为了受教育才去音乐厅的，而是在自由状态下寻求娱乐。例如，欣赏歌剧《江姐》，剧中有许多优美动人的独唱、重唱、合唱等，使欣赏者得到美的享受。江姐临行前与战友含泪唱的《绣红旗》，旋律明朗刚健、激越悲壮，表现了江姐坚定沉着、视死如归的革命英雄主义气概和憧憬美好未来的坚定信念。欣赏者在观剧中可能被感动落泪，但他是自愿的，得到了兴趣上的满足。欣赏者在悲痛中认识了真理，净化了心灵，陶冶了情操，振奋了精神，在娱乐中受到了教育。没有“乐”，没有审美愉悦，就无所谓美育。为什么美育是潜移默化的呢？因为美育是动之以情，理在情中，直接的效果是情感的体验，理性的认识暗含其中。不管你自觉不自觉，自愿不自愿，只要你动了感情，其中就暗含了理性认识，就受到了一定的教育，在不知不觉中受到了教育，这是潜移默化的一个特点。美育潜移默化的另一个特点是具有渐进性，即接受教育不是靠一两次美的欣赏活动就能够完成，更不是一朝一夕就能够完成，而是靠长期积累，经常熏陶、反复陶冶，在不知不觉中每次进步一点，日积月累，久而久之，渐渐改变了人们的心理结构，熔铸了人的美好心灵。潜移默化的美育效果往往具有更大的深刻性、稳定性和持久性。

美育是以动之以情，理在情中为特征，以鲜明生动的形象为手段，通过寓教于乐，潜移默化的形式，促进人的全面发展的一种特殊的教育形式。认识了美育所独具的特征，也就认识了美育与德育、智育、体育、劳育的区别。因此，美育不能代替德育、智育、体育、劳育；反之，德育、智育、体育、劳育也不能代替美育。

总之，德育、智育、体育、美育、劳育是一个整体，既有联系又有区别，实施起来是一项完整的系统工程，在培育人才的过程中，既要各自充分地开展，又要协调一致地整体开展，才能实现人的素质的全面提高。

思考与练习

主题一

- 人的整体素质包括哪些内容？怎样才能培养全面发展的一代新人？
- 美育对社会主义精神文明建设有什么作用？
- 加强美育对职业学校学生有什么意义？

主题二

- 什么是正确的审美观？
- 审美能力包括哪些方面内容？
- 如何培养创造美的能力？

主题三

- 举例说明德育、智育、体育、劳育中渗透着美育的具体表现。
- 举例说明美育中渗透着德育、智育、体育、劳育的具体表现。

主题四

- 美育与德育、智育、体育、劳育的显著区别有哪些？
- 德育、智育、体育、美育、劳育怎样发展，才能实现人的素质全面提高？

单 元 二

美 学 原 理

美学原理是指在美学这一领域中，具有普遍意义的基本规律。美学的原理以大量实践为基础，所以，它的正确性为实践所验证。从美学的原理出发，可以推演出各种具体的美的命题和美的法则，从而进一步对美的实践起指导作用。

主题一

美的产生、本质和特征

一、美的产生

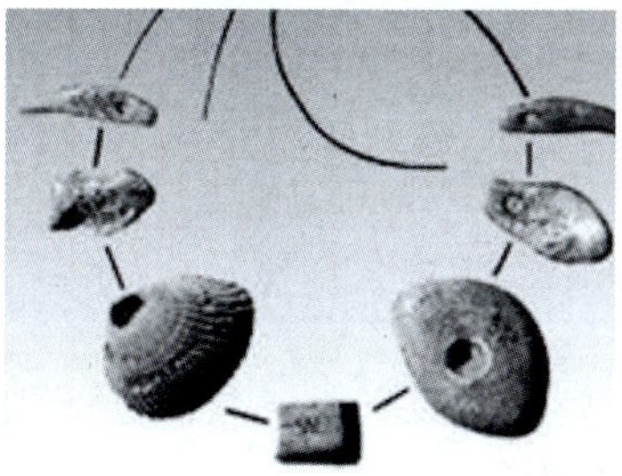

图 2-1 兽骨饰品

美具有普遍性，但是，美是从哪里来的呢？马克思说“劳动创造了美”，美产生于人的社会实践中。

从人类社会发展史上看，原始人类最初感受到的美感来自他们的劳动成果。当他们经过艰苦劳动，甚至冒着生命危险猎获到灵巧而凶猛的飞禽走兽时，会产生一种愉快感、自豪感。为了显示他们的勇气和才智，他们用羽毛、兽骨、兽皮作为装饰品佩戴在身上。原始人看到这些饰物，也就看到了自己的劳动成果，感觉到了自己的智慧和力量，内心会充满喜悦。这些装饰品的色彩和线条，就具有了美的价值，也成为美的象征（图2–1）。

原始人的狩猎生活与动物有密切关系，所以他们把动物的毛、骨、皮作为装饰物来表现美，而鲜花在他们看来并不美。后来，原始人在社会实践中发现，许多植物的茎、叶和果实吃起来也很香甜，许多植物的皮、叶也可以遮体，而且发觉植物的造型和色彩美比起动物的造型和色彩美，更为绚丽多彩。原始社会从狩猎阶段逐步过渡到农牧业阶段，不但使人类有了比较稳定的衣食来源，同时也为人类扩大了美的视野。

闪电雷击、火山爆发，这些自然界的火源威胁着人的生命、破坏着人的生存环境，所以起初，对原始人来说，火不但不美，而且是非常可怕的。但是，他们慢慢地发现和体会到，烤焦的动物和烧熟的植物比生的动物和植物要香甜味美，而且火还可以驱赶猛兽，可以取暖、照明。经过长期实践的原始人，从怕火到用火，从扑灭火到保护火种，以至掌握钻木取火的本领，火成为原始人喜爱和赞美的对象。

图2-2 许家窑文化 石球

太阳的美来自人类社会生活中的体验。美学家车尔尼雪夫斯基说："太阳的光所以美，是因为它使整个大自然复苏，使大地上一切生命都盎然富有生气；我们不但想到这点，我们自己也体验到这点，因为，在白昼、在阳光中比在寒夜、在黑暗里，我们倍觉生气勃勃、愉快、有力、清醒。白昼的光、自然界的生机的源泉，恩泽万物，也使我们的生活温暖，没有它，我们的生活便暗淡悲哀，阳光是美得令人心旷神怡的。旭日初升，大自然带着一股清新朝气的力量苏醒起来，我们也苏醒了，所以日出是愉快而绝美的……"这段话说明了太阳的美是怎样产生的。月亮的美又怎样体现呢？月亮不能给人类带来温暖，但它可以给人类带来光明。原始人可以在月光下劳动和休息，月光给他们带来生活中的愉悦。

图2-3 尖状石器

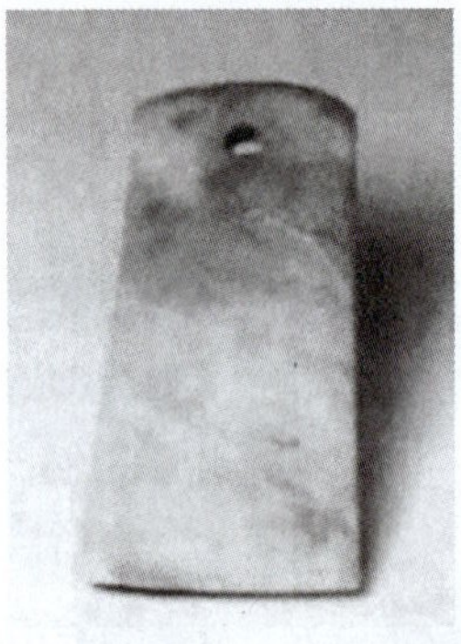

图2-4 玉斧

再从劳动工具和生活用具的使用来看美的产生。最初，原始人使用的石器都是极为粗糙的原始形态，后来，原始人打猎时发现，用球形的石块投掷时更容易准确击中目标，这时圆的造型便成为美的对象。从山西许家窑遗址中发掘出的旧石器时代的大量石球（图2-2），就能证明这一点。原始人在劳动中还体验到，用尖状而锋利的石器（图2-3）打猎和分割食物效果最好，这时光滑、匀整的三角形、矩形、方圆变化等也成为美的特征。山东大汶口出土的新石器时代晚期的"玉斧"（图2-4），造型规整匀称，色彩莹润，在5 000年前能生产这样的工具，这是美的创造和杰作。

原始人在狩猎期的生活手段是狩猎动物，因此他们对每种动物的特征、动作、姿态非常熟悉。在欧洲的洞穴中发现的壁画，就有原始人画的野牛、野猪、鹿、马、羊等（图2-5），这是已发现的人类最早的绘画遗迹。说明人的劳动实践创造了绘画艺术。从考古发掘证明，原始人在新石器时代即可以制作造型和纹饰都很优美的彩陶盆等生活用具（图2-6），彩陶的图案大都是直接反映他们所喜爱的自然中的形象，或是从自然和生活中提炼、概括出来的形象，如鱼、鸟、花、果等。

图2-5 拉斯科洞穴壁画

图2-6 彩陶壶

原始人也在劳动中追求和创造着精神上的愉快。鲁迅先生曾有过生动的说明，他认为：我们祖先（原始人），原是连话也不会说的，为了共同的劳作，必须发表意见，才渐渐练出复杂的声音来，假如那时大家抬木头，大家都觉得很吃力，谁也想不到怎样省力，突然有一个人发出“杭育杭育”的声音来，于是大家就跟着喊起来，这个“创作”不仅使原始人劳动时步调一致，减轻了劳动强度，更使原始人精神上得到愉悦，这种愉悦的情感在劳动之后，还想继续体验一下，便产生了音乐。最初的音乐实际上就是“劳动号子”，现在属于民歌。原始人在捕捉野兽时要付出艰险的劳动，在他们获得丰收的喜悦时就想再度体验一番，于是就由原始人模仿野兽的动作，再现了人与兽搏斗的情景，这时舞蹈就产生了。同样，原始人生产劳动时也有许多播种、除草、收割等动作，劳动之余，原始人再重复和模仿这些有节奏的动作，或自娱自乐或集体联欢，同时再吹起“陶哨”，敲打石块、木棍便表演了一个完整的音乐舞蹈节目。我国出土的文物《舞蹈纹彩陶盆》（彩图1）说明在新石器时代舞蹈的形象已经不再是对狩猎对象的模仿，彩陶纹饰也不是罗列农业生产的过程，而是充满了浓厚的生活气息。劳动创造了音乐和舞蹈，艺术美的产生也源于人类的社会实践。

图2-7 甲骨文“美”

“美”字在我国很早就出现了，古代甲骨文就有“美”字（图2-7）。美字上半部是个“羊”字，下半部是个“大”字，在《说文解字》中写道：“羊大为美。”羊不仅可充作味美的食物，而且性格温顺，头上有对称的角，身上有卷曲的毛，确是一种惹人喜爱的动物，羊也就成为美的象征。另一种解释是“羊人为美”，“美”字表现的是一个头戴羊角或插着羽毛正在手舞足蹈的人。这也表明“美”字的产生与美的人体、美的装饰和舞蹈艺术有关。

从以上几个方面分析可以说明，美是劳动的产物，美的产生源于人类的社会实践。

二、美的本质

美的本质是美学中一个古老的理论问题，也是一个难以解释和有待解决的问题。或者说，说明“什么是美的”很容易，回答“美是什么”却很难。

为什么美的本质是一个难解的理论之谜呢？原因之一是美存在着表现形态的多样性。法国著名雕塑家罗丹说：“美是到处都有的”。美的内涵和外延十分广泛，有千姿百态、五彩缤纷和奇景壮观的自然美；有显示人的崇高理想、奋斗精神和历史进步的社会美；有形象生动、感人至深和富于创造性的艺术美；有富于理性，凝结着人类探索精神的科学美。这些不同的美，充溢在我们的生活之中，使人陶醉，令人神往。美的现象随处皆有，但又是千差万别的。美的山河与美的品德相去甚远，美的图形与美的乐曲又截然不同。在这无边无际、千差万别的美的事物中，要找出共同特征和用一个抽象的概念来表述，实在是非常困难的。原因之二是人们对美的感受存在着差异性，由于每个人的民族意识、经济地位、文化修养、兴趣爱好等的不同，对同一事物会作出不同的审美评价。甚至同一个人由于环境和心情的变化，也会在不同时期对同一事物作出不同的审美评价，这也增加了对美的本质认识的困难。

几千年来，古今中外无数的哲学家、美学家，为了揭开“美是什么”的奥秘，煞费苦心，艰难探索。但迄今为止，这个问题仍然没有一致的答案，堪称世间难解的谜题。这是因为美的现象的多样性，掩盖了美的本质的共同性；美感的差异性，掩盖了美的本质的普遍性，从而使人们难以准确地把握美的本质。大哲学家黑格尔说过：“乍看起来，美好像是一个很简单的观念。但是不久我们就会发现：美可以有许多方面，这个人抓住的是这一方面，那个人抓住的是那一方面；纵然是从一个观点去看，究竟哪一方面是本质的，也还是一个引起争论的问题。”大诗人歌德也说：“我对美学家们不免要笑，笑他们自讨苦吃，想通过一些抽象名词，把我们叫作美的那种不可言说的东西化成一种概念。”那么，我们又如何正确理解和把握美的本质呢？

要理解美的本质首先要弄清人的本质，因为美是一种社会现象，离开了人类社会生活就无所谓美与不美，美只有对人才具有意义。那么什么是人的本质呢？马克思曾经说过，“自由自觉的活动”是人类的特性，这句话分析了人与动物的本质区别，人是自由地、自觉地、有意识地、有目的地按事物客观规律进行社会实践活动的。而动物的活动则是消极的、被动的、盲目的、无意识的本能活动。马克思曾经把蜜蜂的活动和建筑师的活动做了有趣的对比。他指出：“最蹩脚的建筑师从一开始就比最灵巧的蜜蜂高明的地方，是他在‘用蜂蜡建筑蜂房'以前，已经在自己的头脑中把它建成了。"蜜蜂建蜂房是一种无意识的本能活动，而人建房屋却是根据人的需要，按照设计蓝图和"按照美的规律来建造"的，是有目的、有计划、自觉地进行生产活动。关于人的本质，马克思还说："人的本质……是一切社会关系的总和。"这句话分析了人和社会的关系，指出人和动物不同，人群组成社会，人都在社会中生活，人是社会性的"动物"，离开社会人就无法生存，人也不成其为人。例如，在猴群、狼群中长大的"猴孩""狼孩"，尽管具备人的外形，但由于脱离了社会也就丧失了人的本质。中国话剧中的白毛女逃入深山，英国小说中的鲁滨逊漂流海岛，虽然长时间与社会隔绝，但他们的思想和行为都与社会有关，保持着人的特性。事实说明，人的一切活动都是在一定的社会关系中进行的。以上我们从人进行实践的方式和人与社会关系两个方面，对人的本质做了分析，这两个方面应该统一起来全面理解，即人的本质就是人在一定的社会关系中展开的人的自由自觉的活动。

什么是人的本质力量呢？人的本质力量是指人在一定社会关系中自由创造的能力。它在现实生活中具体表现为理想、智慧、才能、情感等。人的本质力量是促进人类进步、推动历史前进的积极力量。人类通过社会实践（包括生产劳动、社会生活、科学实验、艺术活动等），在人类的实践对象（自然和社会）、人类创造的产品（物质的和精神的）上显现了人的本质力量。人类看到了自身的力量，自己的智慧和勇敢，自己创造的才能和成果，就会由衷地感到满足和自豪，产生喜爱和愉悦的情感，即美感。这样的实践对象和劳动产品，就具有了审美价值，成为审美对象和美的事物。所以，美是人类在社会实践中自由创造的感性显现；美是人类的理想、智慧、才能和情感的形象化的表现；美是对人的本质力量的肯定和确证。这是对美的本质的简要回答。

例如，我们欣赏大自然的美，那是因为我们人类在几百万年里加工改造了大自然，大自然被打上人的印记，显现了人的本质力量。一幅美的绘画、一首美的乐曲、一台美的冰箱、一座美的城市等，都是人类在社会活动中自由创造的感性显现，都是人类的理想、智慧和才能的形象化的表现。人们欣赏和赞扬大自然的美、社会事物的美、艺术作品的美，实质上是在欣赏和赞扬自己本质力量的实现。

三、美的特征

美的内容丰富多样，美的种类千差万别，但总会有许多共同之处。我们研究美就应该探索美的特征。

1. 形象性

美的事物，总是具有鲜明的形象性，这是美的显著特征。黑格尔说："美的生命在于显现……美只能在形象中见出。"美不是抽象的概念，而是具体、生动、鲜明、可感的形象。没有形象也就没有美。美通过一定的介质，如形、色、声等呈现出来，使人的耳、眼、鼻、舌、身等感触到。自然美中，不同风景有不同的形象。泰山天下雄，峨眉天下秀，黄山天下奇，青城天下幽，这正是大自然中多种形象的写照。艺术美中，绘画、书法、舞蹈、影视等作品都是直观的、可被感受的形象。雕塑、工艺品都是既可看见又可触摸的形象。诗歌、小说、散文等文学作品，也是借助语言、文字、符号来构筑具体的形象。音乐作品不能带来视觉感受，但可带来听觉感受，它借助旋律、节奏、和声等音乐语言，通过激发人的想象也在塑造形象。社会美中，城市的美、居室的美等都是看得见、摸得着的具体形象。人的心灵美，虽然看不见、摸不着，但它总要通过人的社会实践、言谈举止等表现出来。别林斯基说："形象在美的领域中占着统治地位。"可见形象性是美的一个极为重要的特点。但不能由此而认为一切形象的事物都是美的，因为许多不美的、丑的事物也具有形象性。

2. 感染性

美的形象作用于人们的感官，调动起人们的情思，使人们受到熏陶和教育。因而美具有很强的感染力量。例如，一支乐曲能带给人幸福感和快乐感，一部小说能催人上进，一次郊游能使人心旷神怡、流连忘返。美的事物不仅在形式上而且在内容上，都具有一种动人心弦、感人肺腑的力量。正如车尔尼雪夫斯基所说："美的事物在人心中所唤起的那种感觉，是类似我们当着亲爱的人面前时洋溢于我们心中的那种愉悦。"这形象而准确地说明了美的感染力。

美之所以具有感染力，其原因是在于美的事物中体现了人的本质力量。如果一个形象没有肯定人的本质力量，尽管它可能有漂亮的外壳，但只是个没有生命、没有灵魂的形象，而不是美的形象，对人也不会产生美的感染。美的感染性是美的基本特征，它具有吸引人、激励人、愉悦人的特性，它意味着会带来一种精神性快感，属于精神的解放和自由，具体表现有移情、共鸣、升华三种方式。

"移情"是在审美活动中，将没有知觉的景物赋予人的感情的现象。例如，在多情的黛玉眼中一草一木都含有情感，带着悲欢，在"黛玉葬花"中所唱"依今葬花人笑痴"。在日常生活中"人逢喜事精神爽""山也欢来水也笑"都是移情现象。

“共鸣”是指在审美活动中，欣赏者与创造者之间对美的形象形成一种协调一致的关系，是欣赏者与创造者之间对美的形象认同的一种强烈情感。例如，我们聆听贝多芬《田园交响曲》时，会不知不觉地沉浸在那优美动听的旋律之中，仿佛置身于潺潺流水的小溪旁，凝神沉思，与音乐家倾注的复杂情感产生共鸣，从而感受到一种全身心的愉悦感。

“升华”是指在审美活动中，欣赏者对美的形象进行由此及彼，由表及里，由感性到理性，由外观到内涵，逐渐发展深化的审美的再创造活动，体现人的本质力量。达到超越了自然境界、功利境界、道德境界的一种精神上的最高境界，从而引起审美的愉悦感。例如，欣赏舞蹈《千手观音》，一方面，从作品的形象、动作、色彩、造型这些独具匠心，美轮美奂的视觉“盛宴”中，得到美的享受。另一方面，从聋哑姑娘在表演中表现的宁静、乐观、自信、聪慧、善良、坚强这些超出艺术范畴的高尚境界中，看到人的本质力量，感受到心灵的震撼，从而获得审美的愉悦感。

3. 创造性

社会在进步，美总是反映着社会生活中有价值的思想内容，反映着人的纯真心灵与高尚情操。随着历史的发展，人自身的力量、才能和智慧也在发展，人类对美的追求也会不断提高，所以美的载体也在历史发展之中千变万化、日新月异。因而美的事物要具备创造性。社会美的创造性十分明显，例如，社会物质产品和精神产品的美，是按照美的规律和需求创造的结果。如建立健身房、美容院等，是为了人们在形体、容貌、风度方面更完美。商店销售的服装在款式上、色彩上、面料上总是不断推陈出新，是为了美化生活。精神产品方面的图书、网络课堂等也是五花八门，层出不穷。艺术美的创造性更为突出，因为一切成功的、美的艺术作品，都在内容和形式上较前人有所突破，刻意求新，才能满足人们对美的要求。绘画、小说、电影、戏剧等，都要不断创新，才能给人们以美的享受。那么，自然美的创造性又如何理解呢？这是由于人类不断地提高征服自然、支配自然的能力，因而本来许多不美的、丑的自然物，也伴随着人类实践活动的发展，具有了审美价值。如，开垦的荒原、改造的山林、栽培的花草等，这些都是经过人们开发改造的最一般的自然美景。普通的山水环境，经过人们创造性的艺术加工成为风景名胜区，如北京的颐和园和香山、杭州的西湖等，更集中地表现了自然美的创造性。

4. 社会性

所谓社会性，指美是一种社会现象，美只能存在于人类社会之中，不能离开人类社会而存在。社会美存在于社会之中是不难理解的。艺术美是艺术家源于社会生活又高于社会生活的一种创造，是对社会美的反映。自然美蕴含的社会内容是朦胧的，需要联系人类的社会生活、物质需要和精神追求来考察。

社会性还表现为美带有社会功利价值。社会美可以促进人的自身美、人与人关系的美、劳动产品的美和生活环境的美。艺术美则主要是为了获得某种精神上的愉悦。欣赏一幅绘画作品，可以激起人们对生活的热爱之情；演唱一支歌曲，可以鼓舞人们意气风发，斗志昂扬；阅读一部小说，可以催人上进。艺术美不会使人们直接获得某种物质的功利，但它可以启发人的思想，使人们的品格更加高尚、灵魂更加纯洁、精神更加振奋。自然美可以吸引人们了解自然奥秘，丰富人的精神生活、激发人的爱国热情，陶冶人的情操。太阳象征着光明，鸽子象征着和平，鲜花象征着友谊……这些自然物成为人类美好生活的象征。人们看见雄鹰在蓝天翱翔，可以联想到奋发向上、自强不息的精神。人们看见松柏四季常青、刚劲挺拔，可以联想到不屈不挠、坚毅刚强的品格。这些对自然物的联想，使人类受到精神上、思想上和品德上的教育和启迪。

以上讲了四点美的特征，这是几个基本特征，而不是全部特征。通过对美的特征的认识，可以使我们对美的本质的认识进一步具体化。

主题二

美的内容、形式和形式美

一、美的内容与美的形式

美的内容和美的形式是相互依存、不能割裂的。它们之间有什么关系呢？

1. 美的内容决定美的形式，美的形式为美的内容服务

一般地说，有什么样的内容，就应该有与它相适应的合理的内部结构和外部形态。比如，北京的古建筑天坛（图2–8），从外部形态上看，天坛的整个建筑群由内外两重围墙环绕，围墙的俯视平面接近正方形，围墙北面的两个角采用圆形，南面的两个角则为直角，祈年殿的俯视平面是圆形，这是根据中国古代“天圆地方”之说而设计的。从外部结构上

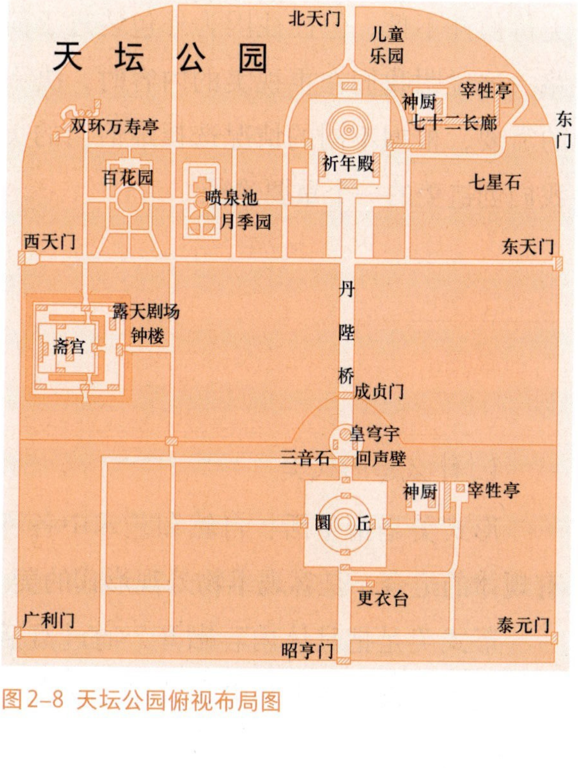

图2–8 天坛公园俯视布局图

看主要建筑物祈年殿（彩图2）用蓝色琉璃瓦顶，象征着“青天”。再从内部结构上看，祈年殿内外三层柱子的数目与农历和时辰有关，内层四根大柱代表一年四季；中层12根柱子象征一年12个月；外层12根柱子表示子、丑、寅、卯等12个时辰。天坛的结构形态和色彩表现等，是为农耕时代人们祭天祈年的内容服务的。再如，歌曲的旋律、节奏等形式，也要为歌词所表达的思想感情等内容服务。歌曲《我的祖国》的歌词，描绘了祖国美丽的山河、明媚的风光，抒发了演唱者对祖国的热爱之情，其旋律和节奏就要把这一主题充分表现出来，所以这首歌的旋律悠扬宽广，节奏轻柔舒展，充分表达了这支歌的思想感情。《大刀进行曲》是以鼓舞战士英勇杀敌、消灭日寇为内容的歌曲，其旋律、节奏等形式就要为这一内容服务，所以这首歌的旋律雄劲高亢，节奏沉稳坚定，比较好地表现了这首歌的内容。

2. 美的形式对美的内容是必不可少的

当美的形式适合于美的内容时，它就能更好地表现美的内容，为美的内容服务；反之，则会破坏美的内容。比如，我们用《大刀进行曲》的旋律和节奏来演唱《我的祖国》，或者用《我的祖国》的旋律和节奏来演唱《大刀进行曲》，不但不能表达原歌词的思想感情，而且还会适得其反，对美的内容起破坏作用。这说明，美的形式不是可有可无的，它对美的内容有重大的能动作用。

美的事物是可感的。人们对美的感受，首先就是感受它的形式，只有经过形式，才能领悟到美的内容。我国传统的丝绸、刺绣等产品，内在的质量与审美价值并不低，但往往因为外包装过于简陋，直接影响到其在国际市场上的销路。这说明我们在重视美的内容时，决不可忽视美的形式。善于适应美的内容的需要，根据不同的情况选择最恰当的美的形式，以促进美的内容的发展，是我们创造美的一个重要途径。

二、美的形式与形式美

1. 什么是形式美

形式美是指生活、自然和艺术中各种形式因素（色彩、形体、声音等）的有规律的组合，是客观事物外观形式的美。

形式美是把具体内容撇开，通过概括某些事物在形式上的共同特征而形成的。例如，人们在生活中常看到红色的火焰、涨红的笑脸、节日的红旗和红灯、办婚事的红喜字等，经过长期重复的观察和体会，对红色带来的感官反应越来越强烈，以致只要看见红色，就会产生热烈、兴奋、喜庆、吉祥的感受。这种感受由火焰、笑脸、红旗、喜字等在颜色形式上的共同特征所激发，红色就是这些客观事物外观形式的美。

2. 美的形式与形式美的关系

形式美源于美的形式。人们经过长期不断的审美活动，对美的形式越来越熟悉，以致在某种美的形式面前美感油然而生，竟忘掉了这形式所要表现的内容，从而使这些形式具有相对独立的审美价值。即人们接触这些形式便能引起美感，而不去考虑所表现的内容，仿佛美就在形式本身而忘掉了它的来源（内容）。

美的形式与形式美既有联系又有区别。美的形式不能脱离具体内容，它所体现的内容是具体的、形象的、明确的。换言之，美的形式依赖于具体内容，不是美的独立存在；形式美不直接显示具体内容，它所体现的内容是朦胧的、抽象的、隐蔽的。换言之，形式美是不依赖具体内容，而具有独立的审美价值。由于形式美没有具体社会内容的制约，所以比其他形态的美更富有表现性、装饰性和象征性。

3. 形式美的因素

形式美的因素包括色彩、形体、声音等。

色彩是形式美的重要因素。色彩具有情感性，色彩的刺激能使人产生某种生理的或心理的反应，从而影响人的情感或情绪。一般人认为红色给人以热烈、兴奋、喜庆、吉祥的感受；黄色给人以明朗、欢快、温暖的感受；蓝色给人以高远、平静、清秀的感受。人们对不同颜色所产生的情感是有一定生活根据的。色彩具有联想性，例如，看见黄色可以联想到灯光、麦子、柠檬等，看到蓝色可以联想到天空、海洋、湖水等。色彩具有象征性，红色象征着刚烈和革命，黄色象征着高贵和皇权等。色彩具有重量感，白色、浅色显得轻，黑色、深色显得重。色彩还具有温度感，分为“冷”和“暖”两类，红色和接近红色的颜色为暖色，蓝色和接近蓝色的颜色为冷色，暖色温暖、热烈，冷色寒冷、沉静。色彩美所以包含种种不同意义，主要是由于它们是与不同生活实践相联系的结果。考察和分析色彩时，要充分认识色彩的复杂性和变异性。

任何美的事物都有形体，形体以线条为基础，线条和形体也是形式美的重要因素。直线表示力量、刚强、稳定；曲线表示优美、柔和、流动；折线表示转折、突然；圆形柔和，方形刚劲；正三角形有安定感，倒三角形有倾危感；高而窄的形体有挺拔感和险峻感，宽而平的形体有延伸感和平稳感等。不同线条和不同形体给人不同感受，美的线条和美的形体是构成许多艺术，特别是绘画、雕塑、书法、建筑艺术的重要因素。

声音是无形的，它能作用于人们的听觉器官，可以带上情感意味。高音激昂、低音深沉；强音振奋、弱音柔和；节奏快急骤、节奏慢舒缓；纯正音令人感到动听愉快、不纯正音令人感到心烦难过等。单就声音来说，它可以作为独立的审美对象，引起人们的审美愉悦。所以作曲家就把声音美（形式美）经过编制创作出包括旋律、节奏、和声等元素的音乐作品，使欣赏者获得音乐美（艺术美）的享受。

上面这些形式因素的特征，一般人都能感受到。但画家对色彩更敏感，书法家对线条更敏感，雕塑家对形体更敏感，音乐家对声音更敏感。所以，他们创造的艺术作品，能充分发挥形式美因素的特性，体现形式美法则，使欣赏者获得美的享受。青年人应该努力培养自己对色彩、形体、声音的感知能力，以唤起审美的情感。

三、形式美的主要法则

1. 整齐一律

整齐一律又叫单纯划一，是外表的一致性，能使人产生明净、清新、秩序井然的感受。这是最简单的一种形式美是在单纯中见不到明显的差异和对立的因素。如色彩中的某一单色，蔚蓝的天空、明亮的阳光、碧绿的湖面、黄褐色的山地等，给人以纯净、清新的感受，表现一种单纯之美。再如，教室里排列整齐的课桌椅、按音乐节拍做广播操的动作、稻田里的秧苗、仪仗队的队列、公路旁的电线杆和绿树等，给人以秩序井然的感受，呈现出一种整齐之美。

“反复”，即同一形式连续出现，可体现节奏感和秩序感。反复也属于“整齐”的范畴。整齐一律虽然简单，但是应用广泛，有一定的审美价值，在公共建筑、商品造型和工艺美术品中，常常应用这一法则。

2. 对称与均衡

对称指以一条线为中轴，左右（或上下）两侧均等。对称能使人产生安定、稳重、庄严的感受，可以起到衬托中心的作用。如人体和动物的眼、耳、手、足都是对称的；天安门城楼上的梁柱和灯笼、天安门的门洞和金水桥、天安门前的石狮和华表都采取了对称形式的布局。

均衡是对称的变体。即中轴线两侧的形体不必等同，分量上也是大体相当。均衡给人以自由灵活和生动活泼的富于变化的感受。例如，树的树枝、树叶多是均衡而不是对称的。又如山水盆景中，有一座较高较大的主山，还有一座较矮较小的客山，两山造型不同，这样既比较协调自然，也符合客观规律，给人以真实感和平衡感。再如雕塑《艰苦岁月》(彩图3)，老战士和小战士一左一右、一大一小、一高一矮，在造型上也应用了均衡这一法则。

对称是一种机械的均衡，均衡是一种不规则的对称。

3. 调和与对比

调和是把两个（或多个）相接近的东西并列在一起。调和给人以柔和、协调、雅致的美感。例如，色彩中的红与橙、橙与黄、黄与绿、绿与蓝、蓝与紫、红与紫等，都是邻近的色彩，属于调和。如紫色的衣服上印有红花的图案就是调和配色。在同一色相中的层次变化（如深浅、浓淡）也属于调和。如深红与浅红在一起也属于调和配色。除了色彩的调和外，还有声音、形体的调和。一支爱情歌曲其旋律如果是悠扬婉转、秀丽甜美的，那么其节奏就应该是轻柔缓慢、从容自由的，这样才协调；反之，则不协调。在家具中，圆桌配圆凳，方桌配方凳，彼此形体相近就显得融洽、美观。风扇叶旋转起来是圆形的，风扇罩设计成圆形就十分调和，如果改成三角形的罩，破坏了形体的调和，就不好看了。

对比是把两种极不相同的东西并列在一起。对比给人以鲜明、醒目、振奋的美感。例如，色彩中的红与绿、黄与紫、蓝与橙、黑与白等，都是对比色。“万绿丛中一点红”是红与绿对比，“黑云翻墨未遮山，白雨跳珠乱入船”是黑与白对比，在诗句中运用对比手法，加强了意境中的色彩效果。天坛祈年殿的蓝色屋顶、红色门窗、白色高台基形成色彩对比，给人以优美壮丽的感受；“蝉噪林愈静，鸟鸣山更幽”，这是声音的对比；“会当凌绝顶，一览众山小”，这是形体的对比。除了色彩、声音、形体的对比外，还有动与静、疏与密、粗与细、轻与重、曲与直、高与低等的对比。

调和是异中求同（一致），对比则是异中更突出异（对立）。

4. 比例匀称

比例是指事物的部分与部分、部分与整体在数量上的关系。比例匀称就美，比例不匀称就不美。匀称也是一种形式美。如日常生活和学习中，有许多物品都是长方形的，如门窗、书本、画框、电视机等。那么长与宽的比值是多少，长方形才美呢？公元前6世纪末，古希腊的毕达哥拉斯发现了一条美的规律，即长方形的长与宽的比值为1∶0.618（或5∶3、8∶5）是最美的，美学上把这种比例关系叫作“黄金分割率”。凡符合这种比例关系所组成的长方形，都是美的长方形。正常发育的人体，各部分之间大体保持一定的比例关系。人体以肚脐为界，上、下身的比例应为5∶8。我国古代在山水画的构图中也有“丈山、尺树、寸马、分人”的说法，这体现着事物之间的比例关系要合理安排。

5. 节奏与韵律

节奏是指运动过程中有秩序的连续反复。和谐的节奏给人带来美感。在自然界和社会生活中都存在着节奏。一年四季，冬去春来有秩序地连续反复形成时令上的节奏；山陵溪谷，岭脉蜿蜒形成地壳上的形体节奏；打夯、拉纤时，喊唱劳动号子来组织劳动和鼓舞士气，是用了顿挫有力的声音节奏。在艺术领域中，也经常应用节奏这一法则，如古代绘画《清明上河图》（彩图4），在构图排列上形成了由静到动、由疏到密的节奏。节奏有鼓舞的节奏，如战斗的诗、劳动号子，也有沉静的节奏，如远处的钟声、舒缓的声音等，它们可以给人带来不同的美感。但并不是所有节奏都美，比如坐火车时，车轮在铁轨上的碰击声虽然也有节奏，但缺少变化且不和谐，让人感到枯燥无味。

在节奏的基础上赋予事物一定的情趣和神韵便形成韵律。或者说，充满情感的节奏便是韵律。韵律比节奏更美妙动人，给人以美的情趣和美的享受。比如《国际歌》的节奏深沉悲壮、气势豪迈、庄重浑厚、沉稳坚定，表达了无产阶级解放全人类的宽广胸怀和坚定信念，形成了一种阳刚之美的韵律。再如民族舞蹈《水舞》，描绘了傣族姑娘在水池边挑水、戏水的情景，其动作的节奏轻柔缓慢、纤弱平稳，表达出少女轻松愉快、喜悦舒畅的情感，形成一种阴柔之美的韵律。

6. 多样统一

多样统一也叫和谐一致，这是形式美法则的高级形式。“多样”是指事物整体的各部分，在形式上存在相互区别的种种差异性。“统一”是指事物的各部分在形式上也存在着某些一致性。多样统一，使人感到既丰富又单纯；既活泼又有秩序。比如《长征组歌》中有领唱、齐唱、独唱、合唱等不同形式的差异，但《长征组歌》中的各种形式，都在一致地表现其组歌的主题——红军不怕远征难。

多样就是不单调，表现方式富于变化。《西游记》中“孙悟空三打白骨精”，打的对象和打的方法一变再变，但都是为表现白骨精的狡猾和孙悟空的机智。

《三国演义》里对几次大战的描写从不重复，且多彩多姿、有声有色，达到了从多样中求丰富、从多样中求统一。这个统一是表现在揭示了当时社会的黑暗腐朽，谴责了统治者的残暴和丑恶，反映了人民在动乱时代的灾难和痛苦。颐和园，拥山抱水、绚丽多姿，在一片湖光山色之间，点缀着殿、堂、楼、阁、廊、榭、亭、桥等精美建筑，体现了多样，但它修建的内容和形式都统一在中国古典园林的一种独特的民族风格之中。

这一法则包含了变化以及对称、均衡、调和、对比、比例、节奏等因素。所以一般都把“多样统一”作为形式美的基本法则。形式美法则，是人类在美的创造中积累的丰富经验，随着美的事物的发展，形式美法则也会不断发展。我们学习形式美法则，是为了提高我们对美的欣赏力和对美的创造力。

主题三

美的形态

美是到处都有的，它存在于人类社会、自然和意识之中，具有丰富生动的各种形态。我们按美的产生和发展的条件来分类，可分为自然美、社会美、艺术美和科学美；按人的审美感受的状态来分类，可分为优美、壮美、悲剧性、喜剧性等。

一、按美的产生和发展的条件分类

1. 自然美

（1）什么是自然美

自然美是指自然事物的美。自然美是千姿百态的，按照自然物与人类社会实践活动的关系，可分为两大类：未经人类加工改造的自然景物，如日月星辰、江河湖泊、大海和高山、野生动物和植物等；经过人类加工改造的自然景物，如绿色的田野、美丽的公园、培育的花草、驯养的动物等。

（2）自然美的特征

① 自然美重在形式。凡是美的事物都要求内容与形式的统一，把美的内容寓于美的形式之中，然而自然美则侧重于形式。这是因为自然物所呈现的色彩、线条、形态、声音等因素是具体可感的形象。鲜花以姿容娇艳而美；高山以气势

雄伟而美；蝴蝶以翩翩起舞而美；杜鹃以啼声婉转而美。人们从自然景物中，获得了形状美、色彩美、动态美、音响美的感受。人们欣赏自然美，常常只考虑它的形式如何，而对它的内容是否美则不太重视。比如，假日郊游时面对郁郁葱葱的树林，会被它那碧绿的色彩、挺拔的造型和勃勃的生机所感动。这时，大概很少有人会去想如何科学种植林木和林木的经济价值。蝴蝶的幼虫对农作物危害很大，但从古至今，蝴蝶总受到人们的喜爱，被喻为“会飞的花朵”。癞蛤蟆能吃害虫、能入药，对人类有用、有益，却常被人们所厌恶，因为它有一个不讨人喜欢的外表。由此可见，大自然中的光、色、形、声等形式属性，对于自然美来说占有极为重要的地位。

② 自然美具有社会性。自然美重在形式，但是并不能否认自然美的本质的社会性。自然美蕴含的社会内容是朦胧的，有某种暗示、比喻、象征、寓意的作用，这种比喻和象征具有社会普遍性，相对地比较固定。比如，我国自古以来就称颂梅、兰、竹、菊为“四君子”，梅冰肌玉骨、兰蕙质清香、竹秀雅清丽、菊傲雪斗霜。人们喜爱松柏，因为它喻示人的高风亮节；人们喜爱莲花，因为它出淤泥而不染；人们赞美骆驼，借喻人的生活道路要一步一个脚印；人们赞颂牛，因为它吃的是草，挤的是奶，具有奉献精神。人们从这些植物和动物的自然特点上联想到了人的美好情操和品德。

③ 自然美具有不确定性。在多数情况下，自然美所包含的内容是比较隐约和模糊的。比如雨后彩虹，谁能说出它包含着多少明确的暗涵和所指呢？面对同一自然景物，不同人所领悟到的所指内容往往不尽相同，所获得的审美感受也会有差异。自然美的不确定性，往往也表现在自然物具有美与丑的二重性上。大海美，但狂潮大浪也会危及人的生命。

④ 自然美具有易变性。自然物本身处在无休止的运动变化之中，如日出日落、花开花败、云聚云散、潮涨潮退等。自然景物，有些是瞬息万变的，有些虽变化缓慢，但也不是一成不变的。自然景色，不仅四季变化、朝夕不同，而且不同的天气条件下表现也不同。自然美的易变性，主要是自然因素造成的，但也有人为因素。因为，自然美总要人去欣赏，这与人的文化素质、感知能力和心绪情感的变化有直接关系，从而也造成自然美的易变性。

2. 社会美

（1）什么是社会美

社会美是指社会生活的美。人是社会生活的主人，人的社会实践活动是构成整个社会生活的核心。因此，社会美包括人自身的美；人与人关系的美；人的实践成果的美（如劳动产品、社会环境等）。

（2）社会美的特征

① 社会美重在内容。自然美主要以其美的形式取悦于人，而不一定对人有益。社会美的内容主要是它的社会功利性，指对人、对社会有利、有用、有益，即“善”。这是社会美的本质和基础。例如，“杂交水稻之父”袁隆平的美，不取决于他的外在相貌和身材，而取决于他内在的精神和品格。《水浒传》中的鲁智深，长得傻大黑粗，形貌不美，但他反抗恶势力，为民除害，成为文艺作品中为人民所喜爱的美的形象。而该书中的另一个人物西门庆是个外表英俊的美男子，但品德败坏，人们则把他看作是丑的形象。因而人的内在美比外在美更可贵。社会美的核心是人的美，人的美的核心是其内在的心灵美。心灵美反映着社会发展规律和时代精神，表现着人类的理想和追求。这些“心灵”“精神”“理想”都是强调美的内容，并不能直接通过人的感官去感知、把握。人类在社会实践中创造的成果美，也是内容重于形式。如一套豪华音响，外观很美，但音质不纯；一台电冰箱，外观很美，但制冷效果不好，这样的产品是不会令消费者满意的。因而物的内在美（实用）也比外在美（形美）更为重要。美学中的“美”，其意义要比“漂亮”丰富得多、深刻得多。我们讲社会美重在内容，并不是否认社会美的形式，主要是指在赏析它的时候，更需注重它所体现的内容。

② 社会美具有稳定性。自然美具有不确定性和易变性，而社会美则具有明确性和稳定性。因为社会美是从社会事物、社会现象本身去认识其中的社会意义而感受美。社会意义往往是固有的、明确的和稳定的。一般来说，有利于社会进步和发展的事物和现象就是美的，影响和阻碍社会进步和发展的事物和现象就是丑的。岳飞、文天祥、林则徐等英雄的形象是美的，雷锋、焦裕禄、邓稼先的形象是美的。这些人物的美是在历史事件和社会实践中形成的，其社会意义和影响是固有的、实在的，不是个人联想或想象的结果，所以说社会美具有稳定性。

3. 艺术美

（1）什么是艺术美

艺术美是指艺术作品的美。艺术美是对现实美（自然美和社会美）的反映，是艺术家创造性劳动的产物。艺术大致可分为：

造型艺术（绘画、雕塑）、实用艺术（工艺、建筑）是表现性的静态艺术；

表演艺术（音乐、舞蹈）、综合艺术（戏剧、影视）、语言艺术（文学）是再现性的动态艺术。

（2）艺术美的特征

① 独创性。艺术美是艺术家创造性劳动的产物，所以艺术美的首要特征就是独特新颖、不可重复。因为只有独特新颖才能激发起欣赏者最大的兴趣，才能具有巨大的艺术魅力。例如，20世纪80年代初期，画坛上最引人注目的作品，首推罗中立的《父亲》，因为过去画的农民总是乐呵呵、喜滋滋的，现在却画出一位饱经风霜的农民，而且画家以过去画领袖像的巨大尺寸来创作，这些都是前所未有的。再如，我国第一部民族舞剧《宝莲灯》，随后出现的《小刀会》《丝路花雨》，芭蕾舞剧《白毛女》《红色娘子军》《鱼美人》等，它们都各有突破，各有创新，各具风格，在我国民族舞坛上交相辉映、连绵不绝。芭蕾舞剧《大红灯笼高高挂》（彩图5）将中西方艺术结合起来，在舞蹈服装上把中国的旗袍搬上舞台，音乐和舞美也具有中国特色。真正的艺术家所创作的任何一部作品，都要既不重复别人的创意也不重复自己的创意，要勇于探索、不断创新，竭力为社会提供独特新颖的作品，这是艺术家的神圣职责。别林斯基说："在真正的艺术作品里，一切形象都是新鲜的、具有独创性的，其中没有哪一个形象重复着另一个形象，每一个形象都凭它所特有的生命而生活着。"有无创新不仅是评论一件作品是否具有艺术美的标志，也是衡量一个时代艺术成就高低的标志之一。

② 情感性。情感体现在美的欣赏中，也体现在美的创造中。因为艺术作品是以情动人的，没有饱满的情感或缺乏情感的人，是不可能成为艺术家的，也不可能创作出动人心弦的艺术作品。施耐庵的《水浒传》，全书贯穿着作者对梁山英雄们的热爱情感。曹雪芹的《红楼梦》，也是作者带着深厚的情感对整个封建社会的深刻批判和对反抗封建制度的叛逆者的热情歌颂。巴金在谈创作《家》的体会时说："书中的人物都是我爱过和我恨过的。"爱和恨就是艺术家的情感记忆，以这种情感作动力，才能创造出优秀的艺术品。音乐家聂耳在创作《码头工人歌》前的日记中写道："夜十二时半抵九江，一个群众的吼声震荡着我的心灵。它是苦力们的呻吟、怒吼！我预备以此动机作一曲。"在这火焰般炽热的情感推动下，使他创作出优秀的作品。在徐悲鸿画的《风雨鸡鸣》（彩图6）中的雄鸡在风雨中立足巨石之上引颈长鸣，表达了画家意欲唤起民族觉醒、奋起抗日的急切心情。艺术离不开情感，有了情感的真挚与真诚，才能创造出有血有肉、栩栩如生的艺术形象。情感是艺术魅力的最重要源泉。

③ 典型性。所谓典型性，就是艺术家运用典型化的方法，塑造艺术形象所达到的概括化（一般）和个性化（个别）统一的程度。既具有鲜明的、独特的个性，又能揭示一定的社会本质。艺术形象的个性特征愈鲜明、生动，所揭示的社会本质愈深刻，典型性就愈高。绘画、小说等所塑造的形象都可以具有典型

性，都是对生活形象提炼的结果。徐悲鸿画马、齐白石画虾，都是经过画家长期观察这些动物的状貌、动作、神态，在不离开对象的基本特征前提下，又经过提炼、夸张和取舍，按照美的要求，把生活中的这些动物变成了艺术形象，使欣赏者对这些动物的生动活泼神态，留下更理想、更深刻的印象。巴金创作的小说《家》之所以感人，是因为作者曾经在类似“家”的家庭中生活过。书中描写的人物都是作者熟悉的人物，但又都经过了艺术的加工。书中的瑞珏跟作者的嫂子不同，作者的嫂子也被逼迫到城外茅舍去生产，可她并没有像瑞珏那样悲惨地死在那里。书中的高老太爷也不完全是作者的祖父，而是作者把现实中作恶多端的赵老太爷、钱老太爷、孙老太爷的故事，集中到高老太爷身上。巴金说：“我并不是写我家的历史，我写了一般官僚地主家庭的历史。”这就是从个别中提炼出一般，又将一般凝聚成个别，这样的个别就具有了典型意义，比原来的个别更真实，更带有普遍性。所以说，艺术美与现实美比较，它具有更高、更集中、更典型、更强烈、更理想的特点。因此，艺术美是美的最高形态和美的精华。

4. 科学美

（1）什么是科学美

科学美不是指外在的感性美，而是指潜藏在感性美之后的内在的理性美（理论美）。自然美可以被感官直接感知，科学美不能被感官直接感知，而要在对自然界隐蔽的内在和谐作了观察、研究之后才能体验到。科学美包含着理论美、公式美、实验美、内在的形式美和科学研究的创造美等。

科学美在各门自然科学，如数学、物理、化学、生物学等学科中广泛地存在着。千百年来，各门类的科学既告诉了人们真理，也展示了美的光辉。人们在掌握了科学的公理、定律、定理、公式、实验等规律后，就会心满意足、精神愉悦，就会产生一种成就感和自豪感。正如科学家巴斯德所说：“当你终于确实明白了某件事物时，你所感到的快乐是人类所能感到的一种最大的快乐。”物理学家杨振宁说：“科学美是客观存在的，所有科学家都有这种感受。”可以说科学美带给人们更多的智慧和愉悦。在美的形态中，科学美是最难被感受的美，因为感受它要求欣赏者必须具备一定的科学修养，需要更高的想象力和更高的理解力，只有掌握了相关的科学知识，才能领略到这种特殊的美。

（2）科学美的特征

① 和谐。和谐是指事物的各部分协调合度、分配适当、均衡匀称、多样统一。美学家大都主张“美是和谐”。毕达哥拉斯学派的学者们研究发现，长方形的宽与长的比大约为5∶8时图形最美，哲学家柏拉图为它命名“黄金比例”。这

个“黄金比例”成为绘画、雕塑、建筑等艺术中，最富审美价值的比例，也是人体、动物和植物优化结构的基础。再如，解析几何把代数、几何和逻辑学有机地统一起来；牛顿力学把宏观运动统一起来；元素周期律把物质世界的元素井然有序地统一起来；生物进化论把几百万种生物起源统一起来等。在自然界进化过程中，凡是能表达自然这种内在特征的理论，都具有美学价值和表现了和谐美。

② 简洁。爱因斯坦认为，评价一个理论美不美，标准是原理上的简单性。他说：“要从尽可能少的假说或者公理出发，通过逻辑的演绎，概括出尽可能多的经验事实。”如果把自然界纷繁复杂，甚至杂乱无章的现象一一罗列，那就谈不上科学及科学美了。但是在繁杂之中概括出一种简洁明了的规律，就会给人以一种美感。爱因斯坦的质能关系式$E=mc^2$，深刻而准确地揭示了质量与能量的逻辑关系，表现了精确美、抽象美、逻辑美、统一美，更表现了简洁美。再如，数学中勾股定理$a^2+b^2=c^2$（$a+b>c$），物理中重力加速度$g=9.8\text{m/s}^2$等公式都体现了简洁美。

③ 对称。科学理论中，对称性的美学意境，引起很多科学家的神往与迷恋。在数学中如中心对称、轴对称、方程与图形的对称等，都给人以美感。但在科学美的意义上，对称美并不局限在客观事物外形的对称，还表现在空间对称、时间对称、性状对称、守恒对称等。数学中，正数与负数，有理数与无理数，实数与虚数，加法、乘法与减法、除法等体现了对称。物理中，电场与磁场，负电子与正电子，阿基米德的杠杆定律等体现了对称。化学中，合成与分解、氧化与还原等也体现了对称。这些科学的理论都是因为有很美的对称形式，给人以圆满、匀称、稳定的美感而受到欣赏。

④ 新奇。科学理论只有具有创新和突破的内容，得出奇特、新颖的研究成果，才具有高度的审美价值。爱因斯坦的相对论规律就是这种新奇美的典型。再如，18世纪的生物学家林奈的物种不变的结论；19世纪的达尔文的生物进化论的思想；法国拉瓦锡氧化学说的新理论等，都是科学家长期观察、反复实验、充分想象、进行创造思维而得出的新颖的成果。又如，开普勒行星运动第三定律的数学公式$T^2=KR^3$，意思是行星公转周期的二次方与它同太阳的距离的三次方成正比。这是开普勒从大量而又十分凌乱的直接观察资料中，经过高度的提炼概括，才发现的自然规律。真是妙不可言，被人称为奇妙的“2”与“3”。

科学美是以和谐、简洁、对称和新奇作为主要特征的，其中和谐和简洁是科学美的基本特征。

按美的产生和发展条件来分类，以上我们分别分析了自然美、社会美、艺术美、科学美几种形态。其中自然美与社会美同属于现实美。现实美是艺术美与科学美“取之不尽，用之不竭”的创造源泉和坚实基础，比艺术美、科学美更生动、更丰富。但往往是零散的、偶然的、不集中、不强烈、不鲜明、不完整的，而且还受到时空的局限。

艺术美是艺术家把现实美的碎块集中起来，突破时空，重新组合，使之成为更鲜明、更强烈、更典型、更理想的审美对象。科学美是科学家创造性地发现现实美的内在结构和内在规律，使之成为更和谐、更简单、更理性、更抽象的审美对象。现实美和科学美往往和实用相结合，艺术美主要是满足人的精神需要。

二、按人的审美感受的状态分类

1. 优美

优美就是优雅之美，又称秀美，中国美学中称之为阴柔之美。它偏重于静态美，是美的一种最常见的形态，一般狭义的美就是指这种形态。优美的形式特征是：柔媚、秀丽、幽静、轻盈、典雅、精巧、娇小、素淡等。

自然界中优美偏重于形式，如风和日丽、山清水秀、莺歌燕舞、鸟语花香、小桥流水、波平如镜等。社会生活中的优美偏重于内容，个人的表现，如文明礼貌的语言，亲切生动的表情，潇洒大方的举止，端庄质朴的仪表，谦虚礼让的品质，互助友爱的精神等。社会上表现，如真诚的友谊爱情、温馨的家庭生活、精巧的劳动产品、整洁的社会环境等。艺术领域中的优美，如朱自清的散文《荷塘月色》，董文华演唱的歌曲《十五的月亮》，杨丽萍表演的舞蹈《雀之灵》，达·芬奇的绘画《蒙娜丽莎》（彩图7）以及女神雕像《断臂的维纳斯》（彩图8）等，都能给人以优美的感受。

优美给人带来的感受特点表现为：轻松、愉快的松弛感；协调、融洽的和谐感；喜爱、亲近的爱恋感。让人获得一种恬淡、宁静、柔和、愉悦之感。

2. 壮美（崇高）

壮美就是雄壮之美，又称崇高，中国美学中称之为阳刚之美。它偏重于动态美，是与优美相比较而存在的一种形态。壮美的形式特征是：雄伟、庄严、豪迈、悲壮、粗犷、激越、刚健、坚硬等。

自然界中壮美偏重于形式，如暴风骤雨、鹰击长空、悬崖峭壁、劲松翠柏、江河湖海、茫茫草原等。社会生活中的壮美偏重于内容，用崇高这一概念较恰当。如历史上的奴隶起义、农民起义、爱国运动、正义战争中所涌现的英雄人物和英雄事迹，以及同敌人或歹徒搏斗的勇士，移山填海的劳动大军等。艺术领域的壮美，是一种以力量和气势取胜的美。如苏轼的词《念奴娇·赤壁怀古》、歌曲《义勇军进行曲》、民族舞蹈《金山战鼓》、巨幅国画《江山如此多娇》（彩图9）、雕塑《刘胡兰》等，都给人以壮美（崇高）的感受。

壮美与崇高十分近似，但仍有差异。崇高一般是指对具有高尚道德行为的人或事的评价，对自然界的某些事物的评价不宜使用崇高这一概念，用壮美更为合适。

壮美给人带来的感受特点表现为：激烈、震荡的紧张感；尊崇、敬佩的崇敬感；振奋、拼搏的奋发感。让人获得一种震撼心灵、憧憬未来、追求理想、奋发向上的精神力量。

优美与壮美是两个不同的美学范畴，两种不同的形态。优美的构成因素是多样统一的形式美，是一种令人喜爱的美。壮美是以它的巨大力量和强大的外在形式为特征，使人产生惊奇、赞叹与敬畏。它打破了自然的宁静，因而它是一种严肃雄壮的美。优美和壮美的美学特征不同，给人的审美感受也不同，但是它们之间也是相互联系、彼此渗透、反衬对比、交织变化而焕发异彩的。

3. 悲剧性的美

悲一般指悲惨、不幸的人物或事件；悲剧一般指戏剧的一种类型；悲剧性作为美学范畴，是在探求悲与悲剧对于人有什么意义和价值，三者有明显区别。悲和悲剧是悲剧性的基础，悲剧性就是通过悲和悲剧来表现，三者密切联系。

（1）什么是悲剧性（有时也称悲剧）

恩格斯有一个关于悲剧的经典定义，他认为悲剧就是“历史的必然要求和这个要求的实际上不可能实现之间的悲剧性冲突”。所谓“历史的必然要求”，是指那些符合历史发展的客观规律的人的合理要求、理想以及人的优秀品质等，如对自由、民主、友谊、爱情和真理的追求等。所谓“这个要求实际上不可能实现”，是指在一定的历史条件下，上述的人的合理要求被强大的旧势力阻挠、欺凌、破坏和镇压。所谓“悲剧性冲突”，是指在正义与非正义的两种社会势力的冲突中，代表正义的社会势力暂时被代表非正义的社会势力所压倒，而遭到失败或牺牲。鲁迅先生对悲剧也有深刻的认识，他说：“悲剧将人生有价值的东西毁灭给人看。”这里所说的“人生有价值的东西”，就是恩格斯所说的“历史的必然要求”；这里所说的“毁灭”就是恩格斯所说的“实际上不可能实现”。所以鲁迅的话，可以作为理解恩格斯对悲剧本质所作的概括的补充。例如，李大钊烈士生前热爱祖国、追求真理、为祖国的解放事业而奋斗，他认为这是“历史的必然要求”，也是“人生有价值的东西”，但他的理想和事业在当时“实际上不可能实现”，而且被“毁灭”了。烈士的牺牲构成了历史上的一次悲剧。

（2）悲剧性的审美特征

第一，悲剧人物要具有善良、正直的品质，他们的悲剧性的实践行为能震撼和冲击人们的心灵。如岳飞、文天祥、许云峰、刘胡兰等。他们代表先进的社会势力，在与社会上邪恶势力的英勇搏斗中，表现出高风亮节，因此，他们的牺牲会引起人们的悲痛。悲剧人物也不一定都是英雄人物，但一般都是正面人物。比如关汉卿写的窦娥，曹雪芹写的林黛玉、贾宝玉，鲁迅写的祥林嫂，曹禺写的四凤、周萍等，总的来说，他们都是善良、勤劳、无辜的劳动者，他们的反抗精神是应该赞美的，他们的不幸也是值得同情的。悲剧性强烈才能激发人们的正义感。

第二，悲剧性的矛盾冲突能引起人们的思想共鸣，在悲剧的深切感受和体验中，人的思想感情得到净化。比如：屈原愤而投江，岳飞父子冤死风波亭，林祥谦惨遭杀害，董存瑞舍身炸碉堡……他们为了人民的利益，不惜作出牺牲，表现了崇高的精神。悲剧性结局引人深思，具有深刻的教育意义。

（3）怎样构成悲剧性的美

悲剧记述了不幸、苦难和死亡，怎么会产生美感呢？这确实是一个不容易说清楚、也不容易被人理解的问题，所以，这个问题曾经引起古今中外许多美学家的关注。

悲剧性的美的感受就是悲剧性的事物引起的一种复合的情感反应。它包括悲愤感、净化感、愉悦感三个方面的内容。

① 悲愤感。是指人们在悲剧面前，看到了苦难、不幸、悲惨和死亡而产生的悲伤、同情、怜悯和痛苦的情感，看到旧的社会力量的丑恶、残暴，破坏和镇压进步力量而产生的震惊、畏惧、义愤和憎恨的情感。

② 净化感。是指人们从悲剧中得到启示，认识了真理，懂得了人生的意义和价值。在悲痛中潜移默化地洗刷了心灵上的灰尘，坚定了人们对真理的不懈追求。教育了人们要学习悲剧人物的崇高品质和精神，更好地把握人生，使人生过得更充实，更有意义。

③ 愉悦感。是指人们在悲剧面前，化悲痛为力量，增强了与旧的社会力量斗争的信心和勇气。对悲剧性的认识和态度，不再是麻木而是觉醒，不再认为是悲惨而认识到是悲壮，不仅仅是同情、怜悯而是感到为之骄傲、自豪。对旧的社会力量，不再是恐惧而是无畏，不再是软弱而是坚强，不仅仅是义愤、憎恨而是要奋起反抗、斗争。在悲剧面前人们感到自己的心灵得到净化，境界有所提高而

引起精神上的满足和情感上的愉悦。

悲剧性的事物所引起的复合的情感反应，也是崇高感的一种集中表现。这也是一种美的陶冶和美的享受。悲剧美就是这样构成的。

4. 喜剧性的美

喜一般指高兴、欣喜；喜剧一般指戏剧的一种类型；喜剧性作为美学范畴，是对丑和悖理现象的否定，三者有明显区别。喜和喜剧是喜剧性的基础，喜剧性就是通过喜和喜剧来表现，三者有密切联系。

（1）什么是喜剧性（有时也称喜剧）

喜剧同悲剧一样，其根源都是两种社会力量的冲突，而喜剧冲突的结果是新事物代替旧事物。鲁迅先生说："喜剧将那无价值的撕破给人看。"这里所说的"无价值的"，就是指假的、恶的、丑的。这里所说的"撕破给人看"，就是给以否定和进行揭露。如果说悲剧的本质是对美的间接的肯定，那么喜剧的本质则是对丑的直接的否定。如果说悲剧是以美的毁灭来赞赏美，那么喜剧则是以对丑的否定来肯定美。例如小品《打扑克》，表演了两个人用名片打扑克，看谁的名片上的职位高、权力大、有钱有势，以高压低，以大压小。这个小品直接揭露和否定了社会上的不正之风。

（2）喜剧性的审美特征

喜剧的审美特征就是能引人发笑，如果没有笑的因素、没有笑的手段，喜剧就不可能存在。笑，是一种生理、心理现象，是人对外界刺激所引起的反应。婴儿被逗会发笑，被人搔痒会发笑，但喜剧能引人发笑则是一种复杂的审美心理活动的结果，是一种审美评价。

丑恶总是企图用伪装来掩盖自己的丑陋，假象一旦被揭穿，丑陋真相现了原形就不免令人发笑了。例如，在电影《大独裁者》（图2–9）等文艺作品中被生动刻画的反派人物。

图2–9 电影《大独裁者》剧照

丑是喜剧的本质和基础，喜剧是让人们在笑声中同旧的、丑的东西告别，而不是把有错误缺点的人"丑化"和"搞臭"。正如马克思所说，喜剧揭露丑"是为了人类能够愉悦地和自己的过去诀别"。例如，小品《超生游击队》、相声《买猴》、电影《喜盈门》、戏剧《乔老爷上轿》等文艺作品，都体现了这一特点和原则。

（3）喜剧性的存在形态

作为美学范畴的喜剧性，它渗透到许多艺术门类和领域。除了戏剧中的喜剧外，还有相声、小品、漫画、笑话、讽刺诗、滑稽戏、喜剧电影等，这些艺术形式都有着强烈的喜剧性。喜剧的存在形态包括滑稽、讽刺和幽默等。

所谓滑稽，就是利用嘲笑和穿插逗趣的表现手法，来揭露自相矛盾的地方和荒谬可笑的反常现象，使人在意外中得到启迪，从而达到批评教育的目的。滑稽常常解决了看似不可解决的难题，是一种富于灵感的机智。例如，相声《关公战秦琼》、小说《西游记》里孙悟空的形象、民间故事《阿凡提的故事》等。

所谓讽刺，就是利用含蓄而夸张的手法来讥刺和冷嘲热讽，甚至用挖苦的手法来揭露丑。讽刺分两种，对敌人的丑恶进行辛辣、尖锐的揭露和批判，无情地撕下其假面具，让其原形毕露。例如齐白石的国画《不倒翁》、电影《摩登时代》等。讽刺的另一种是针对人民内部有缺点错误的人，在讽刺时也会刺痛人，但这种刺痛是通过刺激而使人震动和猛醒。

所谓幽默，就是利用影射、讽喻等手法来揭露生活中荒谬悖理的东西，在善意的微笑，或同情的苦笑，或戏弄的讥笑中受到启迪和教育。幽默具有机智和思维敏捷的特点，是人的敏锐与巧智在审美情感上的自然流露。幽默比讽刺显得轻松、俏皮、活泼、风趣，含有的深刻意义让人深思。例如华君武的漫画《脸盆里学游泳》（图2–10）等。

图2–10 漫画《洗脸盆里学游泳》华君武

喜剧给人带来的感受特点表现为：轻松、愉悦的轻松感；发现、理解的顿悟感；俏皮、风趣的幽默感。让人获得一种告别过去、轻装上阵、乐观自信、欢快喜悦的感受。

按人的审美感受对美的状态分类，以上我们分别分析了优美、壮美、悲剧性的美、喜剧性的美几种形态。在美的海洋里，美的表现形态是丰富多彩的，我们认识几种基本形态，有助于进一步把握美的本质，提高我们的审美能力。

主题四

美感的本质、特征和心理因素

一、什么是美感

狭义的“美感”是指人的审美感受。是人们接触到美的对象时所引发的一种感动，是能唤起人们的愉悦、乐趣和情思的心理状态，是对美的认识、欣赏与评价。广义的“美感”含义是指客观存在的美，反映到人的头脑后，所长期形成发展起来的一种审美意识。它包括人的审美感受、审美观点、审美趣味、审美标准、审美理想等。由于审美感受是审美意识形成的基础，所以我们主要研究狭义的美感。通常所说的美感，一般也是指狭义的美感。

美感和快感的关系，是既有联系又有区别的。美感中总是伴随着某种生理快感，快感是美感产生的前提和基础，不包含着快感的美感，就不会是真正的美感。比如同学们假期郊游，眼前青山碧水、鸟语花香的美景，会使你感受到自己生活在一个生机勃发、瑰丽迷人的世界里，获得精神上的愉悦。由于投身于大自然的怀抱之中，呼吸了清新的空气，也使自己在生理上感到轻松和舒适。应当承认美感与快感统一于人自身。但是快感并不等于美感，美感是高级的精神上的愉悦之情，快感仅仅是生理上的舒适。比如闷热口渴时，喝一杯冷饮；读书困乏时，伸伸懒腰等，都可以得到生理上的舒适，但并不等于美感。

二、美感的特征

1. 直觉性

直觉性是美感的基本特征，其根本原因在于美具有形象性，美感是美的反映。人们面对美的事物时，总要感触到它的色彩、线条、形状和声音，受到它的刺激并经过生理器官传到大脑后，才能唤起美的心理感受。如果某种生理器官先天有缺陷，就不可能欣赏某一种美。英国19世纪画家密莱画的《盲女》（彩图10）生动地说明了美感的直觉性。画面上有一位以卖唱为生的双目失明的姑娘，坐在道旁的田埂上休息。天上出现一道绚丽的彩虹，碧绿的田野上跳跃着小鸟，身边的土地上开着美丽的野花，还有一只彩蝶落在她的肩上。盲姑娘身旁有一个女孩在给她描述那彩虹、野花和蝴蝶的美，盲姑娘仍无动于衷，只是在腿上放着一架手风琴。这说明视觉形象对于失明的姑娘来说失去了美的意义，她只有靠听觉形象来享受音乐的美。

在审美功能上和审美层次上，视觉和听觉比其他感觉有更高的地位，是审美的主要感官。但是其他感觉也是必不可少的，有时还需要其他感官配合。听了某歌唱家的演唱感到嗓音甜亮，这就包括了听觉、味觉、视觉的反映，美的感受常是“立体的”，有时五官并用，即审美心理中的“审美通感”，或叫“审美共鸣”。

美感的直觉性并不是纯感性的，而是含有理性因素，是感性与理性的统一。换句话说，美感中的直觉不能仅仅是对审美对象的表面的直觉，这种直觉是初级的、肤浅的，还应该包含深刻的感受和理智的认识。比如欣赏李白的《望天门山》：“天门中断楚江开，碧水东流至此回，两岸青山相对出，孤帆一片日边来。”诗中出现了碧水、青山、白帆、红日的直觉形象，如果只欣赏这些自然景色，则是肤浅的；如果理解了诗的内容是写诗人坐在孤舟上逆水而行的感受，表现了不畏艰难险阻的拼搏精神，这种美感中的直觉感受就更为深刻和理智。

2. 愉悦性

美感的愉悦性是指人在审美活动中，被美的事物深深地打动，从而感到愉快、喜悦、舒畅、满足，乃至陶醉。面对社会美、艺术美，这些饱含情感因素的事物时，必然会“触景生情”。人的心灵美、风度美和社会生活美、社会环境美，都显现了人的本质力量，都是人的理想、智慧和才能在现实中的表现，这种表现必然会给人们带来愉悦的情感。欣赏吴作人的《金鱼》，因为画家把金鱼画“活”了，表现了画家对生命力的热爱和追求，从作品中可以看到“生命”“活力”和“生机”，必然会激发起人们的愉悦之情。我们面对那本身并无情感的自然美时，也会使我们心旷神怡、情痴意醉、深深眷恋、流连忘返。美感之所以被说成是一种审美快感，一种精神享受，指的就是这种愉悦身心、陶冶性情的功能。美感的愉悦性是美感直觉的深化和扩展。

3. 功利性

美感活动与科学活动、实用活动的根本区别在于，美感活动是一种非功利性的活动。人们欣赏徐悲鸿的《奔马》，这马是不能骑的，人们欣赏齐白石的《虾》，这虾也是不能吃的，人们听音乐、看电影也得不到物质的实惠，相反，还要付出时间、精力和金钱的代价。但人们还是非常愿意这样做，因为在这些审美活动中，可以得到精神上的享受。所以说，美感无关个人的利害得失，它不是自私的享乐，而是一种无私的、社会性的精神享受。在人类审美活动中，表现了个人审美的非功利性。

美感又是一种功利性活动。人们喜欢听音乐、观舞蹈、赏绘画、练书法、读小说、看电影。人们还喜欢自然风光的美、社会生活的美、城市环境的美。这些需要虽然不能直接满足人的物质需要，但却以赏心悦目的形式，给欣赏者带来感官的愉悦、情感的净化、心智的启迪、人格的升华，促进人的全面发展，是人类不可缺少的精神食粮，是不同于物质功利性的精神功利性。

美感具有非功利性与功利性的双重特征。人类的审美活动都是个人审美的非功利性和社会审美的功利性的和谐统一。

以上我们对美感的三个基本特征分别做了简述，但在实际审美活动中，这三个特征并非独立显示，而是相互依存、相互渗透、相互作用地融合在一起的。

三、美感的心理因素

美感是一种极其复杂的心理活动和心理过程，从大量的研究成果看，美感的心理活动主要包含着感知、想象、理解、情感等基本因素。

1. 感知

感知是感觉和知觉的总称，是审美心理过程的第一个因素和基础，也是美感的门户和先导。人们感受到美是因为美的对象都有一定的感性形象，如色彩、线条、形体、声音、硬度、温度等。这些感性形象通过人们的感觉器官（耳、眼、鼻、舌、身）反映到大脑中，产生感觉。如我们欣赏自然美时，就要用眼睛看到壮丽的山河，用耳朵听到悦耳的鸟鸣，用鼻子闻到扑鼻的花香，用舌头尝到味美的果实，用身体触摸到草地的松软。所以只有充分发挥人的感觉器官的作用，才能使人获得丰富而确切的审美感觉。审美感觉在审美过程中起着重要作用，但这是美感的初级阶段。

美感一般要进入高一级的审美知觉阶段，审美知觉是对美的事物的多种属性的整体反映。或者说，知觉是在感觉的基础上形成的，是多种感觉的综合活动。例如我们欣赏古代的青铜雕塑《马踏飞燕》（彩图11），奔马有矫健的形体（凭视觉的实体感）、青褐的色调（凭视觉的色彩感）、冰凉的质感（凭触觉的温度感）、腾飞的动感（凭视觉的空间感）。通过多种器官感觉的综合活动，才能得到一个完整的印象。感觉到的事物属性越丰富，知觉就越完整。审美感知不是感觉的简单复合和简单相加，而是对多种感觉的整体把握。

2. 想象

人在审美过程中，不仅把感知直接作用于美的事物，而且还能在头脑中创造出新的形象。这种创造新的形象的特殊心理能力，就称为想象。想象是一种思维活动，在审美过程中占据相当重要的地位。想象又包括初级形式的联想和高级形式的再造想象、创造想象。

联想是由一事物想到有关的另一事物的心理过程。联想有增进美感的作用。李白的诗句“桃花潭水深千尺，不及汪伦送我情”中，把他和汪伦的情意喻为比潭水还要深，这种接近联想十分自然，容易引起人们情感上的共鸣。“春眠不觉晓，处处闻啼鸟。夜来风雨声，花落知多少”。诗人由令人愉悦的春晓联想到花落的伤感，这种对比联想给人以新颖之美。还有当我们看到松树就想起人的坚强品格，看到初升的太阳就想到青少年等，这种相似联想有助于审美形象的具体可感，产生情景交融的意境美。

什么是想象呢？想象和联想不同，它不是联系回忆旧的经验，而是将头脑中已有的感知形象进行分解、组合和改造，然后创造出一个全新的形象。想象按其内容与形式的方式，可分为再造想象和创造想象两种。

再造想象是把头脑中已感知的形象经过重新组织再造出新形象。如欣赏黄山的松石，由于它们的奇姿异态引起人们的再造想象，而命名为“迎客松”“送客松”“仙人指路”“猴子观海”等。国画《深山藏古寺》，画面上只有一个小和尚在溪边担水，他的背后是绵延起伏的群山，欣赏者只有通过想象，才能体会出这幅画的意境。欣赏小说《三国演义》中的“赤壁大战”，只有通过再造想象才能把小说中的语言变成具体生动的形象。中国戏曲中的“以鞭代马”“以桨代舟”，都是通过程式化的虚拟动作，调动观众的再造想象。

创造想象是把头脑中已感知的形象，经过加工改造创造出新的形象。例如，李白的诗“举杯邀明月，对影成三人”，诗人以月、影为友，同他们共饮共乐，以解除心中的烦闷与寂寞。再如，小说《西游记》中的孙悟空、猪八戒，《聊斋志异》中的花妖狐魅，以及神话故事中的观音、嫦娥、牛郎、织女等，都是在现实生活中不存在的形象，是由诗人、小说家和劳动人民展开了创造想象的翅膀，进行审美的“自由”创造。正是这些生动形象的创造，把人们引入了审美的境界。

艺术美的创造离不开想象。油画《小桥、流水、人家》（彩图12）就是以摄影《江南水乡》（彩图13）做素材，通过想象创作出来的。照片中木板桥改画成砖石桥，不但木船可以通过桥洞，而且桥上还有村民牵着牛，使画面上增添了生活情趣。照片中流水的小溪和岸边也增添了四只鹅，使画面又充满了生机和活力。照片中右侧树林全部删除掉，改画成房屋和站在房门口织毛活的少妇及斗鸡的小孩，充满了生活的情趣。这幅画生动地描绘了典型的农村水乡的景观。说明艺术源于生活且高于生活，也说明艺术的创造离不开想象。

王朝闻先生说：“没有想象就没有创作，没有想象也就没有艺术欣赏。”想象越丰富，越能使人们感受到丰富而深刻的思想意义和社会内容。

3. 理解

理解是通过揭示事物之间的联系而认识新事物的过程，也是对事物的本质的把握。审美理解具有认识功能，但更倾向于形象领悟，而非概念认识，不应同抽象的理论认识简单地等同起来。审美理解是同感知、想象、情感交织在一起的融合着感性的理解。由于理解的深浅程度不同，往往会形成不同的层次或水平。

理解的第一层含义是区分审美的理解和实用的理解。审美理解目的是取得精神上的满足与愉悦，它不能取代现实生活中实际的功利作用。比如观赏话剧或戏曲时，剧中出现的一些汉奸、叛徒、坏人等反面人物的行为卑鄙至极，虽义愤填膺，但不能举枪将其打死，因为要清楚地意识到艺术世界之“虚”与现实世界之“实”的重大区别。只有这样才能在热情中保持冷静，从容而自由地进行审美欣赏和情感体验。

理解的第二层含义是要对审美对象的内容有认识。例如欣赏国画《桃园三结义》，就要知道三国的故事，知道刘备、关羽和张飞的性格特性和外貌特征，这样才能欣赏与评价这幅画的思想性与艺术性。芭蕾舞剧《红楼梦》中，没有演员的对白和演唱，只有动作和造型，不知道贾宝玉和林黛玉的故事会影响观赏效果。同样，欣赏敦煌莫高窟的壁画《舍身饲虎》《九色鹿》等；欣赏浮雕《五四运动》《胜利渡长江》等；欣赏西方宗教画和毕加索的《格尔尼卡》等，如果不了解这些审美对象的题材、情节、典故、时代背景、象征意义等，就会觉得审美对象怪诞异常、不可思议。只有对审美对象的内容有所认识，才能得到较为充分的审美感受。

理解的第三层含义是要对审美对象的形式有认识。每一个艺术种类，都有其不同的美学特征，都有其独特的表现手段、技法、技巧、程式等形式。比如摄影艺术，如果我们懂得摄影中的构图、光线和影调等艺术手法，懂得画面布局的章法，懂得彩色摄影中色彩的对比、调和、基调和重音等，那么不但能鉴赏摄影作品，而且还可以进行摄影艺术美的创造。再如欣赏京剧艺术，就要认识戏曲行当的程式性、脸谱的程式性以及动作、唱腔的程式性。还要认识道具和动作的虚拟含义，如一桌二椅可当桌椅，也可当山、楼、门、床；舞台上转几个圆场就是走了千里之路；四个龙套代表了千军万马等。如果不认识这些特有的形式，当然就会看不懂审美对象，更谈不上获得审美感受和进行审美评价。

理解的第四层含义是，理解是需要观者发挥主观能动性的形象领悟，不是单纯的概念认识，更不是理性说教。这种理解是深层次的理解，不是用逻辑推理推导出来的，也不是用普通语言描述出来的，而是被称作为“只可意会，不可言传”。中国美学中称它为“言外之意”“弦外之音”“言有尽而意无穷”；在西方美学中称它为“意蕴”或“意味”。也就是说，在审美对象中，意义并不是对象形式的直接含义，它往往是一种象征与暗示。比如周敦颐的《爱莲说》：“菊之爱，陶后鲜有闻。莲之爱，同予者何人？牡丹之爱，宜乎众矣！”从字面上看，就是爱菊的人少，爱莲花的人更少，而爱牡丹的人很多。这种形式上的理解是浮浅而不准确的。实际上作者的“言外之意”是用菊、莲、牡丹象征着人的品格与追求，含蓄地暗示和讽刺当时争名夺利的社会现象，即真隐士少，有道德的人更少，而爱富贵的人却很多。中国诗论中所谓“古人为诗，贵于意在言外，使人思之而得之”，是指诗贵在含蓄，不宜直说，给欣赏者留下想象和理解“言外之意”的余地，才能获得深刻的美感。画家徐悲鸿在抗日战争期间画了一幅《奔马》，画家不是为画马而画马，而是借奔马来抒发他胸中“忧心如焚”的爱国激情。审美活动中深层次的理解，可以使人受到情感和道德的陶冶，塑造人的心灵，全面提高人的素质。

4. 情感

审美活动一个突出的特点就是带有浓厚的情感。什么是情感呢？情感就是人对客观对象（包括社会的和自然的）所持的一种主观态度。这种主观态度往往以肯定（热爱、愉快、喜欢）与否定（嫌恶、愤怒、憎恨）的形式表现出来。审美活动的实质，可以被看作是审美主体与审美对象不断地进行情感交流而产生共鸣的过程。

审美情感广泛地渗入到其他心理因素之中，贯穿于审美活动的始终。使整个审美心理过程都带有浓厚的情感色彩，同时又能诱发、触动其他心理过程，成为它们的推动力。例如“登山则情满于山，观海则意溢于海”，就是触景生情、情景交融。说明感知激起了情感，情感移入了感知，情感和感知在互相渗透。

在审美活动中，审美情感也会渗入想象，能使无情的事物变成有情的事物，无生命的东西变成有生命的东西。例如，林则徐在被贬遣送新疆时写了一首《塞外杂咏》的七绝诗：“天山万笏耸琼瑶，导我西行伴寂寥。我与山灵相对笑，满头晴雪共难消。”作者被迫离开禁烟抗英的前沿，此时他已经满头白发，作者在诗中把耸立的天山当作自己西行的导游和旅伴，陪伴着他而使他不至孤单寂寞。作者要把自己的积愤向天山诉说，却不免一番苦笑，因为天山的满头晴雪和诗人自己的满头白发一样难以消除。作者把天山和白雪“拟人化”了，情感推动了想象，想象又使内在的情感获得一种新的表现和抒发，情感和想象在互相渗透。

审美活动由于理解的参与、渗入，因而不是盲目的情感冲动，而是能使情感合理地展现和抒发。例如，我们游览故宫，可以欣赏到我国现存的规模最大、最完整、最精美的宫殿建筑。宏伟壮丽的宫殿是为了维护帝王统治的威严，因此规模宏大，设计精巧，它也是我国古代劳动人民智慧和血汗的结晶，因而能激发起人们对我国古代劳动人民的钦佩之情。在这里，审美情感显然蕴含着极其丰富的社会内容。同时也说明，情感渗透和推动着理解，理解又导向和规范了情感。情感和理解的合作，给予情感以理性的协调和认识。

综上所述，审美心理因素基本上是由感知、想象、理解、情感这四种心理机能交融组合而成的一个网络结构。感知是美感的门户和基础；想象是美感的“翅膀”和载体；理解是美感的导向和规范；情感是美感的动力和本质。

总之，在审美过程中审美心理的各因素，不是各自独立、互不联系的，而是相互依赖、彼此渗透的。四种因素以一定比例结合起来，进行积极的调整和组合，最后形成一种动态的审美心理结构。

主题五

美感的个性、共性和客观标准

一、美感的个性

美感的个性即美感的差异性或多样性。形成美感差异性的原因相当复杂，由于审美者经济地位、社会经历、生活经验、所处时代、所属民族、文化教养、理想趣味、性格气质的不同，个人审美趣味和观点也就形成了千差万别的多样性。

1. 不同民族有美感的差异性

以花为例，英国人喜欢玫瑰，法国人喜欢百合，美国人喜欢山杞，中国人喜欢牡丹。中国古建筑是大屋顶、高台基的民族形式，古希腊建筑形式则是围柱式。中国绘画重写意、讲笔情墨趣，西洋绘画重写实、讲光影色彩。中国民族舞蹈与外国芭蕾舞，中国京剧与外国歌剧都有很大差别。就是在中国，不同民族的民歌在其旋律、节奏和风格上，也具有各自独特浓郁的民族特征。

不同民族存在着审美差异最显著的例子是对待裸体的认识。古希腊的人体雕塑和绘画大都是裸体或半裸体，他们欣赏的人体美不是那种苍白的秀美，而是一种自然、健康、充满了力度的美。从出土的秦兵马俑陶塑可以看到，与古希腊时期重叠的中国秦代没有一俑是裸体的，都是身披盔甲、威武雄壮的形象，这就是不同民族的审美差异。我们现在认识的人体美是从美学的角度而言的，是借鉴了西方美学在人体审美中的自然观和健康观，学习他们把人体作为一种纯自然的客体来鉴赏的审美态度。因此，我们在欣赏西方裸体艺术品时，不应用狭隘的民族意识去歪曲它、否定它，或者用低级庸俗的观点去解释它，而应该用历史发展的、唯物辩证的、健康正确的观点去认识它。

2. 不同时代有美感的差异性

中国有“燕瘦环肥”之说。汉成帝的皇后赵飞燕，长得非常瘦弱、灵巧，因而得宠，而唐玄宗喜爱的妃子杨玉环，体态丰满肥胖。由此可以看出两个朝代在定义美女的标准上存在着差异。又如从晚唐五代开始，缠足之风曾在中国封建社会流传很长时间，辛亥革命以后渐趋消亡。当今时代妇女再裹脚走路，不但不美而且是一种病态和丑态了。可见人们持有的美的观念在随着时代的变迁而不断变化。

徐悲鸿喜欢画马。在中华人民共和国建立前，由于他正处在追求革命理想的实践中，因而他画《奔马》题为“天涯何处寻芳草”，以抒发胸中“忧心如焚”的激情。中华人民共和国建立后，他任中央美术学院院长，坚持走中国美术的复兴之路，培养众多美术人才，为中国美术事业做出巨大贡献。这时，他同样画《奔马》，则题为“河山百战归民主，铲尽崎岖大道平”，以抒发自己前途平坦而光明的喜悦心情，表达了他满腔的爱国热忱。在外国绘画中也可以表现出时代的美感差异。欧洲中世纪的圣母画像中，圣母像头部都戴上灵光圈，面部无表情，以显示神的威严和至高无上。到了文艺复兴时期，人的审美认识也改变了，画家画的圣母像头部不再有灵光圈，而且体型优美、衣装简朴，表情也显得和蔼可亲了。

美感差异性的存在是一个事实，这种个性的存在，正说明人的精神需要的丰富性和多样性。所以要学习和研究审美个性，以便对审美做具体分析并探索其规律。

二、美感的共性

美感的共性即美感的共同性或普遍性。形成美感的共性的原因是人类社会实践的内容有共同性（如发展生产、改善生活、抗击敌人、反对邪恶等）。另外，人们的生理器官和心理活动也具有共同性（如对自然美和形式美的色、形、声的感受等）。而且美是在实践基础上的自由创造，又是客观的、真实的，这就决定了美感具有共同性。

1. 不同民族有美感的共同性

审美对象如果符合不同民族的共同心理素质（包括共同的审美理想、审美情趣等），这样的对象也可表现出不同民族美感的共同性。比如敦煌艺术在我国艺术史上占有重要位置，这一艺术不仅为我国各民族人民所热爱，也引起世界各国的注目。现在敦煌每年都要迎接大批的中外来客，其中有旅游者，也有很多艺术家。这正说明真正的艺术，能被世界各国、各民族人民所热爱和欣赏。正像中国古典巨著《红楼梦》，已流传国外而引起“红学热”一样，现在世界各国都有许多专家在研究“敦煌学”。在艺术领域里，越是民族的东西，越能走向世界。中国民族乐团在世界的“音乐之乡”维也纳演出，得到了极高的评价。中国民族舞剧《丝路花雨》，受到许多国家外国朋友的热烈欢迎。中国的园林艺术也受到世界各国人民的普遍赞赏。黑格尔早就说过：“真正不朽的艺术作品，当然是一切时代和一切民族所能共赏的。”

2. 不同时代有美感的共同性

思想家伏尔泰说过：“有些美是通行于一切时代和一切国家的。”比如，1 000多年前初唐诗人宋之问记下了游西湖的感受：“楼观沧海日，门对浙江潮。”过了300多年，北宋诗人苏轼也讴歌赞叹了西湖美景：“水光潋滟晴方好，山色空蒙雨亦奇。欲把西湖比西子，浓妆淡抹总相宜。”直到900多年后的今天，西湖仍然吸引着无数中外游客来获得美的享受。社会美和自然美一样，在不同时代也具有审美的共同性，“虽九死其犹未悔”的屈原；“待从头，收拾旧山河，朝天阙”的岳飞；“人生自古谁无死，留取丹心照汗青”的文天祥，他们的英雄事迹，一直被后代视为美的行动，鼓舞着不同时代的人们为祖国而战斗；他们的豪言壮语，一直被后代视为美的格言，为不同时代的人们所反复吟咏。在艺术作品中，2 000多年前的秦始皇兵马俑，约900年前北宋张择端的《清明上河图》，公元前2世纪的古希腊雕塑《断臂的维纳斯》，500多年前达·芬奇的《最后的晚餐》和《蒙娜丽莎》等，都有较高的审美价值，无论哪个时代都能引起人们的审美感受。

美的事物既具有多变性，也具有不变性，也就是说美的事物，不论在何地、何时、何人看来，它的美都是不变的，即具有美的普遍性和共同性。

总之，在现实的一切审美活动中，审美存在着个性和共性。但是，审美没有单纯的个性，也没有单纯的共性，而是个性与共性的辩证统一。随着社会的发展和历史的进步，人与人之间的交往将日益增多，眼界会越来越开阔，因而审美活动也更加丰富多样。认识美感的个性与共性，能使我们在鉴赏美和理解美时更全面、更深刻。

三、美感的客观标准

关于美感的客观标准问题，在美学史上一直有争论。如西方美学史上流行一句谚语，叫作“趣味无争辩”。中国民间也流行一句谚语，叫作“情人眼里出西施”。这些说法都主张美感没有客观标准。我们认为美感虽然具有差异性，但还具有共同性。例如李白、马雅可夫斯基的诗，郑板桥、达·芬奇的画，聂耳、贝多芬的音乐，曹雪芹、巴尔扎克的小说，都经历了不同时代，跨越了不同民族的界限，赢得了全世界人民的普遍喜爱，这就证明审美标准是客观存在的。那么，审美标准的主要内容是什么呢？其主要内容可包括真实性、功利性、内容与形式的完美结合等。

1. 真实性

审美感知和审美判断都是以对“真”的认识为基础的。所谓“真”，指对真实、真理的追求，也就是符合客观事物内在的规律。美蕴含着真，凡是美的必须首先是真的，没有真便没有美。例如，在社会美中，真主要体现在，人在理想上有对真理的追求，在知识上有真才实学，在认识上有真知灼见，在与人交往中能真情实意，在友谊上能纯真深厚，在劳动产品上能货真价实，这些都会给人带来美感。如果人在各方面都是虚假的、虚伪的，劳动产品是假冒伪劣的，那么就没有美可言了。在艺术美中，第一个审美标准也应该是真实。自然美中更是以真实为基础。园林中的假山石、人造瀑布和盆景也是美的，但与真山、真水、真花、真木相比较，其所获得的审美愉悦的层次和效果会截然不同。艳丽多姿的鲜花是美的，用绢纱做的花就是和真的一样，能以假乱真，但当你知道它不是真的鲜花时，这假花就会大为逊色了。

2. 功利性

判断对象是否美的客观标准还有功利性，即“善”。所谓“善”，指对社会和历史发展有益，符合人类的功利目的。美蕴含着善，凡是美的必须是善的，没有善便没有美，善是美的前提。例如，我国东汉时期的蔡伦发明了造纸术，这一发明促进了人类社会的文明进步。我国古代的史学家和文学家司马迁，完成了我国第一部纪传体通史《史记》，从中揭示了历史变革过程和成败兴亡的道理，对我国后世史学的发展产生深远影响。美国科学家爱迪生，他一生的发明有2 000多种，对于改善人类生活和推动科技发展作出了重要贡献。德国作曲家贝多芬，他创作的乐曲充满了与黑暗专制势力抗争的战斗激情，使人们得到美的享受和精神上的鼓舞，对后世影响很大。在中国近代和现代革命史上孙中山领导的辛亥革命，推翻了几千年的封建统治，推动了中国历史的发展。鲁迅以文学为武器向封建制度和一切反动势力宣战，他的文学作品含有深刻的社会内容，启发人们深刻地认识人生和社会，探寻推翻旧社会、争取光明幸福的新社会的正确道路。这些名人的业绩和作品都是美的，因为都直接或间接地起到了推动社会进步和发展的积极作用，当然会受到人民群众的赞美和歌颂。自然美可以给人类以心旷神怡、赏心悦目的愉悦。同时，茂密的森林、富饶的草原、丰收的稻谷、肥壮的牛羊是美的，因为它们对人类有益和有用。

历史上的一些独裁者、野心家、卖国贼和现实生活中的一些贪污犯、盗窃犯、制造伪劣产品、牟取暴利的商人等，他们的形象是丑的。因为他们违背了民族利益，逆历史潮流而动，或者侵犯人民利益，影响人民生活，破坏社会安定。在文艺创作上，一些为迎合某些庸俗低级趣味而胡编滥造的作品是丑的，因为这些作品是人精神上的腐蚀剂，毒害着人的心灵。

3. 内容与形式的完美结合

艺术美侧重于内容与形式的完美结合，是内容与形式的有机统一。实践表明，美的艺术作品其形式往往能最充分地体现其内容，以增强作品的艺术感染力。例如，北京的人民大会堂，是党和国家领导人以及人民代表为共商国家大事而集会的地方，是国家举行重大活动的场所。它的建筑形式是如何体现这一主题的呢？从外部的造型设计看，巨大的形体，仿佛是一个站立起来的巨人，象征着新中国的强盛；从内部的实用设计看，万人礼堂和各会议厅的装饰，都具有特殊的风格和特定的含义。人民大会堂的建筑美，体现了内容和形式的完美结合。

美的内容和美的形式能够达到和谐的统一，美才能具有更大的魅力。比如，油画《开国大典》是很美的，因为它首先具有美的内容，画面真实地再现了1949年10月1日中华人民共和国的开国大典，这是一个震撼世界的历史事件。同时，这幅画也具有美的形式，从构图到设色、从人物到场面，都表现了宏大的气势。美的内容与美的形式互相依存、互相转化，形成了一个有机的、和谐的统一体。欣赏艺术美时，一定要从它的内容与形式的完美结合着手去把握。

在自然美中，美的形式占据突出地位，但自然美也具备社会性内容，比较朦胧，但含蓄的内容有深刻的寓意，内容与形式有机结合。在社会美中，人的内在美（心灵美）和外在美（人体美）达到高度统一，这是我们所要追求的人的美。商品的内在美（质量美）和外在美（装潢美）的完美结合，是我们所要追求的商品的美。

总之，在美的创造中掌握了“真”，符合客观事物的发展规律；实现了“善”，具有普遍而广泛的物质功利性和精神功利性；表现了内容与形式的完美结合，具有鲜明独特的形式，并和谐统一地体现它的内容，这些就是美感的客观标准。

思考与练习

主题一

- 美是从哪里来的？
- 你在劳动中是怎样创造美的？举例说明。
- 怎样理解“美的现象的多样性掩盖了美的本质的共同性”？
- 怎样理解“美感的差异性掩盖了美的本质的普遍性”？
- 怎样理解“美的本质是人的理想、智慧和才能的形象化的表现”？
- 美具有哪些特征？

主题二

- 美的内容与美的形式有什么关系？
- 美的形式与形式美有什么联系和区别？
- 形式美的因素有哪些？
- 形式美的主要法则有哪些？举例说明。

主题三

- 为什么说“自然美重在形式，社会美重在内容”？举例说明。
- 为什么说“自然美具有易变性，社会美具有稳定性”？举例说明。
- 为什么说“艺术美比现实美具有更高、更集中、更典型、更强烈、更理想的特点”？举例说明。
- 科学美具有“和谐”“简洁”“对称”“新奇”几方面的特征，分别举例说明。
- “优美”的形式特征和审美感受是什么？
- “壮美”（崇高）的形式特征和审美感受是什么？
- 什么是“悲剧性”？悲剧美是怎样构成的？
- 什么是“喜剧性”？其审美特征是什么？其存在形态有哪些？

主题四

- 什么是美感？美感具有哪些特征？
- 美感包括哪些心理因素？举例说明。
- 举例说明审美的心理过程。
- 为什么说审美过程是各心理因素交融组合的一种动态过程？

主题五

- 什么是美感的个性与共性？举例说明。
- 认识美感的个性与共性的意义是什么？
- 真和善与美的关系是什么？怎样才能达到真善美的统一？
- 联系社会生活实际和文艺作品实际，说明美感的客观标准。

单 元 三

文 艺 美 学

"文艺"是文学艺术的总称。文艺美学就是运用美学的一般原理来研究艺术的审美性质的科学。概括起来说，它主要研究文艺创造、文艺作品、文艺欣赏三个方面的美学问题。在文艺中，根据塑造艺术形象所使用的物质材料以及手段的不同，可具体分为绘画、雕塑、工艺、建筑、书法、摄影、音乐、舞蹈、文学、戏剧、戏曲、影视等门类。如果说文艺美学属于整个美学的一个分支的话，那么具体艺术门类的美学又属于文艺美学的分支。本章的学习重点，将放在揭示各种艺术门类特有的美学特征与审美规律上。

主题一

绘画美

一、什么是绘画

绘画是一门运用色彩、线条和构图等元素，在二维空间的范围内反映现实美、表达人的审美感受的艺术。

1. 色彩

色彩的运用在绘画中占有重要地位。色彩具有情感性、联想性和温度感、重量感，画家只有找准色彩关系，才能准确地把色彩感觉表现出来，才能发挥美感作用。色彩运用得好，能表现物体复杂的色调层次，充分展示现实世界的丰富多彩。创造出绘画的色彩美，才能达到以色感人、用色抒情的目的。

2. 线条

绘画的线条在自然界是不存在的，我们说的线条是形体与形体、色块与色块汇合的地方，是靠人的想象力在他们之间创造出的一种轮廓线。用线表现物象的外形，勾画形体的边界。线条有曲直、粗细、长短、浓淡、疏密、繁简、干湿等不同变化，能够产生出丰富的节奏韵律，给人们不同的感受，体现出画家的情感性格。

3. 构图

构图指作品的结构。绘画作品中的个别或局部的艺术形象，必须形成一定的组织结构，才能成为完整的艺术作品。构图有极强的表情性，如横向线式构图暗示着和平和宁静；斜线式构图包含着运动和力量；锯齿状构图包含着痛苦和紧张；立三角式构图暗示稳定和庄重；倒三角式构图显出不稳定和危机；圆状构图显得圆润和完满等。利用这几种不同形式构图，综合性地加以处理，进行交错和对比，以唤起优美、壮丽、扩张、升腾、刚强、柔弱、舒展、憋闷等不同的情绪和感受。

线条、色彩和构图等元素是绘画的语言，是绘画的基本表现手段。他们的情感意味就是绘画美的本质所在。

二、绘画的分类

按使用工具材料的不同可分为：

1. 中国画

中国画用中国特制的笔、墨、纸、砚（文房四宝）作画。有人物、山水、花鸟等画科，有工笔（工整细致的画法）、写意（简练奔放的画法）和兼工带写等技法。

2. 素描

素描用单色线条和块面来塑造物体的形象，它是造型艺术基本功之一，也具有独立的艺术价值。

3. 速写

速写在短时间内，用简练的线条扼要地画出对象的形体、动作和神态。

4. 水彩画

水彩画用胶水调制成的水彩颜料作画，有透明、轻快的效果，具有明快、湿润的色彩美。

5. 水粉画

水粉画用粉质制成的水粉颜料作画，有厚重、明朗的效果，具有松柔、明艳的色彩美。

6. 油画

油画用调色油调和制成的油画颜料作画，有较强的遮盖力，能较充分地表现出物体的真实感和丰富的色彩效果，具有丰富、斑斓的色彩美。

7. 版画

版画用刀和笔等工具在不同材料的版面上刻画，可印出多份原作，有木版画、铜版画、石版画等。

按表现的题材内容的不同可分为：

肖像画、静物画、风景画、历史画等。

按作品形式的不同可分为：

宣传画（招贴画）、壁画、年画、连环画、漫画、组画和插图等。

三、中西绘画美学特征比较

1. 审美趣味不同

在审美趣味上：中国画重神似、重表现；西洋画重形似，重再现。

中国画把神似放在第一位，所谓“神”是指客观物象的精神实质。如画山、水、松、梅，不只是画出它们的外形，而且要表现出山之雄伟壮观之势、水之秀丽清幽之境、松之苍劲挺拔之气、梅之傲雪凌霜之姿，这比画它们的外形重要得多。形似不等于神似，无神之形等于只有躯体没有灵魂。所以中国画不以画得“像不像”“比例对不对”为标准，不着重于具体物象的刻画，反对以形似论画。中国画主张“传神”——“形神兼备”“以形写神”，表现出物象的性格特征。以神达意，即用传神来表达思想感情和表现意境。

敦煌石窟中的壁画（彩图14），画面上的人物和建筑物等，并不符合大小比例和透视原理等科学法则，但却创造了生动的人物形象、曲折的故事情节、壮丽的场景环境，表现出我国绘画艺术所达到的高度水平。又如潘天寿的《小龙湫》（图3-1）是一幅山水画，自然界中山石和流水的轮廓线，总是有笔直的、有弯曲的，但在这幅画的画面上，方直线条更突出。画面上的山石和流水的线条，处处见直、见硬、见方，画家用笔像使刀一般矫健有力，因此表现出山石的雄浑和刚性。潘天寿的《峭壁苍鹰图》（图3–2）也是用峭壁的线条，凸显苍鹰羽毛粗硬却有残缺的特征，充分表现了苍鹰搏击长空之势。画家画的山水花鸟，不仅有了外形躯体，更有了灵魂和精神。

图3–1 国画《小龙湫》潘天寿

图3–2 国画《峭壁苍鹰图》潘天寿

传统西方绘画重形似、重再现。达·芬奇在他的《画论》中说："最可夸奖的绘画是最能形似的绘画。"因为西方绘画追求真实感、空间感，追求再现客观物象，所以，西方人作画就依据光学的规律，广泛应用了明暗、比例、透视、解剖等科学法则，更真实、更准确地将自然物象再现出来。

19世纪俄国画家普基廖夫的《不相称的婚姻》（彩图15），是当时揭露社会问题最为深刻的作品之一，表现了画家对女性命运的极大关注。画面上描绘了一对在金钱关系基础上结合起来的老夫少妻在教堂举行婚礼的场面，有钱人得意忘形的丑态与少妇青春之美形成对比，画家把重点放在了对人的内心世界的刻画上。据说，新娘背后站着的两个愤愤不平的青年中，其中一个双手交叉于胸前的就是画家的自画像。画家还打破了当时的小画幅常规，采用大尺幅，把画中的人物画成真人一般大小，把社会的腐朽和悲剧性的场面都真实、准确地再现出来。19世纪法国画家米勒的《拾穗》（彩图16），描绘了在秋天的阳光下，在已收割过的田地里有三个农妇，她们无意欣赏周围的美丽景色，而是辛勤地弯着腰不断拾取田里偶然散落的禾穗。写实的笔调生动再现了劳动者的艰辛生活。

从总体的美学趣味上看，中国画重神似、重表现；传统西方绘画重形似、重再现，中西绘画在审美趣味上有明显的区别。

2. 造型手段不同

在造型手段上：中国画重线条、墨色；西方绘画重光影、色彩。

中国画基本上是用线条和大块的墨团、细碎的墨点来造型，讲究"笔情墨趣"。中国画用笔，实即用线，它区别于西洋画之用笔即用面。用线造型即用线条来划分物体形象界限，体现了人对物象的提炼和加工能力。中国画用墨，讲究"墨分五色"，即干、湿、浓、淡、焦，墨色变化极为丰富，用来表现物象的各种明暗、形象、质感等，使物象具有立体感、空间感、质量感和色泽感等。

画家潘天寿的《雁荡山花》(彩图17)，用泼墨的画法画出花叶，也就是用笔饱蘸墨水大片涂画，使墨在生宣纸上自然地晕开。花茎和花朵再用细笔和阔笔勾勒，挥洒自如，使欣赏者既能享受到一种粗犷之美，也能享受到一种秀雅之美。再如画家吴作人的《金鱼》，这幅画描绘了三条可爱的金鱼，一条黑色的和两条白身红头的，都有着短短胖胖的身子，长着一双鼓鼓的眼睛，拖着一条大大的尾巴。金鱼的形象之所以生动可爱，是因为画家运用娴熟的中国画技法，以墨与色的深浅浓淡变化，巧妙地塑造出金鱼的形体，他用淡墨画金鱼的身子和尾部，用较浓的墨画头部和点眼睛，画面用笔简练，色彩单纯明快，使金鱼的神态表现得活灵活现。画面上除了金鱼和荷花、荷叶外，环境和背景处还留出了大块空白，没有具体地描绘水，但由于金鱼的身姿和动态，已具有游动的感觉，所以使人产生对水的联想，取得了以虚当实的艺术效果。

西方绘画是以物象在一定光源中呈现的“面”来塑造形体。由物象的受光面(明部)到物象的背光面(暗部)连续地逐步过渡，像烟雾一般没有截然的分界线，画面上就产生丰富的层次，形成曲面；由明到暗急剧过渡，有截然的分界线，画面上就形成棱角；或明或暗没有变化，就形成平面。以块面表现形体，用色分别出物与物之间的界。西方绘画就是在某一特定的光线下，用物象的明部、暗部、反光、投影和色彩等因素来显示物体的形象。

达·芬奇的名画《蒙娜丽莎》(彩图7)的成就，表现在画家对绘画技法的一大发展。他认为“绘画的最大奇迹就是使平的画面呈现出凹凸感”。而这种凹凸感就是靠光影与明暗来体现。《蒙娜丽莎》画面上的光源在正上方，这就使模特身上出现了受光面和背光面，达·芬奇对明暗的丰富变化的塑造使蒙娜丽莎的脸部和脖子色调非常柔和，表现出妇女细嫩皮肤的质感。蒙娜丽莎的右手，被誉为“美术史上最美的一只手”，那圆润的、富有健康的生命力的手，焕发着发自人类身心的内在光辉。衣服的折褶描画得很精细，表现出软缎特有的质感。再如，苏联画家拉克季昂诺夫的《前线来信》(彩图18)，画家成功地发挥了光色的造型作用。光源在画面的左上方，色彩以黄色为基调，使整个画面洒满了温暖的阳光，更增强了前线来信所引起的欢快气氛，使人感到格外的亲切动人。

中国画重线条、墨点、墨团；西洋画重光影、色彩，中西绘画在造型手段上有明显区别。

3. 构图方法不同

在构图方法上：中国画是散点透视；西方绘画是焦点透视。

中国画的透视方法是散点透视，又叫动点透视，它没有固定视点，可以上下左右移动。这种构图方法可以不受时间和空间的限制，把不同时间、不同地点、不同情节，表现在同一幅画面上。这种构图方法常以运动式与鸟瞰式的以大观小的方法，既能综观全局，又能在近景、中景中看到画家对物象的细致刻画，还可以把焦点透视无法窥知的视圈外的景象移入画内，把视圈内与主题无关的枝节删除，使画面的内容丰富、灵活、概括，有较大的容积。

北宋画家张择端的《清明上河图》（彩图4）是一幅少有的长卷，这幅画高约25.5厘米，长约525厘米。它以广阔的画面描绘了北宋时期清明时节以首都汴京（今河南开封）的汴河为中心的繁荣的社会生活景象，沿河两岸茶楼、饭馆、酒店和商铺十分兴隆。全画从城郊的景色一直画到城内最热闹的街市。整个画卷中虹桥部分最为精彩，也是全画的高潮，桥上人群拥挤，有骑马的、坐轿的、推车的、挑担的、设摊的和扶着栏杆看船的；桥下河面上一只大船正要过桥，船夫们一边放下桅杆、一边又在和急流搏斗。整个画卷中房屋、树木繁多，对画面中的多数人物都有戏剧性的细致描写，极富生活情趣。这幅画是反映当时市民阶层生活的巨作，画家观察和表现物象的能力和技巧实在惊人。如果这幅画采用焦点透视法构图，无论如何也不可能包括这么丰富的内容。西方人看到用散点透视法构图的这幅画以后赞叹地说："20世纪西方空中摄影的技术和水平，中国早在800多年前就掌握了。"其实还不仅如此，空中摄影对景物不能取舍和重新组合，而中国画可以去粗取精，使自然景物处处都符合美的规律。中国古代绘画中的《洛神赋图》《韩熙载夜宴图》（彩图19）《千里江山图》《长江万里图》等，都是应用散点透视法进行构图。画家可以从长江上游画到下游，从江南画到塞北，从城里画到城外，可以把东西南北、春夏秋冬的各种景象熔于一炉。这在传统的西洋画中是不可能做到的。

西方绘画的透视方法则是焦点透视，又叫定点透视，即从固定的视点出发，表现一瞬间的，在同一空间的物象。这种方法接近于摄影效果，具有很强的立体感和真实感。其中的平行透视有纵深感，成角透视有展阔感。

法国画家毕沙罗的《推独轮车的农妇》（彩图20），生动地描绘了当时法国农家妇女劳动的情景，同时也表现了法国农村阳光灿烂、绿树成荫、宁静质朴的田园风光。农妇走在一条乡间小道上，小道两旁的房屋、树木既对称又不单调。整个画面采用了焦点透视法构图，因为房屋和独轮车的边线与画面平行，所以这是平行透视，只有一个消失点在农妇头部的上方。这种焦点平行透视构图，具有极强的纵深感，观赏者似乎可以朝着画面上的小道走过去和农妇对话，给人以亲切感并能产生丰富的遐想。又如俄国画家列宾的《伏尔加河上的纤夫》（彩图21），画面上塑造了11个纤夫的形象，他们受着牛马般的残酷剥削与压迫，移动着艰难而又疲乏的脚步。他们中有农民、有退伍军人、有失去信心的神父、有流浪汉和各种失业者，他们不同的姿态和表情，显示出各人的不同年龄、身份和性格特点，在画面上组成一个有多种变化的统一体。这幅画也是采用焦点透视法构图，因为远景的船只、河道和近景的纤夫的队形与画面形成一定角度，所以这是焦点成角透视，有两个消失点（左、右各一个）。这种画面具有极强的宽阔感，使形象更富立体感和真实感，令观赏者产生似乎能亲临画面上的伏尔加河畔的感受。

中国画用散点透视法；西洋画用焦点透视法，中西绘画在构图方法上有明显的区别。

4. 画面内容不同

在画面内容上：中国画画中有诗；西洋画以戏入画。

中国画有题跋（写在画面前面的文字叫题，后面的叫跋），题跋包括诗文、散记和印章。形成了诗、书、画、印的有机结合，创造了完整的艺术形象。画中有诗，不仅仅是指画上题诗，更重要的是指画像诗一样表达了作者的思想感情。画是无声的诗，诗是有声的画，诗与画的结合就是情与景的结合，从而创造一个美的意境。

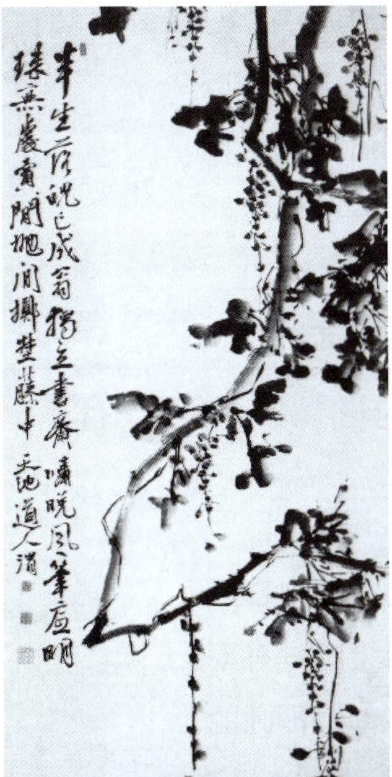
图3-3 国画《墨葡萄》徐渭

明代画家徐渭，在艺术上不求形似，重视写神，开创了大写意一派。他绘画、书法、诗文、戏曲都很精通，为人刚正不阿，但一生坎坷。他画的《墨葡萄》（图3-3）笔飞墨舞、淋漓洒脱，画面上的墨葡萄枝叶繁茂、果实累累、籽粒饱满、莹澈圆润。这幅画的左上部题诗为“半生落魄已成翁，独立书斋啸晚风，笔底明珠无处卖，闲抛闲掷野藤中”。这是一首行草七言诗，抒发了画家满腔的激愤之情，因为腐朽的社会对他这“明珠”般的天才“闲抛闲掷”、百般压抑。很有兴味的是这四句诗的字体行次，像醉酒一般东跌西倒，不拘成法，随意挥洒，使观赏者很容易想到画家坎坷不平的生活道路。人们常说“画如其人”，确有一定道理。

在画面内容上，西方绘画常常表现一些历史人物和历史事件，或传说、神话故事等。这些内容不是指表演的戏剧，而是指带有戏剧性的情节或动作。“戏”的基本特征在于集中反映尖锐的社会矛盾冲突。不知名的人物和无意识的景物表现着美或丑，画面内容也反映着画家的肯定或否定态度，表现了画家的爱或憎的情感，使欣赏者受到教育和启迪。

拉斐尔的《西斯廷圣母》(彩图22)，画面上的圣母，头上没有灵光，也没有华丽的服饰，只穿着朴素的衣服，光着脚、双手捧着小耶稣从云端缓步走下来，歌颂了为正义事业不惜牺牲一切的精神。再如法国画家德拉克洛瓦的《自由引导着人民》(彩图23)，这幅画取材于1830年法国人民反对封建王朝复辟的“七月革命”，真实地表现了巴黎工人、知识分子和市民们自觉地奋勇战斗的情景。引导他们前进的是象征着法兰西共和国的自由女神，她高举着旗帜，成为画面的中心人物。最有兴味的是在自由女神身旁的那个儿童，他把在这次革命中巴黎人民的革命精神表现得十分充分。

中国画画中有诗；西方绘画以戏入画，中西绘画在画面内容虽倾向不同，但不是绝对对立，西洋画中也有不带戏剧情节的静物画和风景画，如米勒、柯罗、卢梭的农村风景画，这些作品都洋溢着浓郁的诗意，浸透了画家对生活和自然的热爱。

中西绘画各有特色和长处，不应妄作褒贬，而应作客观的分析比较，取长补短，相得益彰。

四、怎样欣赏绘画

欣赏绘画，首先要弄清绘画的基本表现手段（色彩、线条、构图等）的基本内涵和独特的造型功能。然后要把握住中西绘画不同的美学特征。最后要反复观赏，反复品味，充分发挥观赏者的创造性联想和想象，由此及彼、由表及里地理解其深刻的思想性和强烈的艺术性。

绘画欣赏是一门高深的学问，古今中外也没有一个统一的方法和标准，我们只介绍一些基本的常识。

1. 怎样欣赏中国画

中国画是具有悠久历史和优良传统的中国民族艺术，在世界绘画领域中自成体系，别具一格，在世界艺术史和美学史上都具有光辉的地位。中西绘画具有不同的美学特征，因此不能用欣赏西洋画的眼光来欣赏中国画，而是要以中国画的美学特征作依据和基础，来进行欣赏和分析。

（1）情景交融的意境美

中国艺术理论中，通常把作者思想感情的表现叫作“意”（或“情”），把画面形象叫作“境”（或“景”“象”），二者有机结合便形成“意境”。意境是我国

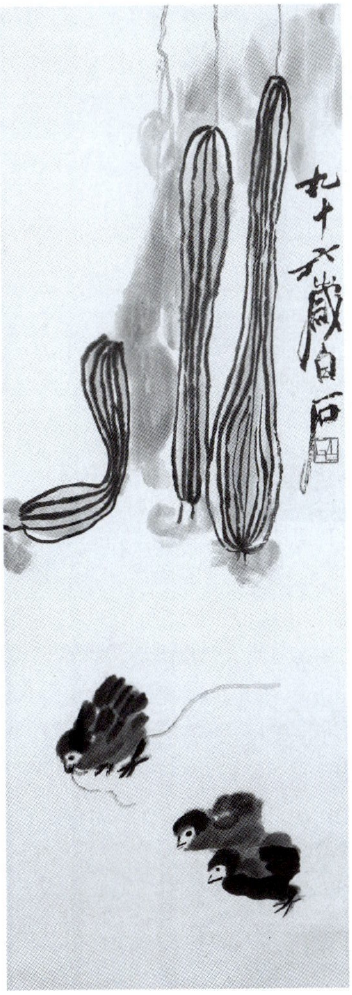

图3-4 国画《丝瓜小鸡》齐白石

美学思想中的一个重要范畴，在艺术的创造和欣赏中，常把“意境”的表现效果作为衡量艺术美的一个标准。对中国画的全面欣赏，具体而言，就是在对意境和格调的理解和体味过程中获得审美感受。中国画的意境美如何体现呢?

① 以形写神。中国画重神似、重表现。欣赏中国画要着重分析作品在“以形写神”中，体现了什么精神实质，在“以神达意”中，表达了什么思想感情和意境。

徐悲鸿的《风雨鸡鸣》(彩图6)作于1937年，正值日本侵华，中华民族处于危难的时刻。画家画了一只站在石头上的雄鸡。画家不仅画出了雄鸡的外形，而且把雄鸡矫健的身姿和在风雨中不畏艰难地站在巨石上、引颈长鸣的神态，生动地描绘了出来。画面中雄鸡的形象激发了人们奋起自强的勇气，表现了画家寄期望于民族觉醒、奋起救亡的信念和深情。齐白石的《丝瓜小鸡》(图3-4)中，丝瓜下有几只毛茸茸的小鸡，正在争啄蚯蚓。那稚气十足、活泼可爱的小鸡的神态，带给人们极大的乐趣，激发起人们对生活的热爱之情。

② 借物喻情。中国画重神似、重表现，就是要通过作品表现某种精神，抒发某种思想感情，而所抒发的思想感情往往是间接的、含蓄的。“意在画外”，借物喻情。所以，欣赏中国画要体会其意境，要善于联想和想象。

如著名画家齐白石的《祖国万岁》(彩图24)，画面上没有红旗招展和群众欢呼，没有壮丽山河和稻谷丰收，也没有高楼大厦和矿山油田，只画了一棵“万年青”，而且“万年青”的花与叶都在似与不似之间。画家是在借物喻情，祝愿祖国万古长青，表达了95岁高龄的齐白石对祖国的衷情。作家老舍以清代诗人查慎行的诗句“蛙声十里出山泉”(图3-5)为题，请齐白石作画，齐白石独具匠心地在画面上画了一条小溪从山涧泄出，水里游动着几条活泼可爱的蝌蚪。欣赏者凭着生活经验可以想象到，十里以外的山泉深处一定生活着蛙，它们动听的叫声和小溪流水潺潺的情景，把我们带入到一个优美的情境中，得到一种情感上的满足，做到了“情景交融”，也就实现了画的意境美。同时，抒发了画家热爱自然，热爱动物，热爱生活的情感。

老北京人多有胡同记忆。画家刘鹏从小就在胡同长大，很怀旧，他用水墨画描绘了他曾经居住过的胡同。《胡同的记忆》(图3-6)中，画家描绘了胡同里的青砖、灰瓦、门窗、绿树、野草、青苔和崩裂的墙皮，还描绘了自己每天登自行车

图3-5 国画《蛙声十里出山泉》齐白石

图3-6 国画《胡同的记忆》刘鹏

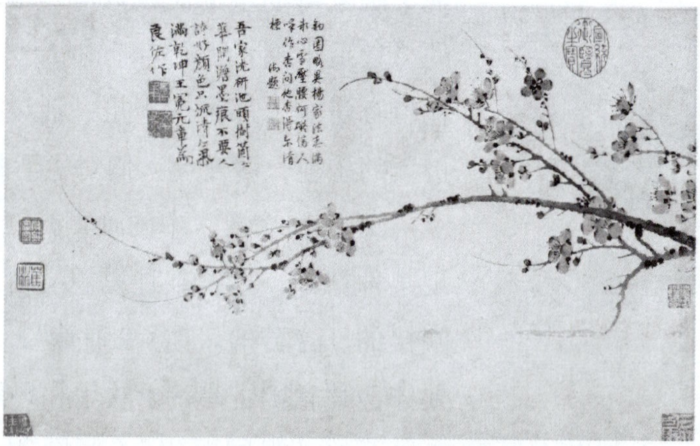
图3-7 国画《墨梅图》王冕

上下班和把被褥晾晒到胡同的情景。画家利用这些“京味”的特写，抒发了对北京，对胡同文化，对故居的热爱之情，体现了中国画“借物喻情”的美学特征。

③ 诗情画意。画是无声的诗，形象鲜明生动；诗是有声的画，语言高度凝练，两者结合必然会创造出意境美。元代末年，以画梅著称的王冕出身贫苦，后来他靠刻苦自学成为元末著名的诗人和画家。如现存的《墨梅图》（图3–7），画了一枝含苞欲放的梅花，在画的左上角有一首题画诗“吾家洗研池头树，个个花开澹墨痕。不要人夸好颜色，只流清气满乾坤。”画家通过诗和画赞美墨梅不求人夸，只愿给人间留下清香的美德，同时也表达自己对人生的态度，以及不向世俗献媚的高尚情操。清代花鸟画有突出成就的是著名的“扬州八怪”画派。这个画派的代表人物之一是郑燮（郑板桥），他曾任过两任县令，是一位为人清正

图3-8 国画《风竹图》郑燮

的“七品芝麻官”。他对下层百姓有较深的感情，常为民请命，因而得罪了上司，结果不得不弃官回到扬州，以卖画为生。他画过一幅《风竹图》(图3-8)，风竹的枝叶在风中颤动，具有一种清新飘逸、秀润动人的风姿，在画中题诗：“衙斋卧听萧萧竹，疑是民间疾苦声，些小吾曹州县吏，一枝一叶总关情。”画家画竹借自然形象来表现人格思想，画家写诗表达了内心对劳动人民的深切关心和同情，诗情画意兼备，形成了美的意境。

美学家宗白华先生说：“诗与画的圆满结合(诗不压倒画、画不压倒诗，而是相互交流交浸)就是情与景的圆满结合，也就是所谓艺术意境。”

(2)笔情墨趣的格调高

中国画的笔墨技法规律可以叫作“格”，由技法的运用所形成的情趣叫作“调”，二者又组成“格调”，简言之即笔墨的风格和情调。我们通常所说一幅画格调高，主要是指形式技巧运用娴熟而又不落俗套。我们在欣赏中国画时，不要过分强调光影、色彩和透视原理，主要应分析判断一幅画用笔、用墨、设色、构图的技巧如何。

① 用笔精熟。中国画的造型、构图、用墨、设色等所有技法都靠用笔来进行，用笔是中国画全部技法中最基本和最重要的技法。中国画用线塑形体现了人对自然形象的加工、提炼能力和理解能力，而线的造型主要靠画家的用笔。一幅画用笔不好，线的造型就不会好，塑造的形象和整个画面就不可能美，因此，中国画讲究笔笔见功力。

唐代画家张萱的《捣练图》(彩图25)(“练”是古代一种丝织品，“捣”是把织成的练杵捣变软的动作)，画的是古代妇女在从事捣丝、检修、缝纫和熨烫等手工劳动的场景。画面上的人物动作自然、形象逼真、姿态生动，取得这种艺术效果的重要原因是画家用笔精熟，用线造型的技法高超。在勾线上工细劲健、轻重虚实、粗细变化、流转自如，其线描富有运动感、节奏感，衣着的装饰纹理、轻纱的透亮松软、皮肤的细润光泽都表现得十分到家，从中可以看出唐代人物画的创作水平。又如五代南唐的宫廷画家顾闳中的《韩熙载夜宴图》(彩图19)，全卷分五段。其中第一段出现人物最多，中心人物是韩熙载和他的男女宾客，他们在宴饮的席间听状元李嘉明的妹妹演奏琵琶，乐曲仿佛回旋在整个客厅中，给宴会增添了欢乐的气氛。《韩熙载夜宴图》在用笔方面达到非常精熟的程度，韩熙载面部的须眉勾染得很好，蓬松的须发好像是从肌肤中生出

图3-9 国画《虾》齐白石

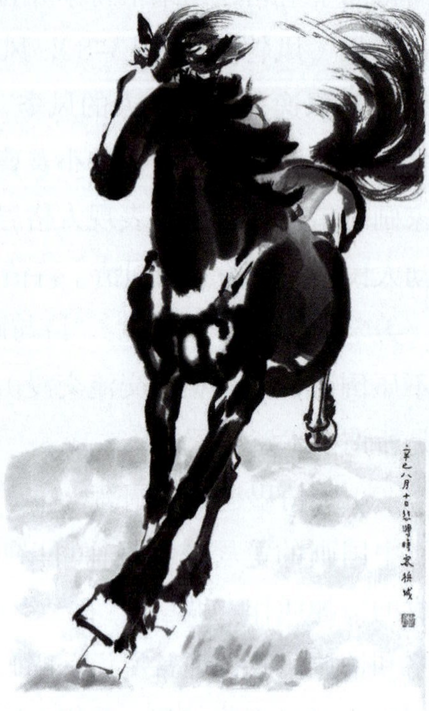

图3-10 国画《奔马》徐悲鸿

来的，人物的衣纹组织得既严整又简练，勾勒衣纹的用线柔中有刚，仔细观察，还可以看到服装上的织绣的花纹细如毫发，工艺极其精巧，表现了我国传统工笔重彩画的杰出成就。

② 墨分五色。中国画主张以墨为主，以色为辅。在用墨上“墨分五色”，干、湿、浓、淡、焦的墨色变化是十分丰富的，这些丰富的变化，虽然不是五彩缤纷，却可以产生一种极为典雅稳重的色彩效果。中国画讲究“笔中有墨”，即用笔时要注意墨色变化，还讲究“墨中有笔”，即用墨时要注意笔法，反对有笔无墨和有墨无笔。

齐白石的《虾》(图3-9)生动逼真，是由于画家极高的概括和提炼能力，同时也由于画家具有高超的笔墨技巧。中国生宣纸，遇水就会晕成一片形成水印，而且不能涂改。绘画的墨水分少了虾就缺少透明感，水分多了虾的每节肢体就会重叠而不像虾了。画家用了一生的精力研究、实践，准确地掌握了墨色的变化，利用笔、墨、生宣纸的性能和特点进行创作，他一笔下去，虾的准确形态和透明的质感都能被完美地表现出来。

徐悲鸿的《奔马》(图3-10)笔墨奔放，造型准确。画家先用浓墨勾出头部，又以粗犷的线条画出颈和鬃毛，接着画躯干；先画胸部再画腹部和臀部，画四条腿，起笔收笔顿挫有力；最后画出四蹄和马尾，表现马尾的散乱鬃毛用笔奔放有度，乱中有律。整匹马运用墨色的层次变化极为巧妙，在丰富的墨色变化中黑、白、灰层次十分清晰，使画面上的马具有了立体感、空间感、质量感和色泽感，把马的形象塑造得威武壮美。强烈的动势与斜线构图，造成了马的奋蹄飞奔、勇往直前的气势，从而产生耐人寻味的艺术效果。

③ 色不碍墨。中国画以墨为主，以色为辅。要求色不碍墨，墨不碍色，又须色中有墨，墨中有色，以色助墨光，以墨显色彩。色与色之间的关系，要求以一种色为主，其他色为辅，也就是要有色彩的基调。

画家王雪涛的《牡丹》(彩图26)，是一幅以颜色为主的水墨写意画。笔墨有浓有淡、有干有湿。画时先用较湿的淡红色画出花朵的主要花瓣，再用较干较浓的红色画出上部的花瓣，等花朵较干时，再点上橘黄色的花蕊，花叶用浅绿色或淡墨色平涂，趁墨色未干，用浓墨勾出叶脉。中国画不强调光影，但画家通过对色彩的准确运用，以干湿浓淡变化造成了丰富的光影效果，使画面也富有立体感和真实感。而且还做到墨与色相协调，墨不碍色，色不碍墨。

中国画家设色的目的在于立意，而不是再现客观自然。竹子画成绿色只是形似，山峰画成自然色只是再现。中国画家设色敢于高度夸张，把竹子画成黑色能表现墨竹清雅，把山峰画成红色、青色或留白，就画出了山峰的神。

④ 构图巧妙。构图即章法，它关系到一幅画的整体布局，可以从以下几方面着眼。

第一，概括提炼。绘画应该是画家把生活中的“景”，经过概括提炼创造出艺术的“景”，这是画家创造性劳动的产物。清代画家郑板桥把画竹分为“眼中之竹”“胸中之竹”“手中之竹”三个过程。所谓“眼中之竹”是指画家亲眼所见到的、实际存在的竹子；“胸中之竹”是根据画家的主观感受，把最生动、最典型、最能表达画家思想感情的竹子的形象留在脑海里，胸中之竹已经不是眼中之竹，竹子的竿数、位置已经有所安排和概括，枝叶的多少、疏密已经有所取舍和提炼，也就是达到了艺术的升华；“手中之竹”则是根据胸中之竹，经过画家的笔墨技巧和创造性劳动表现出来的形象，也就是形成具体的绘画作品。

齐白石有句名言“作画妙在似与不似之间”，他认为“太似为媚俗，不似为欺世”，都不可取。人们认为他画的虾像极了真虾。其实那既不是河虾也不是海虾，真虾并不是五节，虾须、虾钳也没有那么长，腹足也不是那么短。但是齐白石笔下的虾，虾体透明、会游动，像真虾一样，这是画家根据自己长期观察，按照美的要求，又不离开虾的特征，经过夸张、提炼和取舍，把生活中的虾变成典型化了的艺术形象，使欣赏者对虾的生动活泼的印象更强烈了。

第二，虚实相映。中国画要求有空白处，它不仅构成整体的一部分，而且常常是最生动的一部分。吴作人画的《金鱼》，空白处就是水。山水画的空白处可以是晴空万里的天；可以是流动翻滚的云；可以是白雪、炊烟、大地……任你去想象。这种以虚当实、虚实相映，表现了含蓄的朦胧美，正是中国画独到和绝妙之处。

第三，散点透视。中国画一般不讲焦点透视。散点其实无点，也可以看作动点，不受时间和空间限制，使画面内容丰富而灵活。欣赏《清明上河图》时，视点是左右移动，欣赏近代画家张大千的《豫州图》视点要上下移动。视点由下往上移动时，可以看到画面上的近景是房屋和松柏，中景是山道和站在山石上的游客，远景是陡峭的远山和弥漫的烟云。散点透视法构图，给欣赏者创造了一种在一幅画中，同时表现可行、可居、可游、可望的多种时间和空间。

欣赏中国画，体会情景交融的意境美，实际上是认识作品主题的思想性；体会笔情墨趣的格调高，实际上是认识作品技巧的艺术性。意境统帅格调，格调表现意境，二者相辅相成。《江山如此多娇》（彩图9）是中国当代画家傅抱石和关山月于1959年合作的巨幅设色山水画，现收藏在人民大会堂。画家在画面上集中表现了祖国壮丽河山。用苍劲的青松，雄浑的山岩，莽莽的平原，绵绵的雪岭，描绘了长江黄河的奔腾倾泻，珠穆朗玛峰的横空出世和万里长城的雄伟壮观。这些形象创造了一个壮美宏伟的画境，抒发了画家对祖国河山的热爱和赞美之情，也表现了这幅画以形写神，借物喻情，情景交融的意境美。画家掌握着精湛的笔墨技巧，用笔有粗细之分和轻重之别，用墨“墨分五色”，墨色变化极为丰富，使物象具有空间感，立体感和质量感。画松时，用笔墨勾出了树干的身姿，皴出了树皮的纹理，点出了树叶的茂密。画家用勾、勒、皴、擦等高超的笔墨技法，真实生动地描绘了茫茫的云海和蜿蜒的雪岭。在处理色和墨的关系上，做到了色不碍墨，墨不碍色，墨彩交汇，淋漓雄厚。画面上出现的大片空白来表现烟云，表现了一种含蓄的朦胧美。同时画家将远山推得更远，使近山上的青松显得苍劲挺拔。在构图上，画家运用了中国的散点透视法和西方的焦点透视法相结合，突破了时空。时间上跨越了春与冬，空间上跨越了南与北，近景是草木葱葱，一片江南景色，远景是冰山雪岭，一派北国风光，还升起了一轮红日。画作左上方有毛泽东挥毫的“江山如此多娇”的题词，这与毛主席《沁园春·雪》的词意相辅相成，形成了诗、书、画有机结合。体现了笔情墨趣的格调，同时创造了诗情画意完整的艺术形象和美的意境。对中国画的全面欣赏，就是对意境和格调的理解和体味，在这理解和体味的过程中获得审美享受。

2. 怎样欣赏西方绘画

西方绘画的写实传统，决定了它在审美情趣、造型手段、构图方法和画面内容上与中国画有着重大的区别。因此，不能用欣赏中国画的眼光来欣赏西方绘画，更不应该否定西方绘画，西方绘画在世界美术史上具有光辉的地位。西方绘画中的一些科学法则值得中国绘画借鉴，中国许多画家注意吸取了西方绘画的光影透视及冷暖色对比手法等，提高和增强了中国画的艺术效果。欣赏西方绘画也要以西方绘画的美学特征作依据和基础。

（1）内容情节的主题美

画家经过对现实生活的观察、体验、分析和对题材的提炼，把物象或物象之间的关系和性格等，反映到画面上。画面上描绘的现实生活和塑造的艺术形象能够表现出来的中心思想就是主题。衡量绘画作品主题时，应该看是否明确和突出。主题鲜明、突出的绘画作品才具有美感力量。

① 典型性内容。传统西方绘画在审美趣味上重形似、重再现。欣赏西方绘画要着重分析作品所反映的现实生活和塑造的艺术形象是否具有典型性。因为典型形象可以使反映出来的生活比普通的实际生活更高、更集中、更强烈，也更真实。真实的典型性可以准确、深刻地反映画面的主题思想，也就是说，绘画作品的主题思想要通过绘画作品的典型形象来体现。

俄国画家列宾的油画《意外归来》（彩图27），塑造了一位遭受迫害的革命知识分子突然回到家中的瞬间。被流放者步履沉重、面容憔悴、满脸胡茬，消瘦的身躯穿着没能及时更换的囚衣，脚上穿着沾满泥土的靴子，说明他经历了长途跋涉才与亲人相见。这位不速之客踏入家门的那一刻，打破了客厅的宁静，坐在沙发上的母亲看见儿子归来，高兴地、颤巍巍地站起来，似乎要扑过去拥抱他；坐在琴凳上的妻子看见了丈夫归来悲喜交加，停止了弹琴转过身来；在书桌上做功课的两个孩子，年长的儿子认出了父亲，似乎要叫“爸爸”；年幼的女儿未见过此人，满眼惊惧，不知所措；站在门口的女佣带着疑惑的目光，看着这位陌生人。客厅的墙上挂着作家车尔尼雪夫斯基和乌克兰民族诗人舍甫琴科的画像，可见作品中的革命者是信奉民主主义的。

整幅作品表现的情节和描绘的形象很真实、很典型，特别是被流放的革命者的神态透出一种坚毅、勇敢、不屈不挠的英雄主义精神。正是这一典型的形象，体现了作品的主题思想，即深刻地揭示了俄罗斯人民的苦难生活、鞭挞了沙皇制度的腐朽和没落。主题鲜明和主题突出的绘画作品，是具有美感力量的，因为它可以使欣赏者得到一种强烈而深刻的感受。

② 戏剧性情节。西方绘画在画面内容上“以戏入画”，常常表现一些带有戏

剧性情节的历史人物、历史事件或传说故事等。有些作品戏剧情节并不突出，但也是在反映社会生活的美与丑，也是在表达画家的某一种思想感情，也可以认识其作品的主题思想。

法国画家席里柯在1817—1819年间创作的油画《梅杜萨之筏》(彩图28)，使他在美术史上享有重要的地位，这是因为他敢于大胆地选择现实生活中具有政治性的题材：法国政府的远洋轮船“梅杜萨号”因政府的失职而导致沉没的事件进行创作。画家从整个事件发展过程中，选取了最富有表现力的一瞬间：木筏上仅剩的15个幸存者，正在生死存亡的紧急关头，他们突然发现远处有一艘船只，因而欢喜若狂地起来呼救。这一瞬间不仅表现出了船员们遭难的惨痛景象，还表现了船员们求生的强烈愿望和意志，使观众联想到他们在十几天的日日夜夜中所遭受的种种苦难。这一瞬间显示了极度紧张又富有戏剧性的情节，具有震动人心的效果。油画《梅杜萨之筏》的文学性很强，主要表现在戏剧性的情节和戏剧性的冲突上。所以，这是一幅主题性的绘画，表现了内容情节的主题美。

西班牙画家毕加索的《格尔尼卡》(图3-11)是他的代表作之一，表现的是1937年德国法西斯狂轰滥炸了西班牙小镇格尔尼卡，致使该镇居民惨遭不幸的悲惨情景。画家运用黑、白、灰三种颜色和立体派的表现手法，展现出这样一幅画面：房子着了火，一位妇女在大火中跌落，另一妇女为逃避灾难而奔跑，地上一位战士已经战死，手里还拿着折断的剑。嘶叫的马象征着人民，野牛代表着法西斯闯入和平的国度、践踏着妇女和儿童，画面上方一位妇女从窗口探出了头，举着油灯，力图看清这场历史的惨剧。一只巨大的眼睛（眼珠是一只灯泡）悬在画面上方，它的光芒照亮了一切。这幅画真实地描绘了这一历史事件，表达了作者对法西斯残害人民的愤怒情感，已成为20世纪人类对暴行

图3-11 油画《格尔尼卡》毕加索

的抗议的普遍象征。

对不带有戏剧情节的风景画和静物画，我们也要充分地认识和深刻地理解画家对生活和自然的浓郁情感。

（2）光色构图的形式美

西方绘画是以物象在一定光源中呈现出的“面”来塑造体积，也就是说主要依靠光影和色彩使画面具有立体感、空间感和质感。西方绘画为了进一步反映物象的真实感，在构图上利用焦点透视法。所以，对西方绘画的欣赏，重要的是分析判断一幅画运用光影、色彩、透视、构图的技巧如何，能否表现出这些因素的形式美。

① 追求光色效果。在现实生活中，光影和色彩的变化是十分奇妙的。色彩是随着所观察的位置、受光状态的不同和环境的影响，而发生种种不同的变化。一批画家吸取了当时一些自然科学家对于光色研究的成果，创作了一种新的绘画，即印象派绘画。

法国画家莫奈是印象派绘画创始人之一，他的《日出·印象》（彩图29）是一幅很有影响力的画。这幅画虽然近乎是速写式的，但它却生动地描绘了融化在晨曦和朝雾中的光和色。作品表现了日出时透过晨雾观看初升的太阳所特有的瞬间感觉：水面上反射着天空和太阳跳跃的光斑，在朦胧弥漫的朝雾中，船只和岸边的物体只留下模糊不清的阴影；在远处，船只和水融成了一片；一切都看不出明确的形状，仿佛所有的物体都在晨光和雾气中融化了，旭日和水都变成了朦胧的光色。这幅画表现了画家对日出时转瞬即逝的自然景象的鲜明印象。

如果说印象派追求光色效果的画法，那么在莫奈的《花园里的妇女》（彩图30）这幅画中就显得更为突出。画面中妇女衣裙上的花饰、草坪上的鲜花、大片浓绿之中的叶子、从树叶的空隙之间透露出来的天空，穿透阴影的光线等，这些造成了色彩艳丽、纵深感和空间感很强的艺术效果。追求光色效果的画法，对欧美等许多国家的绘画产生了重大影响。

② 构图设计巧妙。一幅画往往是要有人、物、环境、道具等，把这些按照形式美的法则构成特定的空间，来表达内容和体现主题，这就是构图。一幅画的构图是否得当，直接影响着这幅画的艺术效果。

意大利画家达·芬奇是欧洲文艺复兴运动最重要的代表人物之一，《最后的晚餐》（彩图31）是他的一幅不朽的名画。画面内容表现的是耶稣预知他将要被处死，在和他的12个门徒共进最后一次晚餐时，他说：“你们中间有一个人出卖了我。”晚餐会上的气氛顿时动荡起来。门徒中，有的震惊、有的愤慨、有的痛惜、有的悲伤、有的追究，而叛徒犹大则表现出畏缩与恐慌。耶稣的神态仍是那么平静、坦然，他仍在关心着人间的苦难。《最后的晚餐》的构图处理得十分巧妙。画家为了更好地刻画人物、突出主题，没有死板地按照实际生活中人们围桌而坐的用餐习惯去描绘，而是让耶稣和12个门徒全都坐在桌子的一边，这样的艺术处理，不但没有使人感到违反生活情理，而且使构图更集中、更完整，更具有形式美。画家运用焦点平行透视法进行构图，这样屋顶、窗户、餐桌、地面的透视线都向耶稣集中，消失点在耶稣身上，突出了他的"视觉中心"地位。画家充分利用了形式美法则，在画面上耶稣两侧各6人，形成对称的形式，这种形式给人以庄严、肃穆的感受，同时可以起到衬托中心的作用，增强了耶稣的中心位置。画家把门徒分成四组，每组中三人的姿态表情都不同，各组之间又自然地用人身的倾向和手臂的穿插互相联结，在统一中有变化、变化中有统一。这幅画在构图上成为多样统一的典范，表现了形式美。

19世纪法国画家马奈的《女神游乐场的酒吧间》(彩图32)，画面上主要人物形象是一位面向观众、站在柜台前正在接待顾客的女招待，画家细腻地描绘了这位年轻女性红润的肤色、圆润的手臂和真实感很强的服饰，柜台上的各种酒瓶和陈设也极富有质感。更有兴味的是画家利用女招待身后的那面大镜子，使有限的画面生动地展示出了酒吧间内灯光闪耀、人声嘈杂的气氛和开阔的场景，形成了一个别具一格的构图，巧妙地表现了人物形象和环境气氛。

法国画家德加的《舞台上的舞女》是一幅色粉笔画。画面采用了前所未有的鸟瞰式构图，突破了西方传统绘画惯用的对称平衡法构图。这种构图为正在伸臂旋转的芭蕾舞演员的动作姿态提供了富有纵深感的背景，使人觉得这个演员正向观众跃动而来，增加了舞姿的运动感。在前景上，鲜艳明亮的色块把女主角分离出来，画家运用了洗练而流畅的线条，再配以强烈的光色效果，使她的舞姿显得轻盈、舒展，具有一种极富魅力的造型美。而在舞台深处，画家仅以概括性的笔触，画出侧幕边上的几个芭蕾舞演员和穿着黑色礼服的舞蹈教师的身影。画家创造性的构图，对于表达内容和体现主题起了重要作用，使欣赏者得到形式美的享受。

欣赏西方绘画，体会内容情节的主题美，实际上是认识作品主题的思想性；体会光色构图的形式美，实际上是认识作品的艺术性。主题决定形式，形式表现主题，二者相辅相成。对西方绘画的全面欣赏，就是对主题和形式的理解和体味，在这理解和体味的过程中获得审美感受。

素描和油画是西方绘画的画种，但得到世界各民族人民和艺术家的厚爱和传承，说明艺术是人类共同的精神财富，艺术是无国界的，也说明不同阶级、不同民族、不同时代对美的感知的共同性。中国人最早学习西方绘画是从清代开始的，第一批中国油画家中代表人物有史贝霖、关乔昌、关联昌等人，他们在运用西方古典油画技法上已经相当纯熟，他们的作品远销海外。史贝霖，目前被公认为广州最早的外销油画家，关乔昌的《老人头像》曾入选英国皇家美术学院展，是最早在欧洲画展上亮相的中国画家。1841年在纽约，1851年在波士顿都展出了他的多幅油画作品。中国近代和现代画油画的画家很多，如李铁夫、徐悲鸿、刘海粟，吴作人，王式阔、董希文、艾中信、吴冠中、陈逸飞、罗中立等。中国画家创作的油画，在艺术上取得了巨大成就。在中国这块土地上创作的素描和油画艺术，是经得起用世界性的共同标准来评判的，并且在描绘和反映现实生活方面别具一格，带有理想主义色彩和乐观主义精神。此外，中国画家创作的油画体现了中西文化的交融，例如，罗中立的油画《父亲》(彩图33)。

《父亲》这幅油画，表现了一位憨厚、勤劳的农民形象。这位老农民手捧着粗瓷大碗，半张着干裂的嘴唇，露出残存的牙齿，流露出慈祥和温厚的神情……画家对老农民的形象进行了非常细腻的描绘，追求了逼真的效果，真实而生动地再现了一位朴实而善良的老农民形象。

《父亲》画面上的光源，在画面的正上方，所以农民面部的前额、鼻梁和下嘴唇等，呈受光面，较明亮。农民的眼窝、上嘴唇和脖颈等，呈背光面，较阴暗；由明到暗的过渡或急或缓，使画面产生了丰富的层次，产生了平面和曲面，产生了凹凸感和立体感；从而使人物的骨骼、肌肉显得十分结实，脸上的条条皱纹，额头上的颗颗汗珠、粗糙的大手、瘀血的指甲沟……都历历在目，清晰可见；头巾和土布衣的折褶以及蓝花粗瓷大碗都表现出特有的质感。《父亲》画面上色彩的基调是黄色，黄色的阳光、黄色的土地、黄色的皮肤，给人以明亮、朴实、素雅、成熟的美感。白色的汗珠、褐色的皱纹，给人以强烈的视觉印象，达到了以色感人、用色抒情的目的。

《父亲》借鉴了西方“照相现实主义”的手法，即从固定的视点出发，表现一瞬间的同一空间的物象。画家以过去画领袖像的巨大尺寸和特写方式，让农民的头像充满画面，从细微处来揭示对象的内部特征，极富有寓意性和抒情性，启发着人们的想象力。由于头像是人物的正面，所以是平行透视，使画面更具有纵深感，体现了这幅画构图的形式美。

《父亲》这幅油画，表现了一位不知名的、饱经风霜的普通农民，这位老农民的形象是许多农民形象的概括。画中的人物好像是在向人们述说着一个古老而又现实的中国农民命运的故事，给人以深沉的历史感，有深刻的教育意义。我国是农业大国，农民是我们的衣食父母，没有他们辛勤的劳动生涯，就没有我们这个民族和国家，他们是这个国家真正的主人。这幅画引起我们对农民生活、命运的关注和对农民善良、勤劳美德的赞扬，这就是典型形象巨大的感染力。也体现了内容情节的主题美，是一幅成功的绘画作品。

五、西方现代派绘画简介

随着社会的发展变革，西方绘画已沿着写实的道路走过了漫长的历程。这种写实的模式一方面取得了辉煌的成就，另一方面也给西方的许多艺术家带来了苦恼。单一的模式其变化毕竟是有限的，何况这种模式又不善于抒发主观的情感，所以20世纪以来，西方国家出现了各种艺术流派。其中比较重要的有：野兽派、表现派、立体派、抽象派等。它们共同的特点是要突破、摆脱或否定西方绘画的写实传统，强调表现画家的主观精神，在艺术形式上和表现手段上标新立异。这些流派多有形式主义的倾向，它们有改革创新、积极探索的一面，又有片面强调主观意识的一面。有的流派是昙花一现，有的却风行一时。在这里介绍几种有代表性的流派，以扩大视野，增强鉴赏能力。

1. 野兽派

野兽派不是一个组织，而是因为一些画家不论在造型还是运用色彩上都越出了当时西方绘画的常规，所以被当时的批评家嘲讽为“像一群野兽一样凶猛地包围着一件古典作风的雕塑”，野兽派即由此而得名。法国画家马蒂斯是野兽派最重要的代表人物，他的题为《罗马尼亚的上装》（彩图34）的妇女像，表现了用大色块和线条构成夸张变形的形象，以求得“单纯化”的装饰效果。

2. 表现派

表现派反对绘画艺术对自然的模仿，主张要采取夸张、变形等艺术手法来表现画家的主观感受和激情。挪威画家蒙克的《呐喊》（彩图35），就是表现派绘画的代表作之一。它主要表现了人内心极度孤独的痛苦。画家采用那种阴惨的橘红色及浓重的深蓝和墨绿色画出的河水和天空，一道道线条好像布满了蠕动的蛇虫一样，紧紧地包围着画中处于极度痛苦的男子。这男子的面容近于骷髅，双手捂住耳朵从一条看不到头尾的桥上跑过来，好像受到极大的惊吓，然后发出痛苦的呐喊。这件作品深刻表现了画家的主观情感。

3. 立体派

立体派的画家企图依靠自己的主观想象力和创造力，去表现客观对象立体构造所具有的美。立体派重要创始人毕加索的作品《亚威农少女》(彩图36)，就是立体派绘画的开端。这一作品没有表现任何情节，也没有描绘人物活动的具体环境，只是画了五个不同姿态的裸体女性，其中右边两个的造型很奇特。画家企图在一个平面上表现出两个女性的不同角度的形体，追求一种所谓的立体结构的美。

4. 抽象派

抽象派作为一种艺术思潮和艺术流派，在20世纪50年代最为流行。抽象派不仅表现在绘画上，而且表现在雕塑等其他方面。在抽象派中还有许多不同派别，以抽象派绘画来讲，就有"几何形体派""塔奇主义"等。"几何形体派"主要是运用抽象的几何形体来表现画家主观的创作意图，这种绘画如果不是画家本人说出主观用意，常常使人费解。"塔奇主义"又称"涂抹派"，其绘画的主要特征是随心所欲地用各种物质材料任意涂抹。美国画家波洛克是这一画派的重要代表人物，《晨星》(彩图37)是他的代表作之一。他绘画的方法已经成为"传奇"，就是把画布铺在地上，提着颜料桶围着画布一边走、一边把颜料甩或者滴上去。他有时也用棍子、刀子作工具，有时还在颜料中掺进砂子或玻璃。他强调，"绘画有自己的生命"，画家要"进入"到画里面去，"进去"以后就可以"帮助这种生命的出现"。他说："当我画画时，我不知道在画什么，只有画完以后，我才看到我画了什么。"任意涂抹的抽象派绘画的进一步发展，出现了一种绘画形式：有的人用身体涂上颜料之后在画布上乱滚作为"创作"，或用驴尾、猩猩掌、鸡或猫的脚爪来"创作"。

主题二

雕塑美

一、什么是雕塑

雕塑是用可雕刻的物质材料（木、石、金属等）或可塑造的物质材料（黏土、石膏、塑料等）完成立体造型的艺术。

中国古代的雕塑艺术，是极其珍贵的文化艺术遗产。各个时代都有无数的艺术匠师们，以惊人的毅力、智慧和气魄，天才地创造了难以数计的精美动人的雕塑作品。古希腊、古罗马时代的雕塑家创作了许多具有优美灵魂和形体的神、英雄、名人的雕像，这些作品至今已成为全人类的文化瑰宝。一些外国现代雕塑家也创作出许多优秀作品，为世界人民所喜爱。

中华人民共和国成立以来，中国现代雕塑艺术有了很大发展，出现了许多优秀的雕塑作品，许多城市都建立了一些大型纪念性雕塑和园林雕塑，这对于美化城市环境、丰富人民精神生活、潜移默化地对人民进行美的教育和政治思想教育发挥着重要作用。

二、雕塑的分类

雕塑按形式分类有圆雕、浮雕、透雕。圆雕是雕塑的主要形式，完全是立体状态，一般没有背景，可以四面观赏（如“秦始皇兵马俑”“断臂的维纳斯”等）。浮雕是在平面上雕出凸起的半立体的形象，一般都有背景，它介于圆雕和绘画之间（如人民英雄纪念碑上的“五四运动”、巴黎公社社员墙等）。透雕是把浮雕的背景镂空（单面雕或双面雕）。

雕塑按材料分类有骨雕、石雕、木雕、冰雕、面塑、泥塑、石膏塑、陶瓷塑、铜塑等。

雕塑按功能分类有室内的架上雕塑、室外的城市雕塑、建筑雕塑、园林雕塑、纪念碑雕塑等。

三、雕塑的美学特征

1. 实体性

雕塑与绘画同是造型艺术，绘画的造型是在二维平面内，展现具有三维感的形象，这个形象是通过视觉上的错觉显示出的虚幻真实。而雕塑是在三维空间运用某种物质材料直接塑造形象的实体，雕塑比绘画更能创造出栩栩如生的、逼真的立体感。雕塑是“体积的艺术”。雕塑可以在不同距离、不同光照、不同视角的情况下，展现出“多面”的复杂变化，这就给欣赏者留下更为广阔的再创造余地，令欣赏者享受更为丰富的视觉美。雕塑的实体性使雕塑成为可以观看又可以触摸的艺术形象，物质材料的质感又丰富了人们的审美体验。

具有悠久历史和灿烂文化的中华民族，古代的雕塑艺术丝毫不逊色于古希腊。公元前4 000多年前我国就有了青铜器，铜塑艺术源远流长，1969年出土的2 000多年前的一尊铜塑《马踏飞燕》（彩图11）即是明证。这尊铜塑造型别具一格，奔马的形体矫健，昂首嘶鸣，三足腾起，一足踏在一只飞起的天鸟上。以蹄踏飞燕来表现奔马非凡的速度，说明这是一匹步状轻盈而又跑得快的骏马。这尊铜塑生动地表现了均衡的造型美和形体的动态美。如果这一作品放在较高的位置，人们从下往上观赏时，又能欣赏到一种“天马行空”的意境美。

罗丹的《思想者》（彩图38），塑造的是一个强健有力的男性形象，正为烦恼陷入深深的沉思之中。那遍体隆起的青筋，那全身紧张的肌肉，那以回拢的手臂和硕大的拳头支撑着的低垂的头，带动整个形体缩成一团。那咬手皱眉的动态表情和深沉思索的目光，表现了他为求索真理的坚毅神情，构成和塑造了一个正在觉醒中的战士形象。

2. 单纯性

雕塑与绘画创造的形象所存在的空间不同，取材范围和表现方式也不一样。因此和绘画相比较，雕塑在对人物神情姿态的刻画上往往不如绘画细致，而且也不能仔细地描绘人物活动的环境和具体的情节。如油画《父亲》对老农民的细致刻画，如果要用雕塑来表现就很困难，这说明雕塑有局限性。从审美的角度来说这种弱点还可以视为优点，因为它可以表现出雕塑艺术的单纯之美和凝练之美。创作者可以避免烦琐的细节的表达，突出主要物象，欣赏者也可以把注意力完全集中在主要物象上。

图3-12《刘胡兰》王朝闻

著名雕塑家、美学家王朝闻的作品《刘胡兰》(图3-12)，仅仅是用刘胡兰挺身的形体和凝视前方的眼神，就生动地表现了刘胡兰不怕威胁、坚贞不屈、大义凛然、视死如归的英雄气概。如果再加上六位农民难友和一帮匪徒，就会分散观者观赏刘胡兰英雄形象的注意力，同时也就削弱了作品的主题思想。法国近代的雕塑艺术大师罗丹创作的石雕《沉思》(图3-13)，塑造了一个年轻、秀美、聪慧而淳朴的女性形象，她低着头，正沉浸在默默的深思之中，那忧郁而凝视的目光、紧闭的双唇，表露了她丰富、复杂的内心世界，她似乎正处在深沉的矛盾和痛苦之中。可是在这美丽的头部下面，却没有脖颈、肩膀、身躯和手足，而是一块粗粗凿成的方形石头。罗丹曾解释说：因为她在“冥想，所以没有手来动作，没有脚来走路”。他认为，在一些和主旨不相关的局部上加工雕琢，只会损害对中心主题的注意，因此是不必要的。这就是他在这个女性头像下面保留一整块粗糙石头的原因。人们在欣赏这件作品时，开始会觉得它像半成品，形象似乎不完整，但渐渐地注意力就会完全被这个仅有头部的美丽的女性所吸引，会随着她的沉思冥想而发挥出自己丰富的想象，对她没有手足、没有身躯不再困惑。一个成功的雕塑家，总是以单纯简练的手法赋予作品丰富深刻的内容，从而获得以少胜多、以有限寓无限的艺术效果。

图3-13 雕塑《沉思》罗丹

3. 象征性

相较其他艺术形式，雕塑不易于直接再现人物间、事物间以及人物与环境之间的复杂关系，不易于直接表现事物发展的过程。这就决定了雕塑家要更多地运用寓意、暗示、象征性的手法，以静示动、以少示多、以无声示有声，使欣赏者产生丰富的联想。在生活形象的基础上，高度精练地加工创造出新形象，使新形

图3-14 雕塑《狮身人面像》

图3-15 莫高窟菩萨彩塑

图3-16 浮雕《五四运动》滑田友

象成为“静止的舞蹈”。

在古埃及狮子是力量的象征，法老（国王）喜欢用狮子比喻自己，所以金字塔旁就有《狮身人面像》（图3-14）作为法老力量的象征。敦煌莫高窟有一些菩萨的彩塑（图3-15），人们把菩萨看作慈悲为怀的救世主，这也是一种象征。

北京天安门广场《人民英雄纪念碑》上的浮雕《五四运动》（图3-16），浮雕上仅20余人，实际上是表现1919年5月4日数以千计的学生游行集会的场景。浮雕上人物没有动也不出声音，欣赏者却能看出学生正在散发传单，高呼口号，发表演说。有限的画面表现了声势浩大的群众运动，象征着中国革命由旧民主主义发展到新民主主义，开始了新的历史阶段。

被称为意大利文艺复兴“三杰”之一的米开朗基罗创作的雕塑《大卫》（图3-17），表现了一个刚毅而强健的英雄形象。他浑身肌肉，充满了生命的活力，侧视的目光威力无比，从直立的右脚和点地的左脚以及左手紧握的投石机弦，可以看出他正准备发出置敌人于死地的一弹，表情动态间表现出一个英雄坚毅、刚强、果断的性格特征。这一雕像体现了人文主义精神。

黑格尔认为，雕塑家往往“用人体形象去表现精神”，把灵魂灌注到石头里去，使它柔润起来，活起来了。雕塑的象征性在于寓意深刻而含蓄，能够唤起欣赏者种种相关的联想，引起欣赏者回味无穷的美感享受。

图3-17 雕塑《大卫》米开朗基罗

4. 装饰性

雕塑能够装饰美化环境，能够与周围环境相结合，形成一种统一协调的意境美。很多雕塑被用来美化室内环境，或用来装点公园、广场、建筑和陵园等，因而能巧妙地结合周围环境的特点，是雕塑创作与布局的原则之一。

我国汉武帝时期带兵讨伐匈奴的名将霍去病的墓，选址与布局设计象征了他一生的戎马生涯，主墓放在用土堆成的“祁连山”上。《马踏匈奴》（图3–18）就是墓前石雕中最有代表性的作品。周围还有《卧马》《跃马》《伏虎》《卧牛》等石雕。唐代首都长安（今西安）周围历代帝王的十八陵、北京西北部的明十三陵（图3–19）等都有许多石雕，其中通往长陵的神道旁，就站立着18对石人、石马、石象等。这些石雕装饰了整个陵墓，创造了统一协调的意境。

图3-18 石雕《马踏匈奴》

天安门广场的《人民英雄纪念碑》（图3–20），碑座上的浮雕不但具有深刻的教育意义，而且整个碑身雄伟壮观，给天安门广场增添了气势磅礴的新景象，与广场巧妙地构成了和谐的整体。

在中山公园放置孙中山雕像，在体育馆附近放置一组篮球、足球（图3–21）、游泳、跳水、赛跑、跳高等运动员运动姿态的雕像，都能使雕塑作品与周围环

图3-19 北京明十三陵

图3-20《人民英雄纪念碑》

图3-21 体育馆附近雕塑

境相协调，创造出一种装饰之美、整体之美。

四、怎样欣赏雕塑

1. 造型美

雕塑具有实体性，是体积的造型艺术，其主要对象是人体，而雕塑在表现人体美方面，可以达到很高的艺术境界，是其他艺术形式无法达到的。雕塑能从人体的转折、体积的变化、面部的表情和肌肉筋脉的刻画来表现人的精神、情绪和气质。

雕塑《断臂的维纳斯》（彩图8）是驰名世界的艺术瑰宝，被誉为美的化身。作品高2米多，大约作于公元前2世纪。维纳斯雕像表现着丰富的形体美：她的面部具有希腊美女的典型特征——笔直的鼻梁、椭圆的面孔、丰满的下巴和波状的发髻，还有着一双充满智慧的美丽的眼睛；她的头和胸略向左侧，上身裸露，下身被衣裙遮住，臀部略向右侧，左腿微微抬起，全身取旋转上升的趋向，女性曲线美的魅力得到了充分的展示；她的身体各部分起伏变化和谐且富有音乐的节奏感，轮廓清晰，具有一种天然的轮廓美。从她优美的身姿和表情里，表现出一种难以言传的崇高、典雅、雍容和亲切的理性之美，也表现出一种纯洁、坦荡、安详和尊严的精神之美。欣赏者面对雕像还会感到其肌体的起伏变化十分微妙而丰富，仿佛皮肤是温暖的，充满了青春健美的活力。法国雕塑家罗丹说：“抚摸这座像的时候，几乎会觉得是温暖的。”这种触觉感受来源于欣赏者视觉感受后引起的联想。残缺的双臂，并不影响维纳斯的美，从艺术欣赏的角度看，它给欣赏者提供了想象和再创造的广阔天地，在想象和再创造中，会使欣赏者获得更多的真、善、美的享受。

秦始皇陵在陕西临潼，1974年这里出土了震惊中外的大型随葬兵马俑（俑是代替真人殉葬的仿人形制品）（彩图39）。现已挖掘出土的俑坑有3个，共有近8 000件秦代的陶制兵马俑，这是一支浩浩荡荡、气势宏伟的地下大军，是我国及世界雕塑艺术的珍品，被国际友人誉为“20世纪最壮观的考古发现”“世界第八个奇迹”。

兵马俑的阵势宏大磅礴，已使人们惊叹，而每个将军、士兵、战马的形象更让人赞叹，在雕塑的造型上表现了高超的技艺。各类武士俑身材的高低、胖瘦以及脸型、发型的样式等，都刻画得十分逼真。从面部来看，有方脸的，有圆脸的，有满腮络须的，有眉目清秀的。透过外貌能看出他们的性情，有鲁莽豪爽的，有机智俊美的，有寡言内秀的，有憨厚朴实的。将军俑，其身材魁梧，身佩长剑，须下飘须，神态刚毅，给人足智多谋的印象。一般武士形象更是多姿多彩，有面孔圆润、年纪较小的淳朴的小战士，也有额有皱纹、神情严肃稳健的老战士……陶马的胸部塑造得宽阔、丰厚，胸肌隆突，透皮见骨；臀部圆润，肌肉丰满；头部眼眶高隆，眼珠突起，表现出警觉的神情和姿态（图3–22）。

图3–22 雕塑《兵马俑》

雕塑作品的造型美，显示出雕塑艺术的永久魅力，能够给人们以美的享受。欣赏雕塑作品，首先要看能不能感受到它那以形写神、形神兼备、栩栩如生的造型美，进而作出中肯的分析和深刻的理解。

2. 含蓄美

雕塑的单纯性集中了欣赏者对中心主题的注意，雕塑的象征性启发了欣赏者的丰富联想和无穷的回味。因此，欣赏雕塑作品既要能认识表现其形式的外在的造型美，也要能体会表现其内容的内在的含蓄美。含蓄，就是含而不露、耐人寻味的意思。含蓄美的内容往往以美的形式含蓄地表现出来，欣赏者只有通过想象，才能体会得更准确、更全面、更深刻。

米隆是古希腊最杰出的雕塑家之一，《掷铁饼者》（彩图40）是他的杰作。在人物的造型上艺术家选取了运动员竞技状态的最关键时刻，运动员的重心落在右脚上、紧握铁饼的右手摆向身后最高点，全身处于“一触即发”的瞬间。这种所谓“引而不发”的状态，显得更有吸引力。艺术家把握了从一种状态转换到另一种状态的关键时刻，使欣赏者在心理上产生了“运动感”，也就是说使欣赏者从静止的状态中想象出即将发生的急速转体、投掷动作和把铁饼掷得很远很远的情景。这种能够唤起欣赏者丰富想象的雕塑作品，才是表现含蓄美的作品，才是具有艺术魅力的作品。

潘鹤创作的《艰苦岁月》（彩图3）是架上雕塑的优秀作品。作品表现的情节是在战斗的间隙，老战士吹笛子，小战士依偎在他身旁，出神地听着，体现了在艰苦的岁月，战士们保持着坚定的信念和高尚的情操。在欣赏这一作品时，会唤起我们丰富的想象，他们的衣着打扮会使我们想象到战争年代的物质生活是极端艰苦的，但他们仍然保持着革命的乐观主义精神。我们看到老战士口吹长笛的神态，会想象到老战士摇晃着身子并用脚打着拍子的样子，仿佛吹奏出来的悠扬的笛声就在我们耳边回响。进而还可以想象老战士吹起笛子是在抒发对家乡人民的思念之情，也可能是在丰富战士的精神生活、鼓舞战斗的士气，也可能是在排练节目，准备联欢来庆祝战斗的胜利……这一切想象，很显然超出了雕塑所给予欣赏者的表象感受，生动地体现了雕塑具有的以静示动、以少示多、以无声示有声的象征性。这丰富的联想和想象，这无穷的回味和思考，表现了雕塑的含蓄美。一部好的雕塑作品，总是“以一当十”，使欣赏者领会广泛而深刻的思想内容。

3. 材质美

雕塑作品要利用材料材质的不同特点，才能更好地表现内容。如苏联雕塑家创作的《工人与集体农庄女庄员》（图3–23）用的是不锈钢片，这就有助于增强人物形象奋勇前进的动势，不锈钢闪耀出的光辉增强了作品的表现力。罗丹的《思想者》（彩图38）用的是青铜，这就与题材内容的深沉相吻合。罗丹的《沉思》（图3–13）用的是石材，为表现女性的纯洁、秀美和淳朴。特别是对人物头像细腻刻画，下半部留有石体的砸痕，运用粗细对比手法，使作品更具感染力。木雕选用的木材是有生命的物体，具有温和，纯朴和自然之美。选用的木材多是质地细密、坚韧，肌理渐变有层次的。所以，雕成的作品也具有肌理美和质感美（图3–24）。如果将以上4种材料任意调换，就失去了内容与材料相

图3–23 雕塑《工人与集体农庄女庄员》穆希娜

图3–24 木雕《关公》黄文寿

协调的美。所以，雕塑作品要显示材质的美感。

4. 环境美

雕塑具有装饰性。雕塑除了自身所具有的审美属性给人们美感之外，它的放置环境与之相适应也是一个产生美的重要因素。在毛主席纪念堂放置毛主席雕像，在鲁迅故居放置鲁迅雕像，在徐悲鸿纪念馆放置徐悲鸿雕像（图3–25），在医院放置白求恩雕像，在音乐学院的钢琴室放置贝多芬的雕像，都是与环境相协调的。绍兴的大禹雕像，嘉兴的秋瑾雕像，杭州的岳飞雕像，南京雨花台的烈士群体雕像，上海外滩的陈毅雕像等，歌颂了人们心中可亲可敬的崇高人物形象。这些雕像不但具有自身的美，而且与周围环境相结合，形成统一协调的意境美。雕塑《断臂的维纳斯》放在居室内，会增加室内清静、优雅而温馨的美感。大型泥塑《四大金刚》放在寺庙里，会增加神圣而严肃的气氛。如果把《断臂的维纳斯》放在寺庙中，把《四大金刚》放在居室内，不但不能产生美感，还会产生不协调感和恐惧感。所以创造雕塑美要考虑和分析雕塑作品安置的环境。在上海中心大厦陈列的雕塑《上海少女》（图3–26）是当代画家陈逸飞创作的作品，展现了20世纪30—40年代，上海女性的形象，刻画了一位身姿窈窕的上海少女，身

图3–25《徐悲鸿雕像》

图3–26 雕塑《上海少女》陈逸飞

着旗袍，手中的鸟笼与香扇唤起人们对于老上海及老上海女性的怀旧情结。具有时代和地方特色的雕塑《上海少女》放在上海中心大厦非常恰当和完美。

中国古代雕塑可以美化环境，如在门口放置石狮（图3–27）、铜鹤等，在华表上浮雕云龙等，在屋顶上放置龙、凤、鱼、神等吻兽。现代雕塑也在美化着环境，除了写实的以外，还出现了写意的、变形的、抽象的、奇特的、流线型的等（图3–28）。对于美化居室、园林、城市的环境发挥着重要作用。代表当今时代风格的新型雕塑，越来越受到重视和欢迎。

图3–27 雕塑石狮

图3–28 景观雕塑

主题三

工艺美

一、什么是工艺品

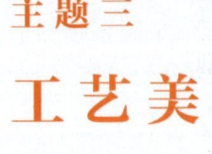

工艺品是通过工艺材料和工艺手段进行制作的，用来美化环境、美化生活的造型艺术。

工艺美术在我国历史悠久。约18 000年前的山顶洞人就佩戴上了有各种色彩的石珠、兽牙、海蚶壳等“装饰品”。5 000多年前就出现了造型优美、纹样繁丽多彩的彩陶。到了夏、商时期青铜艺术已高度发展，从汉代以来丝织工艺达到很高水平。东汉时期的劳动人民发明了瓷器，唐宋以来中国瓷器远销世界各地，中国被誉为“瓷器之国”。中国古代其他的工艺美术也有很高的成就，如玉石工艺、漆器工艺、家具工艺等，我们应该很好地继承和发展。

工艺品与人类生活关系十分密切，是最富于群众性的艺术形式，它可以潜移默化地培养人们的审美趣味。由于一些工艺品具有浓厚的民族风格和地方色彩，也深受中外旅游者的喜爱。随着大众日益增长的物质文明与精神文明的需要，工艺美术的美学价值日益显现出来。

二、工艺品的分类

1. 特种工艺品

特种工艺品一般原材料高贵，制作工艺精巧高妙，属于以艺术观赏为主的陈设工艺品，包括有：

玉雕（彩图41）——在我国历史上，精美的玉雕标志着主人的身份，除了用于装饰，也可用于婚丧、祭祀等。玉雕一般用白玉、青玉、碧玉、翡翠、玛瑙等制作。

漆雕（彩图42）——漆雕又名“剔红”，相传始于唐朝。制法是将调好的漆料涂在铜胎或木胎上，一般要涂几十层，上漆后趁未干透即进行浮雕，后烘干磨光即成。漆雕色彩一般以朱红色为主。

陶瓷——我国江苏宜兴盛产陶器，素有“陶都”之称，其中最佳者为紫砂陶。我国江西景德镇的瓷器久负盛名，有“瓷都”之称，人们常用“白如玉、薄如纸、明如镜、声如磬”来赞誉景德镇的瓷器。

景泰蓝（彩图43）——景泰蓝又叫“铜胎掐丝珐琅”。明代景泰年间流行，并且多涂以蓝色，故名“景泰蓝”。

特种工艺品种类繁多，另外还有金银器皿、玻璃器皿等。

2. 民间工艺品

民间工艺品一般原材料较为低廉，制作工艺较为简单，但具有浓郁的民间特色。有的可陈设观赏，有的可用于生活。包括有：

刺绣（彩图44）——刺绣是我国优秀的民族传统工艺，已有3 000多年的历史。我国“四大名绣”是苏绣（苏州）、湘绣（湖南）、蜀绣（四川）、粤绣（广东），另外还有京绣（北京）、顾绣（上海）、苗绣（苗族）等。

泥塑和面塑（彩图45）——泥塑和面塑是独特的民间工艺美术品。无锡惠山的泥人清代就很有名；天津的“泥人张”（张明山）捏的泥人形象逼真、远近驰名。

编织——编织品是民间广泛流行的手工艺品。它是利用竹、藤、草、柳、毛等材料，编成各种观赏用的动物、花卉等造型的饰品，或者编成生活用的提篮、果盒、杯套、坐垫、凉席、桌椅、壁挂、地毯等物品。

蜡染——蜡染是我国传统的民间印染工艺，现在在苗族、瑶族、布依族等少数民族中仍很流行，他们的衣裙、被单等多用蜡染作装饰。

灯彩——灯彩流行于我国各地。赏灯活动早在汉代就有了，盛传至今。北京产古雅的宫灯，上海产龙灯，广东产走马灯等。

剪纸——剪纸广泛应用于民俗生活中，大体有窗花、门笺、墙花、顶棚花、灯花、喜花等。

民间工艺品数不胜数，还有风筝、壁挂、皮影、木偶、贝雕画、羽毛画等。

3. 实用工艺品

实用工艺品是与人们的衣、食、住、行、用关系极为密切的生活用品，其特点是既实用、又在具体应用中发挥艺术的审美功能。如用陶瓷、玻璃、纯木或塑料制作的餐具、茶具、灯具、家具，染织方面的花布、枕套、床单、被面，设计制作方面的服装、包装、装帧、广告等。

以上三类是我国传统的工艺美术的分类，随着当代文化艺术和科学技术的发展，新材料、新品种、新技术大大扩展了工艺美术领域。工艺美术与绘画、雕塑相比，更贴近人们的生活，所以受到人们的重视和喜爱。

三、工艺品的美学特征

1. 装饰性

所谓装饰性，一方面，工艺美术是用美术造型与色彩装饰的方法和技巧来制作各种物品的艺术；另一方面，如果只重视实用性，轻视甚至忽视了装饰、美化、观赏的用途，那就不称其为工艺品，而只能算件物品了。所以工艺品必须具备装饰美化的特点和作用。具体的可从造型、图案、色彩等方面进行装饰分析。

（1）造型的装饰

工艺品的造型要充分利用对称、均衡、多样统一等形式美法则，以加强艺术效果。例如西周的青铜器《利簋》（图3–29），是盛食物的器具，从造型上看，腹部圆形硕大，如铜墙铁壁般地坚实，两边有装饰性的耳柄，呈对称的形式，利簋的圈足下边是连铸的底座，给人以安定稳重的感受，其造型庄严凝重而又具有装饰性。

图3–29 青铜器《利簋》

工艺品在造型上也要尽量利用材料的天然造型。自然界中某些树木、瓜果、葛藤、岩石、海底生物等，自然形成了美的造型和形体，它们既是工艺美术家创造、构思的素材，又可以被直接改造成耐人寻味的工艺品。比如根雕艺术，作者根据树根原形，与艺术的想象力结合，稍加修饰就可以制成《牛》《鹰》《龙》《运动员》《芭蕾舞女》等一件件或写实、或变形、或写意、或抽象的根雕工艺品。再如山水盆景、珊瑚盆景、贝壳雕塑、羽毛画、棉花画等，这些工艺品原料的造型都源于自然，经过工艺美术家的艺术加工，既保持了自然美的特性，又成了造型美的工艺品。

（2）图案的装饰

我国原始社会彩陶工艺的造型与装饰就非常丰富。在农业社会则出现了大量植物装饰图案，即在彩陶上描绘植物和花卉的茎、叶，不少图案已经熟练地运用二方连续和四方连续的构图方法（二方连续是图案向左右或上下连续，四方连续是一个纹样向四方重复连续），或运用以点定位、用线联络成图案的方法。除了几何图案外，以人面、鱼、鹿等形象作装饰图案最为引人注目。在西安半坡出土的陶碗上，有些几何图形就是从鱼形图案中演变而来的（图3–30），在图案中对鱼的各组成部分都用简略的三角形来表现，这就趋向于现代抽象派的图案装饰，可见我国古代劳动人民概括、简化、提炼的抽象思维能力和创造能力是很强的。

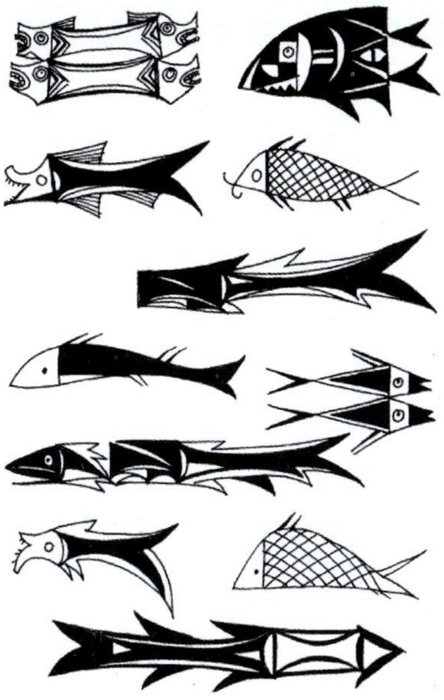

图3–30 鱼形图案

工艺品上刻、画出的纹样和图案，或写实、或变形，都要充分利用形式美的法则，注意虚实变化、黑白交替、比例适当、曲直对比、多样统一，形成音乐般的节奏与韵律。

现代的工艺品很重视图案的装饰美，有的图案在色彩和构图上洋溢着时代的气息，表现着一种清新之美。如在画有“黑猫警长”“米老鼠”的图案中，写上“祝你生日快乐”的中文、英文等。有的花纹图案表现着一种古朴之美，如画有梅、兰、竹、菊、龙凤、鸳鸯的图案，或写着福、禄、寿、喜等字样的图案。我们可以将中国工艺品中图案概括为八个字——“图必有意，意必吉祥”。

（3）色彩的装饰

工艺品的色彩使欣赏者赏心悦目，因为色彩给人的感觉最鲜明、最强烈，最富有艺术的魅力和情感性。例如一件做工精细的朱红色的漆雕方盒，就给人以兴奋、喜庆、吉祥的美感。一件晶莹透明蓝白色的玻璃花瓶，就给人以清新、冷静、纯朴的美感。黄色草垫上有少量绿色花边图案，黄绿调和配色给人以大方、柔和、雅致的美感。白色茶具上有少量红色花边图案，红白对比配色给人以鲜艳明快、富有朝气的美感。

我国历代的民间陶器、竹编、翡翠、玛瑙等玉石雕刻和红木家具都保持材料的固有色。保持材料的固有色是工艺美术中处理色彩的一个原则。

2. 象征性

象征性的特点是将内在抽象的内容形象化、具体化，集中、概括、含蓄、婉转地表现内容。工艺品的美，不在于外部形式（造型、色彩等）对事物的模仿，即再现现实，而在于传达一定的情绪、趣味和烘托一种气氛、情调。如民间玩具“布老虎”（图3–31），并不是现实生活中动物的简单模拟，也不是生物标本的再现，而是经过作者大胆的夸张和变形，强调虎的体态丰满，在虎头上又强调虎的浓眉大眼和充满稚气的神态，以引起儿童的喜爱。显然这件工艺品寄托了人们希望孩子充满生气、“虎头虎脑”地健康成长的美好愿望。民间剪纸“牡丹”，也不是现实生活中牡丹花的形象，而是经过作者巧妙的简化、提炼，把牡丹花剪成二方连续的图案。这件工艺品其寓意在于祝愿人们吉祥、富贵、幸福、美好。再如盆景，作者经过集中、概括和升华，着力表现自然景物中最美妙、最动人的部分，通过山、水、竹、树等巧妙的搭配和构图，真可谓“丛山数百里，尽在小盆中”，传达出自然美的诗情画意。盆景艺术的“缩龙成寸”“以小见大”的特点，也反映了工艺品的象征性。

图3–31 布老虎 佚名

有些工艺品需要逼真地去模拟生活中的形象，如用塑料制作的“菊花”、用绢纱制作的“林黛玉”等。但有些工艺品如果分毫不差地再现生活中的形象，反而会引起人们的反感。如把茶壶做成家猫的形象，“猫的一只爪”抬起作壶嘴，“猫的天灵盖”作壶盖，如果做得太像了，沏茶时揭起“猫的天灵盖”，会令人心里不舒服。又如把垃圾箱做成卡通化的熊猫的形象，如果做得太过逼真，让“国宝”熊猫满肚子都是人们扔的垃圾，这实在是一种不太妥的设计。许多事实说明，单纯模仿自然形态、没有丰富的想象力和创造性的工艺品，是不会有好的艺术效果的。

成功的工艺品要含蓄、婉转地表现内容，引起欣赏者的联想和想象。例如，看到印有梅花的花布，使人想到出尘脱俗的高雅气质；看到插有玫瑰的花篮，使人想到炽烈的爱情；看到绣有鸳鸯的枕套，使人想到婚姻美满、爱情专一；看到画有松鹤的瓷瓶，使人想到延年益寿；看到印有牡丹和樱花图案的扇面，使人想到中日两国人民亲密友好的睦邻关系。在琳琅满目的工艺品中，有许多是采用了象征的造型或装饰手法，这一点从作品的名称也可以体现出来，如《龙凤呈祥》《吉（鸡）庆有余（鱼）》《天女散花》《百鸟朝凤》等，都是象征着喜庆吉祥、幸福和平。

3. 功能性

对美的创造早在原始社会已经开始，一些物品的实用价值先于审美价值存在，随着社会的进步发展到实用价值与审美价值相结合。社会再进一步发展，对物品的创造领域有了更大的扩展，脱离实用价值而独立存在审美价值的物品也随之出现，专供观赏。如出土文物中的《玉铲》《马踏飞燕》等，标志着审美价值与实用价值的分离，这种"分离"使手工艺人对工艺品的创造沿着两条道路发展，一条路是创造了大量精美而又实用的日常生活用品，另一条路是创造了大量专供审美欣赏的艺术品。

图3–32 青铜器《犀尊》

除专供欣赏、失掉实用性的特种工艺品外，一般工艺品总是要把实用性和审美性完美地结合起来。一般工艺品应具有物质的实用功能，又具有精神的愉悦功能，二者密不可分，这也是实用工艺品与其他艺术品的根本区别。例如1963年陕西兴平市出土的战国时期的青铜器《犀尊》(图3–32)，"犀"是犀牛，"尊"是盛酒的酒器。犀尊形象雄健，体现了犀牛刚强健壮的特点，器物全身镶嵌有非常细密的金丝，象征着犀牛身上的毫毛，工艺极为精湛。犀牛背上有盖可开合，口侧有一短管，便于把酒倒出，突出地体现了实用和美观有机结合的特点。

特种工艺品的功能主要是欣赏，是满足精神上的需求功能。它也同绘画、雕塑一样，给人们以美的享受和精神鼓舞。实用工艺品中装饰和实用两者有机地结合，工艺品的美感才能发挥它的独特的魅力，并在潜移默化中作用于人们的思想和感情。实用工艺品中，装饰要从属于实用，以实用为主，抛开实用而滥加装饰或过分装饰则是"画蛇添足"，失去了实用功能。比如明代家具造型简练、轻巧，不滥加装饰，既表现了木材本身的纹理和质感的自然美，又表现了非常实用的功能。有些清代家具，特别是宫廷和府第的家具，由于一味追求富贵华丽而滥加雕饰，破坏了家具的整体形象，家具造型复杂、笨重，也不利于保持清洁，削弱了实用功能。

四、怎样欣赏工艺品

1. 形式美

工艺品具有装饰性的特征，以形式美取胜，所以欣赏工艺品要从作品的造型、图案、色彩等方面进行观察和分析。比如玉雕《白玉熏》（图3–33）（熏是古代的火炉或香炉），熏体的两边耳柄和装饰的圆环都是对称的，这就使人产生重心稳定、统一严格的庄重感；白玉熏的形体是圆的，上部的顶盖、中部的熏体和下部的底座，从上到下都是直径不同的圆形，而且是有比例、有规律的排列组合，这就使之产生有节奏的韵律感；整个白玉熏采用大小不同的圆环来装饰，既多样又统一，既有变化丰富的美，又有整齐一律的美。在熏体上还刻有浮雕的花纹图案，表现了富丽华贵之美。在色彩上采用纯白色，表现了高洁素雅之美。

图3–33 玉雕《白玉熏》

《舞蹈纹彩陶盆》（彩图1）是1973年在青海大通县上孙家寨出土的文物，它反映了人类在新石器时代最突出的工艺美术成就。《舞蹈纹彩陶盆》造型简练、朴实、厚重，色彩柔和、单纯、雅致，表现了一种素净而简洁的朴素淡雅之美。特别是在图案装饰上的创造独具一格，5人一组手拉着手，那活泼、鲜明的舞姿，那轻盈、稚气的神态，生动具体地反映了原始社会生活的一个侧面。从技法上看，剪影式的准确而规整的描绘，使人想到现代摄影中“逆光”的艺术手法。其图案连续反复，盘旋回转，十分富丽、华美；其线描更是流畅生动，富有节奏韵律之美，表现了作者充分运用了对称、均衡、多样统一的形式美法则。

2. 材质美

在工艺品中，所用材料本身都有自己特定的美。如陶器具有沉重古拙之美；瓷器具有洁净高雅之美；玉石具有高洁富丽之美；象牙具有色泽悦目之美；绢纱具有朦胧飘逸之美；玻璃具有晶莹透明之美；红木和大理石具有天然纹理之美；还有如毛竹之韧性、草藤之柔软、金属之坚实……这些材料得天独厚的审美特征，再加上优异的制作工艺，真可谓是锦上添花了。比如制作工艺人偶时常常用绢纱来辅助塑造嫦娥、天女、林黛玉等人物，这时利用轻薄透明的绢纱，就可以把人物的体态、服饰的质感和姿势的动感生动地表现出来。用绢纱制作双面绣《金鱼》，会使人感到金鱼在水中游动，增加这些形象的真实感和亲切感。如果把金鱼的形象绣在厚粗布上，就不可能有这种艺术效果了。再如工艺品《古代战船》，用纯木雕刻制作就具有真实感，如果用玻璃制作就不恰当了。

材质的美是物质材料由于自然生长规律而形成的质地、纹理等方面的自然美。所以，工艺品要充分和巧妙地利用材料本身的天然特质，“因材施艺”。将自然美与艺术美充分结合，工艺品就会粲然生辉。

图3-34 青铜器《莲鹤方壶》

3. 技艺美

工艺美术师的技艺要高超，制作要精巧，才能创造出艺术性强的工艺品，才能使人们得到美的享受。双面绣是在一块绸纱的两面，绣上相同图画，要求较高的技艺。而《狮和虎》的工艺师却能在一块绸纱的两面，正面绣“狮”，背面绣“虎”，充分表现出工艺师高超的技艺。如春秋时期的青铜器《莲鹤方壶》（图3-34），工艺师采用圆雕、浮雕等手法，一般说来，特种工艺品的审美价值都很高，艺术技巧和工艺技术的要求也非常高。

4. 风格美

美是具有不同形态和个性的，工艺品也有不同的个性和风格，如华丽、朴素、奇巧、稚拙、清新、古朴等。

（1）华丽与朴素

华丽的工艺品注重装饰，以质地高贵和色彩浓艳取胜，给人以雍容华贵、富丽堂皇的美感，如金银珠宝制成的手镯、戒指、耳环、胸花等。再如供观赏用的金银镶宝石工艺品，是用金、银、珠宝、玉石、景泰蓝等镶嵌而成的，原料高贵、工艺精巧、色彩浓艳、光华夺目，表现出工艺品的华丽之美。

朴素的工艺品色彩淡雅，不着重装饰，而是以内在品质优良见长。如薄胎素色的瓷器，它的美是建立在瓷的优质上，质地细密、光洁素净、造型简练、单纯自然，表现出工艺品的朴素之美。

（2）奇巧与稚拙

奇巧是指工艺品造型奇特而工艺精巧。如在微雕中，工艺师可以在米粒大小的骨片上刻上一首长诗；在微型面塑中，工艺师可以在半个核桃壳内塑造出“金陵十二钗”“十八罗汉”“大闹天宫”等，表现出工艺品的奇巧之美。

稚拙美是指工艺品表现出的似拙实巧的风格，反映了天真的情趣。儿童玩具中的人物和动物与真的人物和动物的形象相距甚远，而且作了很大的夸张或变形，但却活灵活现，颇有神韵，受到青少年和儿童的喜爱。如中国玩具中的布老虎、泥塑兔儿爷，美国的米老鼠、唐老鸭玩具等，不求形象逼真，只求神态相似、童稚纯真、简朴可爱，表现出工艺品的稚拙之美。

（3）清新与古朴

清新的工艺品其核心是“新”，要散发着时代的气息。这在服装工艺中尤为明显和突出，例如一个时期出现一种流行色（黄色、红色、橄榄绿等），或一个时期在造型上出现新的款式（蝙蝠衫、T恤衫等），使用的面料也在不断变化（化纤、毛料、蜡染等）。服装工艺反映着社会的进步和勇于创新的精神，表现出工艺品的清新之美。

图3-35 景泰蓝工艺品《双凤宝亭熏》佚名

古朴的工艺品正好与清新相反，古朴不追求时髦，而追求传统的美。比如一件景泰蓝工艺品《双凤宝亭熏》（图3-35），凤就是古代传说的鸟类，宝亭是二重檐六角攒尖顶的古建筑。这些内容和形式的工艺品，反映出工艺师和欣赏者对中国古代文化艺术的热爱，表达了怀古恋旧、追求传统之情，表现出工艺品的古朴之美。

5. 整体美

欣赏工艺品要分析它是如何体现工艺品的美学特征的，然后再分析这件工艺品在形式美、材质美、技艺美、风格美方面的具体表现，而且把几个方面有机地联系在一起，这样才能体现出这件工艺品的整体和谐的美。如果在某一方面表现极差，那就不是成功的作品。一件工艺品总会在某几个方面比较突出，在某一方面更为突出，没有重点也就没有特点，没有特点的工艺品是不美的。

图3-36 双面绣《虾》佚名

为说明工艺品的整体美，试举一例。

双面绣《虾》（图3-36）再现了齐白石老人的名画《虾》。画面上的两只虾，虾体透明，在水中游动，洋溢着生命的活力和勃勃的生机。两只虾的不同位置和不同姿态，形成了均衡的造型，表现了一种活泼多样、丰富变化的动态美。在色彩上“以墨为主”“墨分五色”，墨色的丰富变化，使虾具有了立体感、质量感、色泽感。工艺品讲究“因材施艺”，刺绣作品中的两只虾是用丝线绣在轻薄透明的绢纱上，这就塑造了虾体透明和河水清澈的艺术效果，增加了真实感，创造了寓动于静、静中有动的意境美。工艺品主要特点是制作上的工艺精巧，工艺师根据虾体黑、白、灰丰富的层次，选用多种不同颜色、不同光感的丝线，运用细腻、流畅的线条和高超、熟练的针法，绣出了这一对活灵活现、栩栩如生的虾，而且刺绣的正反两面有着相同的画面，体现了刺绣的“鬼斧劈线，神工运针”的高超技艺。这件刺绣作品放在一个木支架的圆木框内，支架和圆框的对称造型，形成了一种重心稳定、严谨庄重的静态美。支架和圆框选用了传统红木，其造型和装饰的图案又具有民族特点和风格，表现了一种古色古香的古朴之美。

主题四

建筑美

一、什么是建筑

建筑一般主要指供人们进行生产、生活或进行其他活动的房屋或场所。建筑艺术是通过对建筑的群体组织、形体结构、平面和立面的布置，以及装饰、色彩等进行审美处理，所形成的一种综合性造型艺术。

中国古代建筑是中华民族历史上极其珍贵的文化遗产，它凝结着我国劳动人民的智慧，是我们文明古国的重要标志之一。中国古代建筑以其宏伟的规模、惊人的数量、绚丽多彩的风姿、独特的民族风格，屹立于世界建筑艺术之林。本节重点介绍中国古代建筑，兼论中外古今经典建筑。

二、建筑的分类

建筑按风格体系分类，一般分为东方建筑和西方建筑两大类。东方建筑的代表有中国建筑、伊斯兰建筑、印度建筑等。

建筑按使用功能分类，一般分为住宅建筑、生产建筑、公共建筑、文化建筑、园林建筑、纪念性建筑、陵寝建筑、宗教建筑等。

中国建筑中有：古城建筑、宫廷建筑、陵园建筑、寺庙建筑、桥梁建筑、塔建筑、民居建筑等。

三、建筑的美学特征

1. 实用性

建筑的起源完全是以实用性为目的的。2 000多年前，罗马的一位建筑学家就指出，建筑有三个要素：实用、坚固、美观。绝大多数的建筑是为人“用”的，而不是给人“看”的。人们要求房屋合乎实用的要求，如房间的大小、高低、温度、通风、采光、房间与房间之间的联系、房屋的坚固性等，在满足了这些要求之后，人们才进一步要求房屋的美观。一套住宅如果布局不当、通风不好、建造得不坚固，致使生活不便，即使它装饰得再漂亮，“华而不实”，也没有人愿意居住，更不会产生什么美感。所以说，建筑艺术属于实用艺术，一般来说，其实用功能是主要的，其次兼具审美功能。

2. 审美性

2 000多年前，罗马建筑学家提出的三要素就包括了美观。直到今天，各种建筑同样要满足这三方面的要求。建筑作为人类生活所必需的居住和活动的场所，也必然要满足人们的审美需求。对建筑的形体、平面布置、立面形式、结构造型、空间组合、色彩光影、装饰装修等给予考虑规划和审美处理，就形成了建筑艺术，它是一种视觉艺术、空间艺术、静态艺术、表现艺术和造型艺术的结合。

建筑艺术的未来发展趋势，必定是审美性与实用性的完美结合。

3. 综合性

建筑艺术具有空间感和时间的流动性，讲究空间组合的节奏感，因而被誉为“凝固的音乐”“立体的绘画”。人们欣赏建筑不能固定不动，必须从远到近，围绕建筑走一圈，再在室内走一圈，才能获得完整的感觉。如果是一个建筑群，就要走更长的路。这样一个欣赏过程掺进了时间的因素，用时间来感受空间，使欣赏者观赏得更全面、更完整。因为对建筑的审美不仅仅只是建筑的本身，建筑艺术的感染力主要来源于环境、序列和建筑本身的比例、尺度、韵律，同时还要借助雕塑、壁画、园艺、工艺美术等其他门类的艺术给予加强，起到“画龙点睛”的作用。中国古代建筑在群体组合中，也常依靠石狮、华表、影壁、牌楼、灯炉、碑刻、雕塑、壁画等来创造某一种意境。所以建筑具备时间流动性和艺术综合性。

4. 象征性

建筑在内容的表现上常采用象征的手法，在其抽象内涵中寄寓了象征的意义。北京天坛是中国古代祭天活动的场所，其平面布局借用了古代“天圆地方”之说，丹陛桥就像一条通天之路。祈年殿的28根柱子，包含了四季、十二月、十二时辰和二十八星宿。圜丘的坛面、台阶、栏杆等石制构件，都取九或九的倍数，用以象征天。天坛中处处有象征，处处显示着浪漫主义精神。法国的凡尔赛宫成为路易十四统一国家、体现中央集权制的象征。南京中山陵，整体建筑呈钟形，象征孙中山领导的民主革命是唤起民众的警钟。每个时代都有不少重大事物可以通过建筑艺术的象征功能表现出来。

四、中国古代和现代建筑

1. 中国古代建筑的建筑思想

（1）敬天祀祖的礼制思想、皇权为核心的等级思想、家长为中心的家族思想。

（2）以平面构图为特色，注重群体组合，创造优美环境。

（3）以木框架为主要结构，便于错落组合和雕刻绘画。

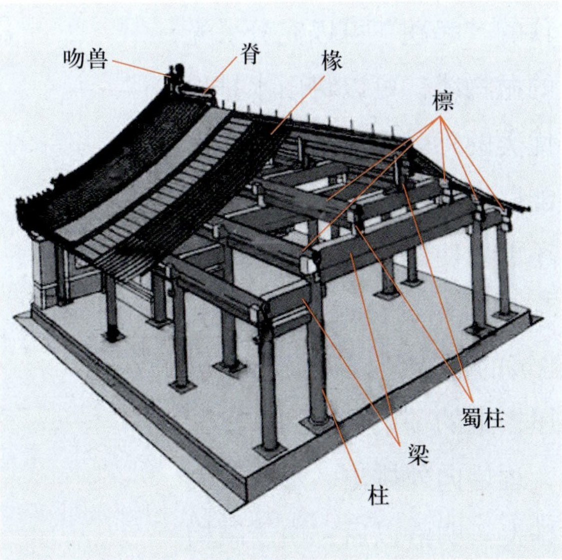

图3-37 抬梁式建筑结构示意图

2. 中国古代建筑的美学特征

（1）结构独特

①“墙倒屋不塌”。中国古建筑在结构上主要是运用巧妙而科学的木框架结构（图3–37）。即采用木柱、木梁构成房屋的框架，屋顶与房檐的重量通过梁架传递到立柱上，墙壁只起到隔断作用，而不承担房屋结构部分的重量。这种结构可以灵活机动地自由分割空间。

② 大屋顶和高台基。中国古建筑分屋顶、屋身和台基三个部分，如“故宫三大殿”（图3–38）。屋顶部分最为明显，有时比屋身更大、更突出。我国匠师利用木结构特

图3-38 故宫三大殿

图3-39 斗拱

图3-40 雀替

点，创造了屋顶“起翘”和“出翘”的建筑风格。屋顶的“起翘”可以充分采光，屋顶的“出翘”可以避雨水，保护木构架。屋顶形成的抛物线，可以将雨水排得更远，而且还形成了一种柔和、流动的曲线，给人以优美的感受。台基有普通石台基和经过雕刻花纹图案的须弥座，在重要建筑上再配以栏杆、台阶，有时还配上二层、三层台阶，这样既可以使木构架避雨防潮，还可以使建筑物雄伟、壮观，给人以庄严、稳重的壮美感受。

③ 斗拱（图3-39）与雀替（图3-40）。中国古建筑的框架结构形成了在宫殿、寺庙及其他高级建筑中才有的一种独特构件，即屋檐下的一束束的“斗拱”。它是用斗形和弓形木块重叠而成的木构件，纵横交错，逐层向外挑出，形成上大下小的托座。它的结构作用是把屋顶的重量传递到梁柱上。明清以后，由于结构简化，斗拱失去了结构作用，变成了纯粹的装饰品。斗拱可以表现出错综精巧之美。“雀替”是梁与柱相交处的托座，其结构作用是减少梁的净跨度，增加梁头的抗剪力，使木构架更坚实牢固，同时在“雀替”上可进行雕刻和彩绘，表现出

图案色彩的装饰美。

（2）群体组合

群体组合就是由一个一个单体建筑合成一个大的群体建筑。例如北京的故宫博物院（彩图46）、民居院落（图3–41）等。这种建筑群体一般都有显著的中轴线，沿着中轴线上布置主要建筑物，在中轴线两侧布置次要建筑物，以保持着严格的对称或均衡的布局。

对于建筑艺术，中西方有着不同的审美情趣。欧洲建筑，讲究突出主体体量，像一座雕塑一样，靠造型显示性格，宜远观倾向壮美风格。中国古建筑，要从一个庭院走进另一个庭院，必须全部走完才能把建筑全部看清，移步异景，给人以深切的感受。这就反映了中国古建筑讲究环境气势，像中国长卷画一样需徐徐展开、慢慢欣赏，倾向优美风格。中国古代建筑的这种庭院式的群体组合所造成的效果，有它独特的艺术魅力。

图3–41 民居建筑

图3–42 藻井

（3）注重装饰

① 室内与梁枋装饰。室内的名人字画、古玩文物、匾牌楹联等，是室内装饰的一部分。室内天花（顶棚）、藻井（顶棚向上凹进的部分）（图3–42）和梁、栋、墙壁等也常有装饰，装饰的内容包括极为精致的雕刻和富丽堂皇的彩画等。常见于梁枋上的彩画分为三个等级（彩图47）：

“和玺彩画”，是等级最高的彩画。画面上以龙或凤的图案为主，间补以花卉图案。沥粉贴金，金碧辉煌。

“旋子彩画”，等级次于和玺彩画。画面上以涡卷瓣旋花图案为主，有时也可画龙凤。金粉可贴可不贴。

“苏式彩画”，等级次于前两种。画面上主要是山水、人物、花鸟虫鱼、神话故事等。

② 室外装饰。色彩是构成建筑形式美的重要因素。红、黄、蓝、绿是中国古建筑的主色调。红色吉祥、黄色富贵，所以宫殿建筑一般都是“红墙黄瓦”，显得金碧辉煌，以显示皇宫的豪华。古建筑外部空间的装饰常常用假山叠石加以点缀，设华表、牌坊、影壁、石狮等，用这些衬托性建筑来美化建筑群体。

③ 屋顶装饰。中国古代匠师很早就发现利用屋顶以取得艺术效果的可能性，因此屋顶的形式也是有许多种的（图3–43）。有两面坡但两山墙与屋面齐的“硬

山顶”；有两面坡而屋面挑出到山墙之外的“悬山顶”；有上半是悬山而下半是四面坡的“歇山顶”；有四面坡的“庑殿顶”；有四面、六面、八面坡或圆形的“攒尖顶”。如果有两层屋檐的庑殿顶，则叫作二重檐庑殿顶。“故宫三大殿”（图3–38）的太和殿屋顶是二重檐庑殿顶，中和殿屋顶是四角攒尖顶，保和殿屋顶是二重檐歇山顶。天坛祈年殿屋顶是三重檐圆攒尖顶，古代的屋顶等级排序中庑殿顶等级最高，其次的顺序是歇山顶，攒尖顶，悬山顶，硬山顶。一般民居都用硬山顶。屋顶的多种多样并在屋顶的屋脊上再加上各种动物形象进行装饰，又采用大量琉璃瓦，就为屋顶增添了色彩和光泽。

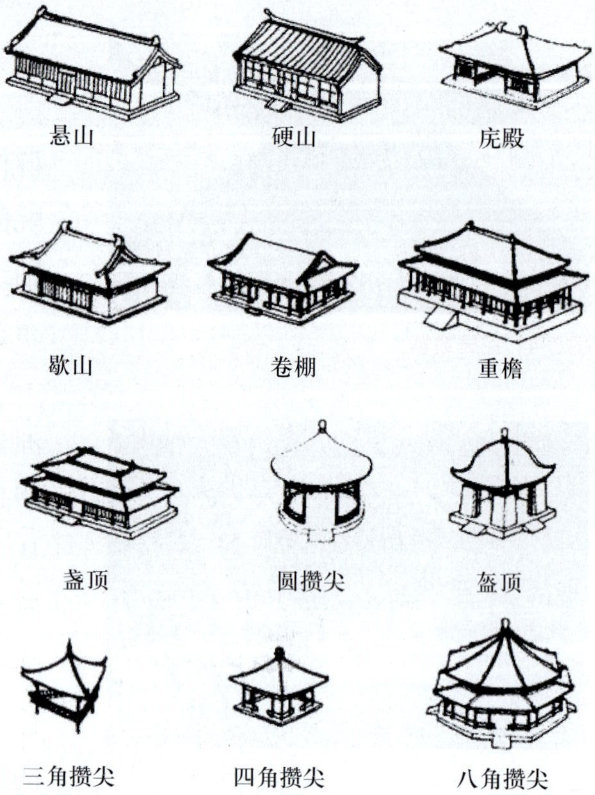

图3–43 中国古建筑屋顶

（4）园林景色

① 模仿自然。中国古建筑的设计和建造非常重视建筑物与周围自然风景的结合，把建筑美与自然美和谐地融合为一体。缺少自然景色的环境也要模仿自然，即用人工的力量来建造自然景色，如利用地形地势凿池开山、栽花种树等。追求诗情画意，是我国园林艺术的基本美学思想，因此可以利用古代山水画为蓝本，掺以诗词的情调，创造出如诗如画的景致。以林掩其幽、以山壮其势、以水秀其姿，构成美的意境，让身居闹市的人，仍可享受到“山水林泉之乐”。例如苏州“网师园”（彩图48）。

图3–44 北海五龙亭

② 移步换景。在建筑群体中，用具有浓厚的民族风格的各种建筑物，如亭、台、楼、阁、廊、舫、桥等，配合自然的水、石、花、木等组成体现各种情趣的园景，起到“引”景的作用。比如北京北海五龙亭（图3–44）（引景）就会引起游人泛舟之兴，产生乘舟渡水，到亭子跟前去看看的愿望。园林中花墙上的漏窗也有引景作用，比如颐和园昆明湖畔的一些院落内的漏窗（彩图49），可以看到昆明湖的不同景色，使园内有界非界、景中有景、小中见大、变化无穷，

图3-45 拙政园

有移步换景之妙。建筑群体中的廊、桥、小路都可起到引景作用，为移步换景增添无穷的情趣。如苏州的“拙政园”（图3-45）。

③ 藏而不露。中国古建筑的群体大部分是封闭的，即景物藏在围墙内，这就要求在不大的范围内，表现出丰富的园景。常用的手法是用假山、小院、漏窗等作为屏障，适当阻隔人们的视线，使人们几经曲折才能见到园内各种景色。或者用划分景区和空间的手法，利用山水、树木、建筑等，把全园划分为若干景区，形成大园包小园。如大观园（图3-46）中就有怡红院、潇湘馆、大观楼、稻香村等。再如颐和园的谐趣园、北海的静心斋等。“藏景”有一种藏而不露的含蓄美。

3. 桥塔建筑

中国造桥的历史悠久，古人建造了大量多姿多彩的桥。

赵州桥（图3-47）是河北省赵县一座跨洨河的石拱桥，至今1 400余年的历史，是世界上现存年代久远的古桥中，跨度最大，保存最完整的单孔坦弧敞肩石拱桥。其对“敞肩拱”的运用，为世界桥梁史上的首创，对后世桥梁建筑有深远影响，具有较高的科学研究价值。桥的建造工艺独特，艺术风格新颖，显示了隋代浑厚、严整、俊逸的风貌。桥体装饰雕刻精细，具有较高的艺术价值。

图3-46 大观园

图3-47 赵州桥

图3-48 卢沟桥

图3-49 嵩岳寺塔

卢沟桥（图3-48）位于北京丰台区，始建于南宋（1189年），全长266.5米，桥的半圆拱券采用纵联式实腹砌筑法，使11个拱券联成一体，十分坚实稳固。其工程浩大，建筑宏伟，结构精良，工艺高超。桥上大小石狮501只，雕刻精美，形态各异，惟妙惟肖。700多年前，意大利旅行家马可·波罗来到了这座桥，并在他的“游记”中形容它是“世界上最好的，独一无二的桥”，因此外国人叫它“马可波罗桥”。此外，因“卢沟桥事变”（亦称“七七事变”），让这座桥不仅有美学、科学价值，还有历史文化价值。

我国现存古塔，不仅数以千计，而且形式多样，风格独特。

嵩岳寺塔（图3-49）位于河南登封，初建于北魏正光年间（520—525年），是中国现存最早的砖塔。这座塔为高37米，15层密檐式塔，也是中国现存的唯一的一座十二边形塔，是中国和世界古代建筑史上的一件珍品。

应县木塔（图3-50）位于山西朔州市，始建于距今约1 000年的辽代，高达66.8米，相当于20多层现代高楼，是世界上现存最高的木结构古建筑。塔的平面为八边形，整个木塔用了54种不同形式的斗拱，成为中国古建筑中斗拱最多，最有代表性的楼阁式佛塔。

图3-50 应县木塔

图3-51 四合院

图3-52 徽州民居

4. 民居建筑

民居是满足人们日常生活起居需要的场所，我国幅员辽阔，民族众多，各族人民所处的地理环境和生活习惯不同，所以民居建筑的形式也完全不同。例如，北京四合院、徽州民居、福建土楼、陕北窑洞、傣族竹楼、侗族鼓楼、藏族碉楼等。

四合院有3 000多年发展历史，在全国各地有多种类型，其中以北京四合院最为典型，它是一种高档合院式建筑，其格局是一个院子，四面建有房屋，通常由正房，东西厢房和倒座房组成。从四面将庭院合围在中间。这种合院一户一宅，一宅一院、两院、三院甚至四院……前后相连（图3-51）。这种建筑形式适合于以家族为中心的团聚生活。

徽州民居（图3-52）最显著特点是园林式布局，走进了徽州就像走进了一座巨大的园林。每个村落依山傍水，十里苍翠入眼，四周山色连天。徽州民居的另一个特点是高低错落的五叠式“马头墙”，民间称为“五岳朝天”，白色山墙宽厚高大，灰色马头墙造型别致，在青山绿水中十分美观。民居建筑中，匠人们在门窗和墙上创作的木雕，石雕，砖雕更为精美，有很高的艺术价值。

福建土楼（图3-53）起源于客家，是客家人世代相袭，聚族而居，繁衍生息的大型群体楼房住宅。依形制划分，现存的有圆楼、方楼、五角楼、八角楼、吊脚楼等。历史悠久，风格独特，规模宏大，结构精巧。被誉为“东方古城堡”，是世界上独一无二的神话般的山村民居建筑。华安县的“二宜楼”是福建土楼的代表，于2008年被列入“世界文化遗产”。

陕北窑洞（图3-54）是中国北方黄土高原上特有的中国民居形式，依山势开凿出来的窑洞，有冬暖夏凉的特点。具有十分浓厚的中国民俗风情和乡土气息。这一“穴居式”民居的历史可以追溯到4 000多年前，劳动人民创造性地利用

图3-53 福建土楼

图3-54 陕北窑洞

图3-55 傣族竹楼

图3-56 侗族鼓楼

高原的地形凿洞而居，创造了被称为绿色建筑的窑洞建筑。

傣族竹楼（图3–55）是一种干栏式建筑，建材主要是竹子，是傣族固有的典型建筑。竹楼呈方形，底层架空不用墙壁，供饲养牲畜和堆放杂物，楼上有堂屋和卧室，外有前廊和晒台。这样的竹楼一可防潮湿，二可散热通风，三可避虫兽，四可避洪水，优点很多。

侗族鼓楼（图3–56）这一建筑形式是侗族特有的民族文化象征和标志。产生于明末清初，“鼓楼”即放鼓之楼。侗族历史上，凡有重大事宜或抵御外来官兵骚扰，均由“头人”登楼击鼓，把人们集中起来议事或进行斗争。鼓楼建筑通体全是防腐木的本质结构，以不用一钉一铆而闻名于世，造型美观，工艺精湛，被誉为世界建筑史上的一朵奇葩。

藏族碉楼（图3–57）是藏民用石头建造的，具有军事防御功能的方形建筑。随着社会、经济和文化的发展，碉楼渐渐民居化，自然形成了“碉楼民居”这种空间形态。

图3-57 藏族碉楼

5. 中国现当代建筑

中国现代建筑，继承和发扬了中国古代建筑的民族形式和优良传统，同时充分体现了满足人民需要和不断发展的时代精神。20世纪50年代末建成的北京十大建筑，反映了中国现代建筑的重大成果。北京天安门广场中央的人民英雄纪念碑（图3-19）下部采用传统的中国古代建筑形式：须弥座，中间部分的四面为浮雕带，反映了中国近百年的革命斗争史，碑顶也吸收了古代石碑的形式，把传统与现代有机地融会在一起。广场西侧的人民大会堂是具有民族风格的雄伟建筑，其立面外观采取了台基、立柱与墙身、屋檐三段组成的传统风格，四周围以高大魁梧的廊柱，挺拔雄壮。万人礼堂和周围的会议厅，在装饰和陈设上都具有地方特色和民族风格。全国农业展览馆、北京民族文化宫、北京火车站的建筑主体都采用了攒尖重檐屋顶。20世纪80年代建筑的北京图书馆，20世纪90年代建筑的北京西客站（彩图50），同样采用了传统的民族形式。

改革开放以来，建筑上的繁荣局面渐渐展现出来，特别到了现代更得到了质的飞跃。很多现代建筑都是美学和建筑学完美结合的艺术品，使我们得到美的享受。

国家体育场“鸟巢”（彩图51）是2008年奥运会开、闭幕式和比赛场地，南北长333米，整个建筑通过巨型网状结构架构，内部没有一根立柱，看台是一个没有遮挡的碗状造型。建筑顶面呈鞍型，形态如同孕育生命的“巢”，它更像一个摇篮，寄托着人类对于未来的希望。鸟巢以奇特新颖的形象，成为北京的地标和城市建设的亮点。

上海中心大厦（彩图52）是一座巨型摩天大楼，主体119层，总高632米。大厦外观呈螺旋式上升，随着高度的升高，每层扭曲近1度。这种设计能够延缓风流，对于受台风考验的高层建筑是至关重要的。这与大厦一楼大堂摆放的雕塑《上海少女》（图3-26）修长曼纱扭动的身姿相吻合。

安徽钢琴屋（彩图53）是安徽淮南新城的标志性建筑。占地1 100平方米，高16米，建筑主体均由玻璃和钢结构组成。黑色钢琴的上方还设计成掀盖的模样，外观和真的钢琴一样，里面则是一座双层展览馆。而看似倚靠在钢琴边的透明小提琴，实际上的功能是门厅及楼梯。日落之后，钢琴和小提琴的边框被灯光勾勒出的线条更显迷人，吸引了不少游客。

“都江堰芙蓉花”（彩图54）这座以芙蓉花做外形的建筑，绽放在四川都江堰万达城展中心。这朵流光溢彩的芙蓉花，使用8 000块彩釉玻璃拼接，每一块玻璃都是空间曲面，立体造型，颜色和真花一样实现整体渐变。整座建筑极其逼真生动，屋顶的花瓣还可以自由收合，美丽如花。

莲花会展中心（彩图55）位于江苏常州武进区莲花公园内，外观是三个莲花造型的综合体，其中间的莲花穹顶采用蓝玻璃幕墙打造，看上去犹如含苞待放的花蕊。全馆包含美术馆、博物院、各种娱乐场所等。这一座以莲花为造型的建筑，象征着城市的繁荣。

中国现当代建筑是中国现当代文化状态的最真实的记录。在现代化潮流中，中国现代建筑取得了巨大发展，让世界看到了中国“向上”的力量，中国当代建筑的发展也丰富和发展了当代建筑美学。

五、西方古代和现当代建筑

西方古代建筑是以石块、砖土为主要材料，以独特的石质梁柱和拱券技术进行建筑的。西方古代建筑的空间组合一般是开放的，注重单体建筑，使主体建筑成为庞然大物，靠造型显示性格，喜欢壮美。

古希腊的建筑和雕塑一样，也取得了突出的成就，在世界建筑史上具有深远影响。古希腊神庙建筑的典型形式是“围柱式”，即神庙的四周围以高大的柱子形成一个柱廊。这种形式的形成主要是因为整个建筑靠叠石而成，采用众多的列柱代替墙壁可以解决采光问题，也有更多的空间集会。比如古希腊的帕特农神庙（图3–58）就是这类建筑最典型的代表。

古罗马的建筑继承和发展了古希腊建筑的成就，达到了欧洲奴隶制时代建筑的高峰。它把古希腊人所应用的拱券技术与建筑柱式结合起来，创造了“券

图3–58 帕特农神庙

图3-59 古罗马斗兽场

柱式”建筑，使建筑艺术形式更加完美。体现这类建筑风格的有：凯旋门、万神庙和古罗马斗兽场（图3-59）等。

“罗马式”建筑属于西欧封建社会初期的建筑风格。由于形式上接近罗马的风格，故称“罗马式”。主要特点是厚实坚固，具有封建城堡的特征。现存的意大利比萨教堂建筑群（图3-60），就是“罗马式”建筑的典型代表。比萨教堂建筑群包括主教堂、钟塔和洗礼堂。主教堂正立面由四层空券廊作装饰，钟塔即世界著名的比萨斜塔，洗礼堂是圆形的，立面分三层，三座建筑的形体各不相同，形成鲜明的对比和丰富的变化，但都用空券廊装饰以达到风格上的统一。

“哥特式”建筑是“罗马式”建筑的进一步发展，主要应用于教堂。其外形高而且垂直线条直贯全身，墙和塔越往上划分越细，装饰越多，重叠的门窗上部呈尖拱形，外部有许多高耸入云的尖塔。教堂内部的装饰也多用彩色玻璃镶嵌在整个窗子上，使人感到富丽而神秘。哥特式教堂如意大利米兰教堂、法国巴黎圣母院（图3-61）、法国夏特尔教堂（图3-62）等。

西方的现代建筑，发生了很大变化，最为突出的第一个特点是出现了高层建筑。巴黎埃菲尔铁塔（图3-63），这是世界建筑史上具有纪念碑意义的伟大建筑。法国著名工程师居斯塔夫·埃菲尔继承国内外的优秀建筑传统，如法国的哥特式教堂、埃及的金字塔和中国等东方国家的古塔等建筑风格，进行了一次大胆而独特的创新，建造起一座约327米高的铁塔，第一次打破了埃及大金字塔保持了几千年的最高建筑的纪录，成为法国和巴黎的伟大象征。20世纪以来，世界各地大量兴建高层建筑，其高度远远超过了法国巴黎的埃菲尔铁塔。如美国纽约帝国大厦（图3-64），建于1931年，共102层，总高度381米。随着建筑技术的发展，世界最高楼的纪录自然也在不断刷新，目前已建成的世界最高楼是阿联酋迪拜市的哈利法塔，俗称“迪拜塔”（图3-65）828米高，162层。建

图3-60 比萨教堂建筑群

图3-61 巴黎圣母院

图3-62 法国夏特尔教堂

图3-63 埃菲尔铁塔

图3-64 纽约帝国大厦

筑内有1 000套豪华公寓。有世界最快电梯，速度达每秒17.5米。这些高层建筑从建筑结构、建筑材料和现代化的技术装备等方面看，突出地体现了现代建筑技术的新成就。高楼大厦是一个城市的标志，而世界上最高的楼则更是一种经济实力的象征。随着科学技术的发展，世界最高楼的纪录自然也在不断刷新。世界最高楼的排名是变化的，目前正在建的沙特王国大厦要突破1 600米。

图3-65 迪拜塔

西方现代建筑最为突出的第二个特点是出现了新的建筑设计思潮。比如美国纽约古根海姆美术馆（图3-66），它运用几何形造型，主体部分是一个很大的螺旋形建筑，里面是一个高约30米的下小上大的圆筒形空间，周围有盘旋而上的螺旋形坡道。美术作品陈列在坡道旁边，观

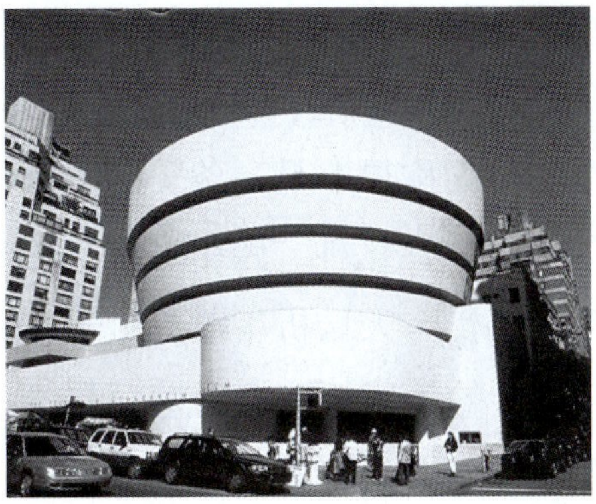
图3-66 古根海姆美术馆

图3-67 悉尼歌剧院

众可沿坡道边看边上或边看边下，不被各层楼梯和过道所隔断，这实在是一种别出心裁的设计。再如澳大利亚的悉尼歌剧院（图3-67），因为建筑位于岛边，临近海洋，建筑师就运用具体的象征手法，把建筑物设计得像一艘乘风破浪的大帆船，具有鲜明的艺术性。从以上几例可知，西方现当代建筑设计思潮和形式是形形色色、五花八门和层出不穷的。

又如沙特阿拉伯的皇家钟塔饭店，共120层，高601米，顶端的四面钟，每个表盘直径40米，钟面用黄金镶嵌，是世界最大钟面。每逢重大节日，钟塔会向天上照射16条光柱光彩夺目。还有迪拜帆船酒店，共56层，高321米，这座建筑的设计师想要它像埃菲尔铁塔一样成为国家和城市的象征。

六、怎样欣赏建筑

建筑艺术是美术鉴赏的重要对象之一。要欣赏建筑艺术，就要以掌握建筑的美学特征为基础，通过观察、思索、联想和具体的分析研究，来加深对它的审美内容和审美形式的认识。我们可以从三个方面思索和分析。

1. 立体的图画

建筑艺术是造型艺术，是集绘画、雕塑、工艺于一体的综合性艺术。建筑的艺术语言包括线条、色彩、光影、质感、形体和空间组合等。绘画的艺术语言包括线条、色彩、光影、质感和构图等。两种艺术的艺术语言有许多共同之处，区别在于绘画是平面的，建筑是立体的，所以说建筑是“立体的图画”。欣赏建筑要分析建筑外观造型的美，也要分析建筑与周围环境构成的美。

北京颐和园（彩图56）拥山抱水、绚丽多姿，浓绿的万寿山耸立在昆明湖的北畔，在一片湖光山色之间，点缀着许多殿堂和亭、台、楼、阁等精美建筑。在山脚下的“长廊”（彩图57）里漫游时，可以欣赏北面的山景，也可以欣赏南面的水景。全长728米的长廊有8 000多幅绘画作品，真称得上是一条美丽的画廊。在万寿山僻静的东北角有一座小巧优雅的“谐趣园”，这种“园中之园”的手法，又给人以“柳暗花明又一村”“别有洞天”的感受。天坛祈年殿（彩图2）的立面是下大上小的对称构图，给人一种庄严、稳重的美感。三层台基每层都有雕花的白玉石栏杆，再加上祈年殿的三层重檐，远远望去就像是六个同心圆，更像镶有图案的美丽花环。祈年殿上蓝色的琉璃瓦上冠以巨大的鎏金顶，下面配以红色柱子、门窗和白色的台基，使这座建筑富丽堂皇、流金溢彩，真是一幅“立体的图画”。江苏扬州瘦西湖的钓鱼台（彩图58），是一座方形亭台建筑。三面有圆洞，透过圆洞可以看到五亭桥和仿照北京北海建造的白塔。这圆洞就是画框，五亭桥和白塔就是画面内容。人们欣赏建筑的美，不就是在欣赏这“立体的图画”吗？

现代建筑和古代建筑一样，也是“立体的图画”。许多现代建筑都有造型美，有的形似海边的“大帆船”，有的如同孕育生命的“巢”，有的形似“钢琴和提琴”，有的犹如含苞待放的“莲花”，有的酷似流光溢彩的“芙蓉花”，有的塑造了“凤凰展翅”……建筑艺术真像一幅幅美丽的“立体的图画”，人们欣赏建筑的美就像“在画中游”。

2. 凝固的音乐

建筑艺术是“绘画性”的，也几乎是“音乐性”的。19世纪的美学家、艺术家们，如德国的谢林、许莱格尔和歌德都不约而同地把建筑叫作“凝固的音乐”。歌德还说：“建筑所引起的心情很接近音乐的效果。”据说作曲家贝多芬在创作《英雄交响曲》时，曾从建筑中吸取音乐形象的养料，贝多芬说：“建筑艺术像我们的音乐一样，如果说音乐是流动的建筑，那么建筑则可以说是凝固的音乐了。”

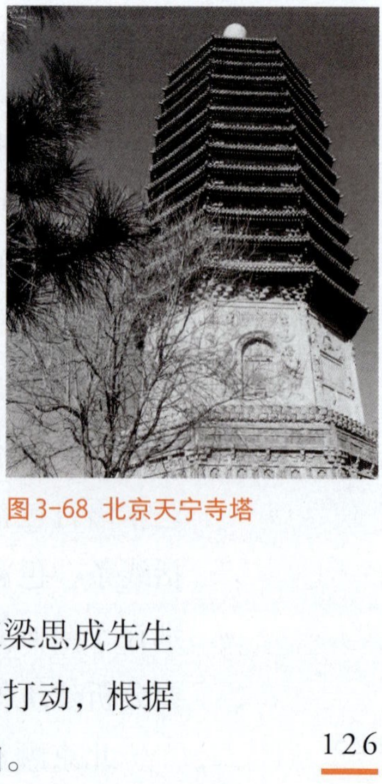
图3-68 北京天宁寺塔

建筑本身是凝固的、静止的，但由于它的比例、尺度的关系和布局、形体的变化，可以呈现出流动感和韵律感。比如建筑物的窗和柱的排列，如果是一柱两窗、一柱两窗……那么就会形成节奏鲜明的柱窗窗、柱窗窗……的“圆舞曲”。我国建筑学家梁思成先生在欣赏了北京的天宁寺塔（图3-68）以后，为它竖直方向的韵律所打动，根据月台、须弥座、塔身、塔檐、尖顶所形成的节奏感，谱写了一首乐曲。

图 3-69 北京中轴线上建筑

音乐美中最主要的是旋律的美，旋律就是按照一定的高低、长短和强弱关系而组成的音的线条。音乐的旋律是流动的，建筑的物体是凝固的，但欣赏建筑的过程是流动的，因为欣赏建筑具有时间流动性的特征。我们欣赏建筑的过程中就会看到建筑物形体的大小、平面的曲直、立面的高低、空间的疏密、质地的粗细、光影的明暗、装饰的雅俗等，这一切构成一个丰富多彩、流动变化、像音乐旋律般的视觉形象，令建筑呈现出流动感和韵律感。交响乐包括序曲、扩展、渐强、高潮、渐弱、尾声、休止等。我们欣赏建筑有如欣赏交响乐，比如参观北京中轴线上的部分建筑（图3-69）：从正阳门（序曲），经过天安门、端门、午门（扩展），过太和门（渐强），到了太和殿（高潮），再经过中和殿、保和殿（渐弱）……到了神武门（尾声），至景山（休止）。建筑物的形体高低错落、空间大小纵横，色彩千变万化，好像音乐中的旋律、节奏、和声和音色一样。

建筑艺术和音乐一样，可以有鲜明的风格、气势与个性，我们欣赏建筑时要善于观察、体会和思考。欣赏建筑和欣赏音乐的感受几乎是相同的，具有强烈的感染力。

3. 石刻的史书

所谓“建筑是石刻的史书”，是说建筑记录了一个时代的精神和一个民族的审美倾向。欣赏建筑的过程也应该是我们重温中外历史文化的过程。山西的晋祠是保存较完整的皇家祭祀园林，园林中现存宋代至民国建筑皆是历史的见证，主体建筑圣母殿檐柱上的盘龙木雕彰显着帝王权威（图3-70）。

古罗马的斗兽场（图3-71）是公元70—80年建造的，现在只留下一个遗址。参观者不仅可以欣赏到西方古代高超的建筑艺术，而且会想象到1 900多年前，数以万计的奴隶和俘虏，如何艰难而又充满智慧地营造了这一建筑。

我们参观圆明园（图3-72）时，看到更多的是残垣断壁的建筑遗迹。这使我们重温了中国近代史，这样一座中外罕见的园林建筑杰作，却遭到了殖民主义者的摧残和破坏。1860年的英法联军，在大肆掠夺之后，又放火焚烧，才使这一名园沦为废墟。建筑就是社会制度和历史变迁的自传。

我们参观南京的中山陵（图3-73），不仅是瞻仰孙中山先生的陵墓和观赏钟

图3-70 晋祠圣母殿

图3-71 罗马斗兽场内部

图3-72 圆明园

图3-73 南京中山陵

山风光，还会重温孙中山先生领导的中国旧民主主义革命的奋斗历史。

建筑是很贵重的巨大的物质实体，是一个时代、一个民族的纪念碑，是石刻的史书。我们欣赏建筑艺术，要从其中获得充实的历史感，在政治上、思想上、感情上受到教育和启迪。

总之，对建筑的欣赏，取决于欣赏者的文化素质和审美修养，文化素质和审美修养越高，对建筑美理解得就越深，越能体会其中的奥妙。我们应该充分地理解和体会一座成功的建筑应该像一幅美丽的绘画，一首动听的乐曲，一部真实的史书。

主题五

书法美

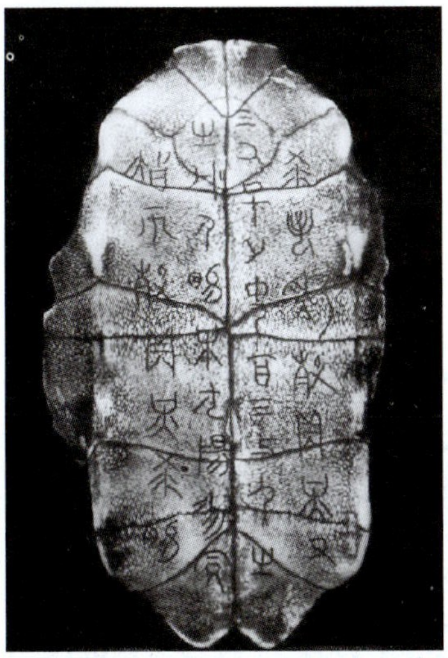

图3-74 甲骨文

一、什么是书法

书法是指用毛笔书写汉字的方法（如执笔、用墨、点画、结体、章法、布局等方法），是线条的造型艺术。

书法是中国特有的艺术，是我国源远流长的传统艺术之一。它起源于我国却已走向世界，遍及日本、朝鲜、韩国、越南、泰国、新加坡等国，成为东方艺术的瑰宝，成为世界艺苑中一颗夺目的明珠。

二、书法的种类

1. 篆书

书法艺术是在书写和应用汉字的过程中逐渐形成的。距今6 000多年前的新石器时代，汉字已开始萌芽，到了商代出现了系统的汉字甲骨文（图3-74）。甲骨文是刻在龟甲兽骨上的文字，金文是铸在青铜器（钟、鼎、兵器、钱币）上的文字，两者合称甲金文，石鼓文是唐代发现的刻在10个石鼓上的文字，上面所说的几种文字统称“大篆”。

秦始皇统一全国后，政务繁多，文字运用广泛，书写技巧也大为提高。当时，李斯负责统一全国文字，经过收集、整理和简化，产生了一种具有进步性的统一的文字，这就是“小篆”。篆书即小篆，是笔画圆转、整齐端庄、十分美观的长方形的字体。

2. 隶书

小篆的线条是用刀刻或用笔写，用起来繁杂费时，所以几乎在同时又出现了隶书。晋朝卫恒在《四体书势》中说：“秦既用篆，奏事繁多，篆字难成，即令隶人佐书，曰隶字”。隶书当时又称作“徒隶之书”，“徒隶”指在狱中服役的犯人。隶书成为汉代的通行字体。隶书笔画方折顿挫，结构取横势，有“蚕头雁尾”的笔痕，形体向两边撑开成为扁方形，因为撇、捺向两边分散，所以隶书又叫“八分书”。

3. 楷书

楷书又名真书，西汉时开始萌芽，东汉末年成熟，魏以后兴盛起来。楷书是由隶书演变而来的，它们在形体结构上区别不大，只是用笔的方法不同。楷书在笔画上平稳，放弃了隶书波动的波势挑法，在形体结构上打破了隶书的平直方正，变八字形的扁方形为永字形的正方形。从字势来看，隶书向外敞开，楷书向里集中，形成了今天的汉字形体。

4. 草书

草书是快速书写和不断简化而自然产生的，每种字体都有它在民间产生和应用的草书，草书包括篆草（篆书的草书）、“章草”（隶书的草书）、“今草”和“狂草”（楷书的草书）等。“今草”比较潦草，笔画相连，上下字相连，不容易辨认；“狂草”的笔势放纵，急剧如狂，一点一画都是字，失掉了文字的阅读价值，主要供欣赏。

图3–75 五种书体

5. 行书

楷书写快了，像人走路连续不停，就成了行书。“真书如立，行书如行”。行书介于楷书与草书之间，补救了楷书写不快、草书不易读的缺点，实用价值较大。

中国书法主要有以上五种书体（图3–75）。

三、书法的美学特征

图 3–76 象形文字

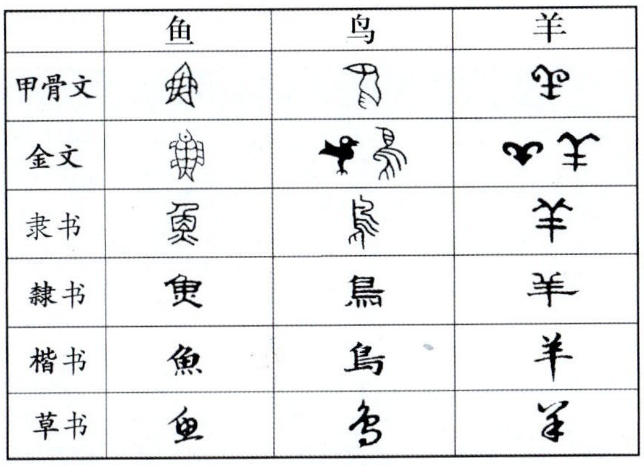

图 3–77 汉字演变

1. 造型性

书法和人们平时写字是有区别的，写字是人们在生活和工作中代替语言、交流思想的一种手段，主要价值是实用价值；书法却是一种艺术创造，讲究字的线条、结体、章法、意境等，有很强的造型性。书法的书写对象是由象形文字发展而来的汉字，其结构本身就具有造型美的特色。如汉字中的日、月、山、水、草、木、鱼、鸟等，这些字的形体就是由太阳、月亮、群山起伏、流水潺潺、花草、树木、鱼形、鸟状的形象构成的（图3–76）。这说明汉字起源于图画，蕴含着美术成分，一个汉字往往就是一幅精练的图画，具有广泛的表现性。再看（图3–77），可以看出“鱼”“鸟”“羊”汉字的演变过程。

书法的工具笔、墨、纸、砚——“文房四宝”，也极具有民族特色，以毛笔为书写工具，不仅能够表现出粗细、浓淡、虚实、方圆、厚薄等线条，还可以创造出晕化的趣味和墨色的美感。这是西方的铅笔、钢笔、油画笔都无法比拟的。中国的毛笔可以写出千姿百态、形状各异的笔画，可以创造出汉字各种不同形态的造型美。

书法的造型包括：点画用笔、字体间架、字态形象、布局章法、墨色变化等。中国的几种不同书体的形象即表现了不同的造型美。比如，篆书圆转规整、体态紧严；隶书平衡对称、蚕头雁尾；楷书端正庄重、清秀典雅；草书奔腾放纵、活泼飞舞；行书纵逸流畅、体态风流。

书法以线条为表现形式，按美的规律，通过对线条的大小，形状，排布，从而使文字千姿百态，变化无穷。字形的结构合理，间架巧妙，字形就美，否则即丑。

2. 情感性

艺术是用情感来打动人的，没有情感的艺术，也就失去了它的生命力。书法家用书法作品来表达自己的思想感情，古代书法家祝允明说：“喜则气和而字舒，怒则气粗而字险，哀则气郁而字敛，乐则气平而字丽。”随着人的喜怒哀乐的不同情感，写出来的字效果也各不相同。书法与绘画、小说等艺术不同，与音乐相比，倒有类似之处。音乐靠“流动”的乐音表达思想感情，书法靠“飞动”的线形表达思想感情，都是极其概括、朦胧的。

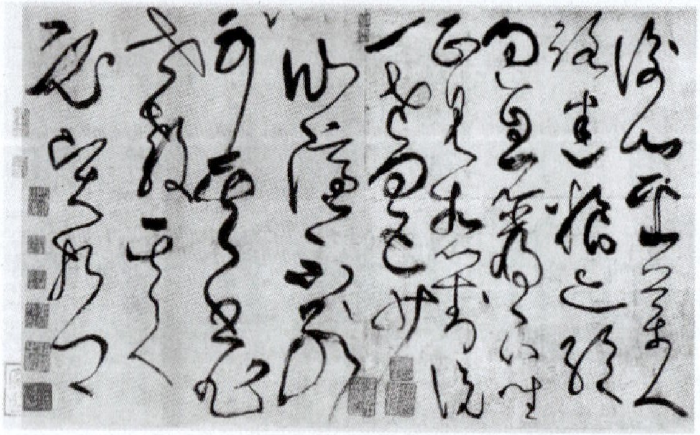
图 3–78《古诗四帖》局部

唐代的张旭是狂草的代表人物，他因书艺的高超被后人尊为“草圣”。他的《古诗四帖》（图3–78）行笔迅急、气势磅礴，从头到尾没有懈怠之笔。线条厚实饱满、连绵迂回、纵横驰骋、激荡跳跃，犹如长江大河一泻千里，又仿佛是一首点线组成的交响乐。笔画连带之中，其字忽大忽小、忽轻忽重、忽枯忽实、急中有缓、动中有静、韵律生动，给人以笔调豪放而不轻滑，激昂而又充满力量的美感。张旭的狂草极富于抒情性，即使欣赏者不认识那些草字，也能感受到作者激越的情怀。

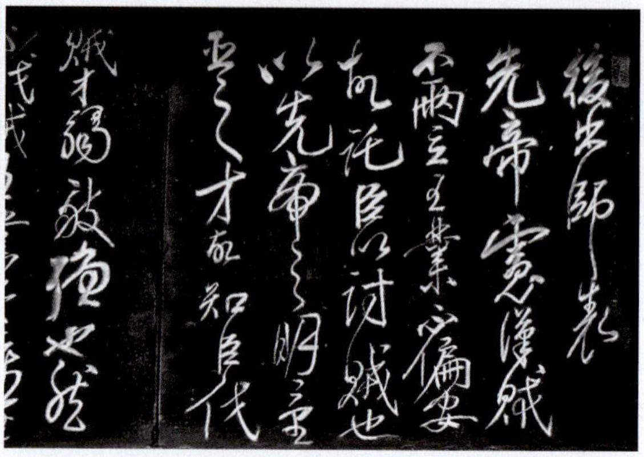
图 3–79《后出师表》局部

古代爱国将领岳飞是我们熟悉的民族英雄。他的《后出师表》（图3–79），字里行间流动着浓郁深沉的情感，时而奔腾激昂，时而低回吟唱，很有惊心动魄之气，表达了激动愤怒之情。

中国书法确实能使人得到音乐般轻重、缓急的节奏感受，书法艺术是“无声之音，无形之象”，以线条的形式抒发人的情感。

3. 象征性

书法的象征性与汉字的起源和特点有密切关系。古代的象形文字发展成一种示意符号，它的点画、结构和整幅作品都能唤起人们对现实各种美的事物的形体的联想。书法要“由动入静，以静示动”，即在静止的字形中，能显出活泼飞舞的动势，也就是说，书法家写成静止的字，欣赏者在感受中，把静止的字通过想象又活动起来，反映它的动态美。

唐代著名狂草书法家怀素从闪电、夏云、江海等自然景象的动态美中得到启发，他的书法《自叙帖》（图3–80）笔势飞动，出神入化，曲线连着曲线，给人以暴风雨式的美感，表现了一种动态美。韩愈书写的“莺飞鱼跃”，能使观赏者体会到“海阔凭鱼跃，天高任鸟飞”的动感。

象征就是用具体事物或形象来表示某种抽象的概念或思想感情。书法的象征性在于寓意含蓄而深刻，能够唤起欣赏者种种相关的联想，引起欣赏者回味

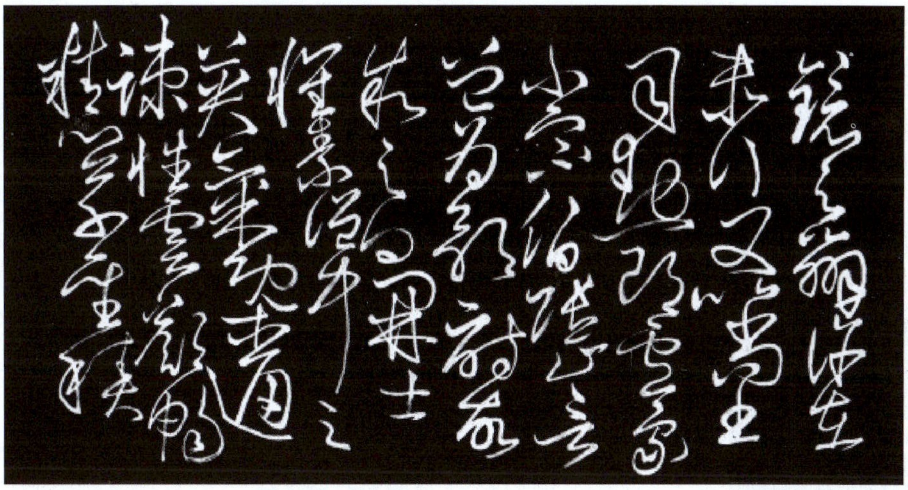

图 3-80《自叙帖》

无穷的美感享受。所以说，书法具有“无声之音、无形之象”的特点，无色而有图画的灿烂，无声而有音乐的和谐，有着很高的审美价值。

四、怎样欣赏书法

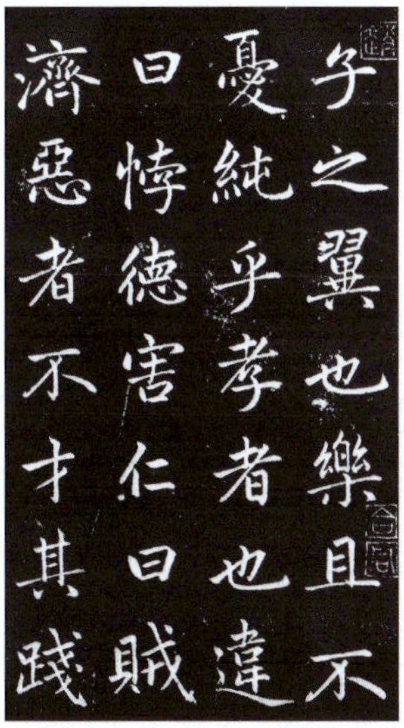

图 3-81 赵孟頫楷书

1. 线条美

书法之美完全是用线条表现出来的，线条是书法艺术的灵魂。中国书法的线条极为丰富，其主要线条有点、横、竖、撇、捺、提、折、钩等。书写的线条要有粗细、方圆、偏正、曲直、枯湿之分。从审美角度讲，线条可有力量感、韵味感、苍劲感、俊秀感、柔和感等。不同的线条可以表现出不同的美，可以表达不同的情感。平行的线条表现一种平静之感；垂直的线条具有一种庄严、高贵与向往之感；扭曲的线条表示冲突、激动之情；弯曲的线条具有柔和、优美之感；粗线有丰满之气；细线有苗条之姿；渴笔线条可以表现刚劲、骨气；湿笔线条可以表现秀丽、酣畅等。

赵孟頫的楷书（图3-81），一点一画，皆有三转；一波一拂，皆有三折，表现出一种柔性曲线美。柳公权的楷书（图3-82），刚劲有力，秀丽挺拔，表现出一种刚性曲线美。邓石如的小篆（图3-83），笔画圆转，长短和弯曲有所夸张，线条生动而流畅。伊秉绶的隶书（图3-84），线条简练、圆曲较少、刚健雄浑。中国书法以多样的线条美，充分体现出其独特的审美价值。它有柔有刚、方圆适度，它富有创造性、富有个性、富有韵味、富有力量。

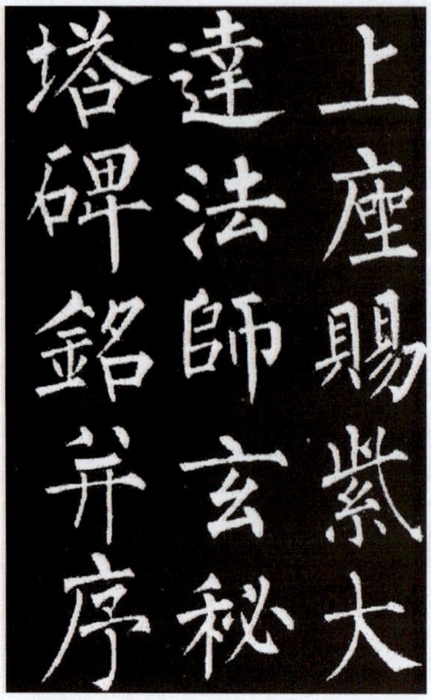

图3-82 柳公权的楷书《玄秘塔碑》局部

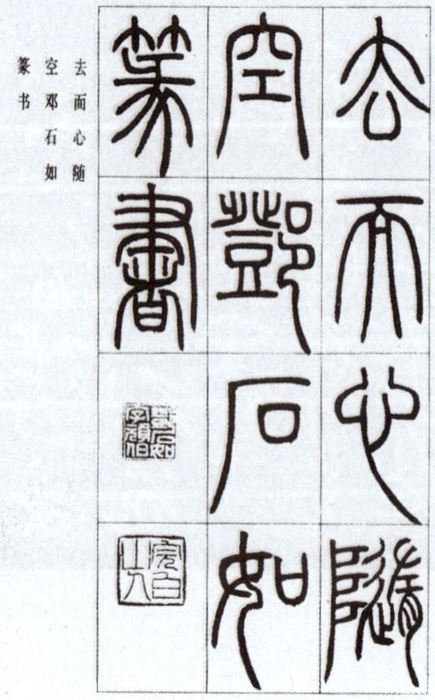
图3-83 小篆

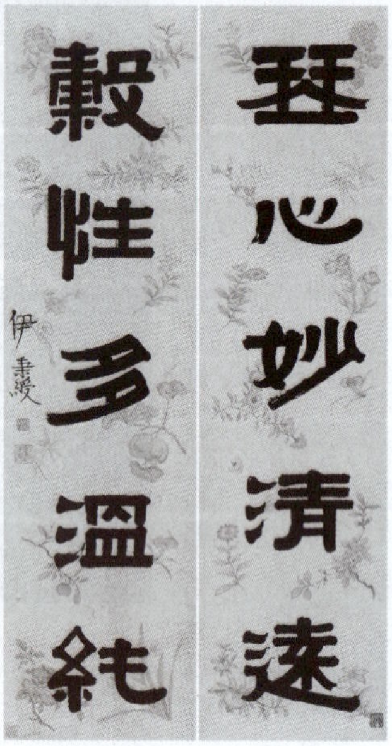
图3-84 隶书

2. 结体美

结体也叫间架结构或叫布白。结体是点画与点画之间的关系。字中有点画的地方叫“黑”，无点画的地方叫“白”。点画与空白都是字形结体不可忽视的因素，点画与空白安排得当，才能虚与实相依而生、彼此映衬，显出一个字的美。字的间架结构要掌握以下几个原则：

① 分割适当，布白均匀。字有上下、左右、内外、混合等不同的组合，其组合的比例要适当，做到疏密匀称。如“孟”上下组合的比例是3∶2，“街”左中右组合的比例是1∶1∶1等。

② 把握重心，保持平衡。左右对称达到平衡，如“共”；重心居中达到均衡，如“寸”；上小下大显得平稳，如“吕”等。

③ 参差有变，以免松散。笔画交错的字要互相穿插，如“政”；重复笔画的字要有所变化，如“三”等。

④ 掌握笔画，灵活机动。笔画多的占的空间多，笔画少的占的空间少，不可过于呆板，以自然之趣为好。

欣赏柳公权的《玄秘塔碑》（图3-85）。其中“故”字的反文，撇细捺粗；“奉”字并列五横，找不出相同的两横；繁体字“駕”字中下面的四点，没有两点是相同的。他写的合体字外部空间分割安排得有高有低，有伸有缩，错落有致。如“街”字，左下方和右上方各出现一块空白，两高一低、参差互让，表现出一种结体的美。

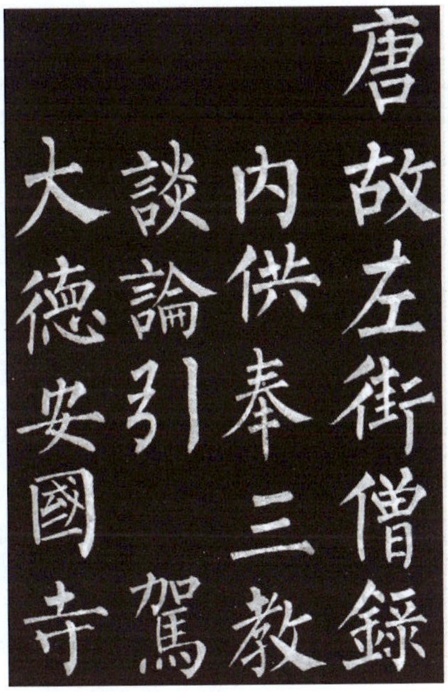

图 3-85《玄秘塔碑》局部

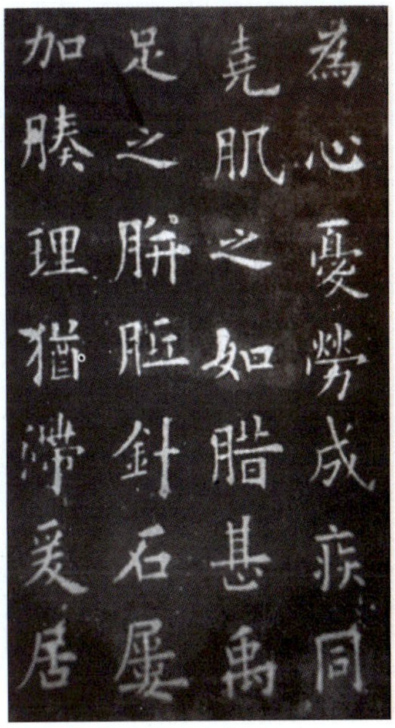

图 3-86《九成宫醴泉铭》

唐代欧阳询的《九成宫醴泉铭》(图3-86),以笔法严密、结体端庄而著称。他的字体蕴含着丰富的内容和富有变化的对比。如“成”字起笔不长,内横折钩饱满而不放任,长戈远而放、舒展大方;长戈与内横折钩相呼应,又与短波和点画相对称,长短结合,显得既含蓄又飘逸。又如“腊”字,“月”的笔画较细、很平缓,“昔”的笔画较粗很凝重,粗细结合,显得既秀美又深沉。再如“石”和“屡”二字,疏密结合,显得既严紧又疏散。

3. 章法美

章法又叫布局,即总体布局。章法美是书法家孜孜以求的最高境界。布局的妙处在于变化。布局有三种形式:

① 纵有行、横有列。这种布局强调字与字之间、行与行之间都有一定的距离。表现一种平衡、对称、整齐一律的美。

② 纵有行、横无列。这种布局是行与行之间有一定距离,而每行的字数和距离不定,表现一种不齐之齐、疏密有致、多样统一的美。

③ 纵无行、横无列。这种布局不分纵行横列,全篇高低错落、左右呼应、大小参差、结为一体。表现一种不齐但又和谐的古拙天趣之美。

晋代是我国书法艺术的高峰期,各种书体均已具备。被后人尊为“书圣”的王羲之就是那个时期的代表人物。他的《兰亭序》(图3-87)被称为“天下第一行书”。

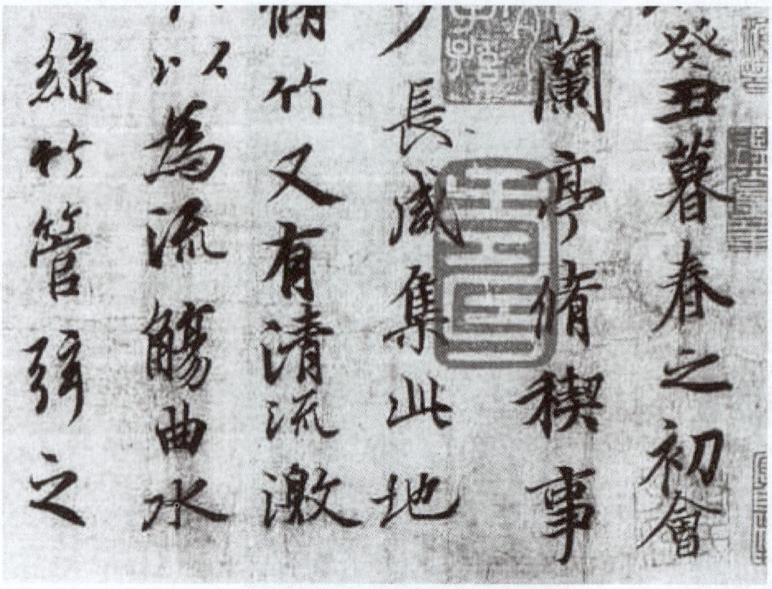

图3-87《兰亭序》局部

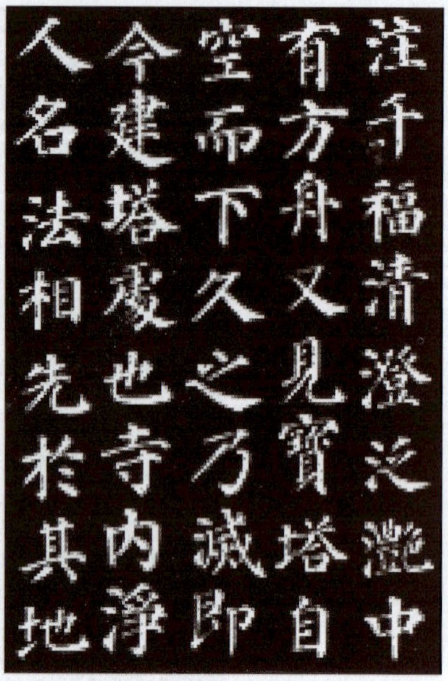

图3-88《多宝塔感应碑》局部

《兰亭序》共28行、324个字，字字如玑，行行连贯，顾盼照应，一气呵成。其中20个“之”字、7个“不”字，写法变化多端，各不相同。再如“集”字，上半部的“隹”，笔画敦厚；下半部的“木”，笔画清细。“曲”字中的三横粗细不一，四竖的长短和轻重也不同。再看章法上是纵有行、横无列的布局，笔势起伏流动、淋漓畅快、错落参差、神采飞扬，给人以清俊典雅的美感。

颜真卿的《多宝塔感应碑》（图3-88），全篇采用了纵有行、横有列的布局方式，从这种严整的布局中，可以体会到唐书所表现出的刚健雄劲之美。毛泽东的行草书《长征诗》“红军不怕远征难”，采用了纵有行、横无列的布局方式，既有主题，又富于变化，诗词的字体和布局完美地体现出红军长征气吞山河的伟大气魄。

4. 意境的美

我们欣赏书法美，不能忽略对意境的欣赏。对意境的欣赏比对点画、结体和布局的欣赏更为复杂。什么是书法的意境美呢？书法的意境美是指一幅书法作品所体现出来的一种境界和情调，并不是单纯指书写的文字所表示的思想内容。它比绘画和小说所能体现的意境更为抽象，而要能体会其意境也更为困难。这就要求书法家和欣赏者具备一定的文化修养、艺术修养，尤其是美学修养，才能创造和体会出书法作品深刻的艺术境界。

古人评论王羲之的书法时，用“芙蓉出水”来形容和比喻，也就是说他的书法的平和、自然、清丽，具有“芙蓉出水”的意境美。古人评论颜真卿的书

图 3–89 颜真卿书法

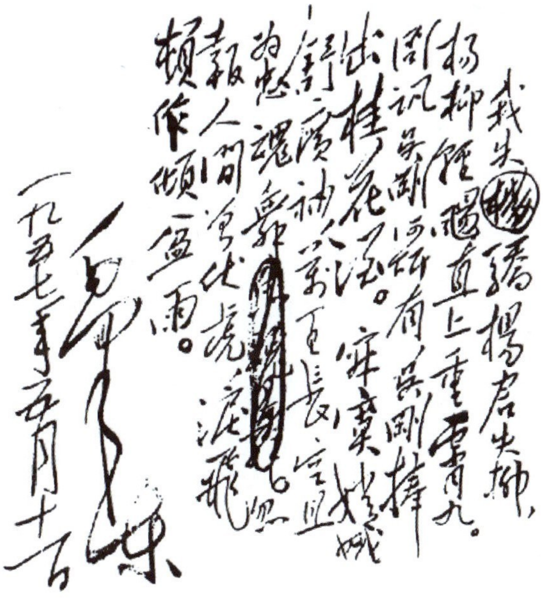

图 3–90《蝶恋花——答李淑一》

法时（图3–89），用“项羽挂甲”“铁柱特立”来形容和比喻，也就是说他的书法刚健有力、气势雄强，具有“铁柱特立”的意境美。能体现出丰富的境界的书法，才是书法艺术的最高的美。

毛泽东的行草书《蝶恋花——答李淑一》（图3–90），是为悼念杨开慧而作，字态、结体和章法，表现得气势雄伟、苍劲潇洒，显露出一代无产阶级革命家的气魄与胸怀。在作品中有涂了又改、改了又涂的墨迹，不仅没有破坏整篇书法的艺术性，反而可以使欣赏者想象到作者在书写时，对爱人的极度怀念之情，增添了悲壮的意境美。

对书法艺术的欣赏，只要抓住“形”和“神”这两个方面，其他方面就迎刃而解了。以上讲过的书法的线条、结体、章法等皆属于“形”，书法的“神”是指书法的内在精神，它能透露出书法家的修养、个性与书写时的思想感情。欣赏者就是要从书法作品中，去挖掘、发现、领悟用眼睛看不到的、比较含蓄的“神”，从中悟出书法家的思想感情和所追求的东西。朱光潜先生说：“书法可列为艺术，是无可置疑的。它可以表现性格和情趣……我在看颜鲁公的字时，仿佛对着巍峨的高峰，不知不觉地耸肩聚眉，全身的筋肉都紧张起来，模仿它的严肃。我在看赵孟頫的字时，仿佛对着临风荡漾的柳条，不知不觉地展颐摆腰，全身的筋肉松懈下来，模仿它的秀媚。”欣赏书法作品要进行联想和想象，使自己的思想感情和书法作品产生情感上的共鸣。书法作品形神兼备，欣赏者触景生情，情景交融，这是书法美的最高享受。

主题六

摄影美

一、什么是摄影

摄影是用照相机或摄影机等摄取景物影像的过程，是一种实用艺术。

摄影艺术是用摄影手段来反映现实生活，表达人们对生活的见解和感受，抒发思想感情，给人以美的享受的一种造型艺术。

摄影这一独特的艺术门类，问世以来已有100多年历史。目前在我国摄影活动已广泛深入到大众的生活中，为男女老少所喜爱。它不受民族、语言、文化程度等限制，所以成为大众化的艺术形式。

二、摄影的分类

按所使用的材料分为：黑白摄影和彩色摄影。

按作品题材分为：新闻摄影、人像摄影、风光摄影、静物摄影、生活摄影、体育摄影、舞台摄影、动物摄影、花卉摄影、军事摄影、建筑摄影、广告摄影、摄影小品等。

三、摄影的美学特征

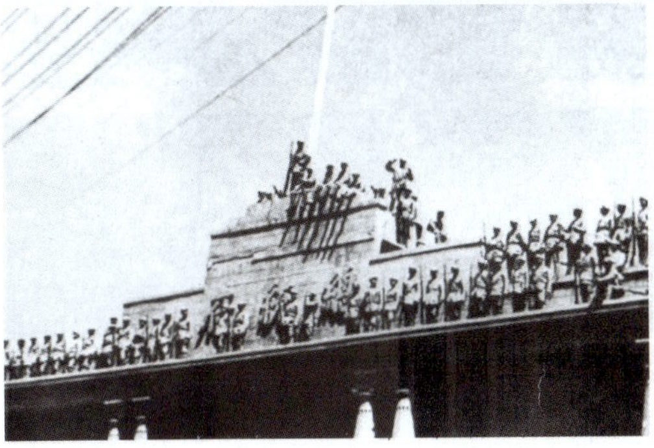
图 3-91《攻占总统府》

1. 纪实性

摄影只能表现客观存在的东西，不能像绘画、雕塑那样表现艺术家构思、想象的而事实上并不一定存在的图景。摄影只能表现客观存在的某个瞬间，因而摄影的艺术形象具有鲜明的纪实性，这是不同于其他艺术的重要特征。摄影必须尊重客观“真情实景”，即必须把镜头对准所摄的实体对象，才能保证摄影艺术的真实性和可信性。例如在解放战争中的摄影作品《攻占总统府》（图 3-91）。

一件摄影作品有时会比一幅绘画、一件雕塑品更具有说服力和感染力，因为人们知道，绘画、雕塑或者小说、戏剧等艺术形式，经常会采用“虚构”和“夸张”的手法来表现。所以，摄影所具有的真实可信的纪实性，在人民群众中自然会产生亲切感，这也就形成了摄影艺术独特的生命力和感染力。

2. 瞬间性

摄影具有对客观存在的事物影像静态凝固的特点，它以静止的形式反映动态过程，往往是对对象最动人瞬间形态的最佳选择。

瞬间性是摄影艺术的主要特征。一幅摄影作品的画面，只能在记录事物运动的一瞬间的同时产生，因此摄影被称为“瞬间艺术”。有人可能说绘画和雕塑表现的也是某一瞬间的形象，但它们的创作过程都不是瞬间的，画一幅画、创作一件雕塑品，可以是几天、几个月，甚至更长的时间，而摄影艺术的瞬间性既体现在画面上，又体现在创作过程中。摄影家布勒松认为：“在所有表现方法中，摄影是唯一的能把精确的和转瞬即逝的瞬间丝毫不差地固定下来的手段。”自然物处在无休止的运动变化之中，许多自然景观是瞬息万变的。社会生活和富有历史意义的事件，在历史的长河中犹如闪电一般，如果不立即抓拍，将一去不复返，成为永久的遗憾。

比如拍摄风光摄影《日出》（彩图 59），作者不但要到海边，还必须在日出的瞬间拍摄，错过了时机，景象就会改变。又如摄影作品《鱼咬荷花》（彩图 60），必须在鱼从水中跃起咬住荷花的瞬间抓拍，错过这一瞬间就没有这个作品了。同样摄影作品《排球比赛》（图 3-92），作者不但要选好镜头的角度，高度和距离等，而且必须在运动员动作难度最大，姿势最美，最精彩的瞬间拍摄，拍早或拍晚，这幅作品的主题就反映不出来了。作者把抓拍的瞬间的美，固定在摄影作品的画面上，就可以供人们长期地欣赏和品味。

西方美学家很推崇瞬间美，它产生于动作已经开始，但尚未结束的瞬间。瞬间美在美学上具有特殊意义，因为它能给下一步动作的想象留下余地，使观赏者什么时候看，都觉得正在进行。摄影作者要抓住瞬间的美，就必须深入生活实际，细心观察和熟悉被摄影对象的变化规律，准确地抓取最精彩、最典型、最富表现力的形象和瞬间。

图3-92《排球比赛》

图3-93《背影》李卫红

3. 造型性

摄影之所以被称为造型艺术，是因为摄影是在创造物体形象。摄影凭借照相机、摄像机等的拍摄功能，将客观对象转化为艺术形象。摄影艺术的造型，主要是通过构图、光线、影调（色调）三种手段来表现。

（1）构图

摄影构图，从广义来说贯穿着摄影创作的整个构思和再现过程；从狭义来说是指摄影画面的布局和结构，包括角度、高度、距离和画面布局的章法等。

① 角度、高度和距离

拍摄角度。从不同角度拍摄有不同的艺术效果。正面拍摄有利于表现被摄对象的正面的完整形象，可以表现对称美；正侧面拍摄有助于突出对象的轮廓线条，可以表现姿态美；斜侧面拍摄可使物体产生明显的形体透视变化，有利于表现纵深的空间感和立体感；背面拍摄是一种特殊角度，具有特殊的表现力，背面拍摄人物，不重视人物的面部表情和细微动作，而是以姿态作为形象语言，展示人物性格和表现内心感情，其中背影具有一种含蓄的、耐人寻味的美（图3-93）。

拍摄高度。从不同高度拍摄有不同的艺术效果。平拍时人物、景物不易变形有亲切感；仰拍有利于强调向上伸展的景物高度；俯拍有利于表现景物的层次、数量，给人以深远辽阔的感受。俯拍重写实，仰拍重写意。

拍摄距离。从不同距离拍摄有不同的艺术效果。远景拍摄以大自然为主要表现对象，古代《画论》说“远取其势”，远景总是以气势取胜；全景拍摄可以表现物象的全貌和它所处的环境；中景拍摄在于表现物象富有表现力的情节或动作的局部；近景拍摄可以突出人物的神情或物体的质感，“近取其神”“近取其质”都说明了近景的表现特点；特写拍摄是把对象的局部充满画面，从细微处来揭示对象的内部特征，常富有寓意性和抒情性，比较含蓄，能启发欣赏者的想象力。

② 画面布局的章法

突出主体。主体是指摄影画面上用以表达内容的主要对象，陪体是指画面上与主体构成情节的对象。主体是画面内容和结构的中心。画面失去主体即失去内容，主体不突出，内容即含混。比如摄影作品《平衡木运动员》（彩图61），画面上的运动员是主体，平衡木是陪体，突出了运动员腾空而起的身姿体态，能使人们得到美的享受，平衡木也构成了表演的情节。如果画面上没有平衡木，那么人们就可能猜想她是在表演自由体操或是芭蕾舞练功等，运动员跳跃动作的难度和技巧的高超也很难体现出来。

图3–94《水\雾\山\天》吉安

留有空白。摄影画面要突出主体，摄影作品要突出主题，就要给观赏者以集中而强烈的视觉印象，也就要求画面要简洁，不能太繁杂、太混乱。画面上留有空白也是为了突出主体和创造意境。如留白通常可以表现白雪，烟、云雾、水面和天空，这样可以表现山间的云遮雾罩的环境气氛，表现自然画面美的意境（图3–94）。

整体均衡。人们在长期生活中，形成一种心理要求和形式感觉，就是在画面上做到整体均衡。均衡并不是四平八稳，也不等于平均，即中轴线两侧的形体不必等同，但要达到视觉平衡，因此，均衡给人以自由灵活和生动活泼的富于变化的美感。画面的上下左右布局和景物选择都要达到均衡。利用均衡可以创造美的意境。作者要善于应用形式美的法则，把各种因素的美充分展示给观赏者。例如，摄影作品《仙境之桥》（彩图62）画面上下对称，桥的倒影在镜子般的水中十分清晰，与实体桥形成一个圆，左侧是密林，右侧是画面重心，整体均衡。

（2）光线

光是摄影的灵魂，摄影艺术的本质离不开光。光线分自然光和人工光两大类。

① 自然光。自然光中有顺光、侧光、逆光、侧逆光、顶光等。

顺光拍摄。即光线入射方向与拍摄方向一致。顺光拍摄能全面地表达物体的质感，人物显得丰满、细腻、柔和，具有真实感。

侧光拍摄。即光线入射方向在拍摄方向的左侧或右侧。侧光拍摄有利于表明对象的空间，具有深度感和立体感，是比较理想的光线条件。

逆光拍摄。即光线从被摄对象的正后方照射过来。逆光拍摄有利于勾画对象的轮廓线，宜于拍剪影。

② 人工光。人工光又称室内光，包括主光、辅助光、轮廓光、背景光、装饰光等。

（3）影调（色调）

在摄影中要配置好影调，影调是指黑白照片上所表现的明暗层次，或者说整个画面的调子。影调有助于表现摄影作品的气氛、情感和主题。影调有高调、低调、柔调、硬调、正常调等。

高调也称淡调，即在画面上以白色和浅灰色为主，给人以高雅、纯洁、清新、明亮之美感，拍摄少年儿童、医务工作者、自然风光时常采用（彩图63）。

低调也称暗调，即在画面上以黑色和深灰色为主，给人以深沉、宁静、神秘、含蓄之美感，拍摄老人肖像、煤矿工人、晨曦或黄昏的景色时常采用（彩图64）。

柔调由最黑到最白过渡缓慢、黑白灰层次多，是一种柔和平淡的影调。

硬调由最黑到最白过渡急剧、黑白灰层次少，是一种对照强烈的影调。

正常调黑白配置和谐、中间层次丰富，是在大多数情况下采用的影调。

什么是色调呢？色调就是在彩色摄影中构成的色彩的调子。处理色调要掌握和遵循对比与和谐、基调与重音几个原则。

对比与和谐是一幅摄影作品中共存的因素。没有对比，画面呆板乏味；缺乏和谐，画面没有统一感。比如，静物摄影中红苹果放在红桌布上，就没有对比，画面上都找不到苹果了。把红苹果放在蓝色桌布上，就能使画面鲜艳夺目，主体突出，但显得单调、生硬，若再放上一串紫葡萄，就使红蓝之间有了过渡的色彩，画面就会显得丰富和谐了。

所谓基调，是指在一幅摄影作品中占主导地位的色彩。所谓重音，就是确定画面的视觉中心，是作者在画面中强调的，往往又是面积不大且色彩鲜明的物体。在大面积的色彩基调中，设立小面积的对立色彩形成色彩重音，可以给人以强烈的视觉印象。例如，摄影作品《雨中情》（彩图65）中占主导地位的是枝繁叶茂的树林，因此绿色是作品的色彩基调。色彩具有情感性，绿色象征着自然、生命、生机、和平、舒适，加深了作品的主题思想。妇女撑着的雨伞是蓝色的，是作品中色彩的“重音”，其面积不大且与绿色形成鲜明对比，突出了画面的视觉中心。

四、怎样欣赏摄影

在理解了摄影的美学特征和掌握了摄影的造型手段的基础上，欣赏摄影作品就有了理论依据并明确了内容方法。可以从三方面重点分析：

1. 巧妙的构思

图 3–95《白求恩大夫》吴印咸

构思，是指思考表现什么内容，表现意图是什么和怎样去表现。摄影作品的创作，首先要进行创造性的艺术构思，也就是根据要表现的内容，思考如何巧妙地进行画面构图和出色地处理光线和影调（色调），以生动地表现内容。

摄影作品《白求恩大夫》（图 3–95），在构图中，拍摄者把白求恩大夫放在画面的视觉中心，成为支配全局的结构支点。选择的角度是白求恩的正侧面，这个角度把白求恩的头、身躯和手所组成的动态线条充分地展现出来，突出了主体。在处理光线上，来自左侧的阳光直射在白求恩身上，突出了白求恩最富表现力的表情和动作。作品表现的环境是农村的一座破旧的庙宇，用马鞍搭成的手术台，说明工作条件的艰苦。白求恩就是在这样的环境中，一丝不苟，严肃认真地工作着，有力地表现了他崇高的国际主义精神。作品的构思十分成功，出色地处理了构图，光线和影调，生动地表现了内容。

摄影作品《瞧新娘》（彩图 66），画面是一群小孩子透过窗户好奇地瞧着新娘的场景。这是一幅反映现代北方农村婚礼中一个生动场面的摄影作品。作者的艺术构思十分巧妙，画面上没有新娘，而是通过小孩子神态各异和好奇的眼光在窗外向屋内寻找证明了新娘的存在。这就充分发挥观赏者的想象空间，引起趣味性思考，具有含蓄美。作品拍摄角度独特，作者透过窗户拍摄，采取框架式构图，令作品具有很强的装饰感和形式美。在用光方面，较强的侧逆光直射窗户，影调较硬，明暗对比起到了突出主体作用。在色彩运用上，带有强烈的暖调，红喜字，红枕头，红被子等，渲染一种喜庆气氛。同时又有色彩对比，使得画面生动活泼，也突出了主题，这一作品的构思十分独特和巧妙。

2. 精彩的瞬间

摄影作品抓取最具典型意义的瞬间，包含了丰富的内涵，获得了艺术审美上的永久价值，可以供人们反复观赏和品味。因此一幅摄影作品是否成功，欣赏者要观察、分析和领略作者在客观生活中，准确地抓取最精彩、最典型、最富表现力的形象和瞬间的高超本领。

布列松是法国著名摄影家，被誉为“现代新闻摄影之父”，他的作品《男孩》（图3–96），又名《替爸爸买啤酒》，是其代表作。画面上是一个小男孩满脸喜悦，两只手各抱着一个大酒瓶往家走，他的脸向上微仰，并向左前方望去，阔步行走，充满了喜悦心情和优越感。而身后大街上的几个孩子羡慕地看着他。这一构图和情节，既突出了男孩这一主体，又通过几个孩子作为陪体创造环境气氛。这一精彩的瞬间，生动地表现了“二战”后人民重建家园的乐观情绪和精神面貌。

图3–96《男孩》

3. 鲜明的主题

摄影要进行巧妙的构思，要能抓取精彩的瞬间，但这都不是创作的最终目的，只是揭示艺术主题的一些手段。摄影作品，只有当它能充分体现出艺术家的创作意图时，才具有长久的艺术魅力。由于作者的立场、观点或创作意图的不同，相同的题材也可以表现出不同的主题，作者的思想意识、生活经验和艺术表现手法都会直接影响作品主题的深度和广度。欣赏摄影作品就要理解作者所要表达的思想感情，并且能受到感染而产生共鸣。

图3–97《渔家乐》陈复礼

摄影作品《渔家乐》（图3–97），是摄影师陈复礼的作品，表现了渔民安居以及对美好生活的追求和向往。作品构图突出主体人物，老奶奶一边抱着小孙女，一边还要划着渔船。作品的“趣味中心”是俩个人的笑，老奶奶笑得眼睛眯成了一条缝，洋溢着满足的喜悦，显得十分和蔼可亲。依偎在老奶奶怀中的小孙女也笑得灿烂。俩个人“笑”的瞬间形成的“渔家乐”就是作品的鲜明主题，表达了作者对生活的热爱之情和对劳动人民的热爱之情。鲜明的主题会使欣赏者有回味的余地，并受到感染而产生思想上的共鸣。

主题七

音乐美

一、什么是音乐

人声演唱和乐器演奏发出的音，叫乐音。音乐就是用有组织的乐音来创造艺术形象、表达人们思想感情、反映现实生活的一种艺术。

我国古代人民对音乐早就有浓厚的兴趣，而且认识到音乐对社会所起的重要作用。中国古代的《孝经》上讲：“移风易俗，莫善于乐。”2 000多年前，孔子不仅能欣赏音乐，而且还会唱歌、弹琴、击磬，传言他在齐国听完“韶乐”以后，竟陶醉到3个月不辨肉味的程度。唐代诗人白居易的《琵琶行》，生动地描绘了欣赏琵琶演奏的情景，这也反映了我国古代音乐已经发展到了较高水平。在外国，2 000多年前攻击艺术“伤风败俗”的古希腊哲学家柏拉图，也不得不承认“音乐教育比其他教育都重要得多”。大文学家巴尔扎克，把音乐放在文学之上，赞颂音乐为一切艺术中最伟大的艺术。大科学家爱因斯坦，几乎每天都要拉他心爱的小提琴，每当科学研究遇到困难时，他就放下笔拉起小提琴，那优美、和谐、充满想象力的旋律，往往使他茅塞顿开，泉思如涌。

优秀的音乐作品有强大的感染力，可以鼓舞斗志，振奋精神，提高人的思想境界，培养人的高尚情操，同时还可以给人们以美的享受。《黄河大合唱》对于号召人民、团结人民、鼓舞人民抗击日本侵略者起了积极作用。歌曲《歌唱祖国》，歌颂了新中国朝气蓬勃、蒸蒸日上的新面貌，激发了中国人民热爱祖国之情。《我爱你，中国》是一首脍炙人口，久唱不衰，让中国人民感动了40年的歌，全曲旋律流畅、优美、热烈、抒情。演唱和聆听这首歌，就会唤起人们对祖国的赞美和热爱之情。演唱和聆听歌曲《世上只有妈妈好》和《父亲》，就会让我们回忆和体会到“母爱如水”“父爱如山”，联想到自己应该以实际行动来孝敬父母，以报答父母的养育之恩。歌曲让人的修养和社会道德感得到提高。欣赏小提琴协奏曲《梁山伯与祝英台》，就会激发我们对两人悲惨命运的同情，我们还会赞美梁祝对爱情的真挚、无私、纯洁、忠贞。欣赏贝多芬的《命运交响曲》，听到气魄宏大，雄壮高亢，刚劲沉重，情绪激昂的乐声，就如同在告诫我们：不要屈服于命运，遇到困难，挫折，痛苦时，我们不要退缩，要勇敢、坚强地去面对、去承受。只有拥有勇于向命运挑战的精神，才能突破困境，改变命运。

音乐的本质是真、善、美。每一只美妙的曲子都是体现情感的声音。音乐给人以精神享受，使人感到愉悦，同时启迪智慧，净化心灵，陶冶情操。美妙的音乐影响着人类思想、生活、学习、工作、休闲、娱乐，给人们带来欢乐、智慧和力量。

音乐是一种听觉艺术，它通过有组织的乐音形成的艺术形象表达人们的思想感情，给人以美的享受。评论一首歌曲美与不美，很少考虑歌词的理性内容，而是凭借音乐的艺术语言的直观把握。欣赏一首乐曲（没有歌词，甚至没有标题）美与不美，更主要是靠音乐的基本表现要素，或者说是音乐的艺术语言。下面简要论述这些要素作为音乐表现手段的基本作用。

1. 旋律

旋律又称曲调，是乐音在横向的单声部中按照一定的高低、长短和强弱关系而组成的音的线条。它是音乐美中最神秘、最有魅力的要素，它是塑造音乐形象最主要的手段，是音乐的灵魂。旋律线通常与人的情感动态的轨迹相吻合，人的情感会得到最充分的表现。比如一首战斗之曲《国际歌》，它的旋律气势豪迈、庄重浑厚，表现了无产阶级解放全人类的宽广襟怀、雄伟气魄和坚强信念。再如一首《病中吟》（二胡独奏曲），它的旋律连绵凄婉，如泣如诉，表现了作者时而激愤高歌、时而呻吟叹息的悲伤痛苦的心情。艺术家丰富的心灵与对生活的深刻体验，是旋律创造的灵感。在旋律中，没有具体的美学标准，它蕴藏着音乐艺术的全部奥秘，是一个难解的谜。

2. 节奏

节奏是各音在进行时的长短关系和强弱关系。节奏常被比喻为音乐的骨架。

旋律中包含着节奏，旋律脱离节奏便不能存在，但节奏却具有一定的独立性。不同的节奏表达不同的思想感情和乐曲的主题。比如民族管弦乐曲《金蛇狂舞》，其节奏欢快紧凑，再配以节奏感极强的激越的锣鼓，更渲染了热烈欢腾的气氛。再如歌曲《草原上升起不落的太阳》，其节奏轻柔缓慢，舒展悠扬，完美地表现了歌词的意境，唱起这首歌，就像站在辽阔的草原上，抒发着对祖国和家乡的爱恋之情。

节拍是音乐中的强拍和弱拍周期性地、有规律地重复进行。我国传统音乐称节拍为“板眼”。节拍为音乐的表现提供了强烈的动力和感情色彩。例如，“两拍子”（“一板一眼”）通常写作$\frac{2}{4}$，常用在强节奏的进行曲或舞曲中。“四拍子”（“一板三眼”）通常写作$\frac{4}{4}$，常用于舒缓节奏的颂歌或抒情歌曲。“三拍子”，通常写作$\frac{3}{4}$，常用于圆舞曲，具有欢快活泼或抒情的特点。

节奏和节拍是音乐中两个密不可分的要素。

3. 和声

和声是两个或两个以上的音，按一定规律同时结合时所产生的音的共鸣。和声包括“和弦”及“和声进行”。“和弦”通常是由3个或3个以上的乐音，按一定的法则纵向（同时）重叠而形成的音响组合。“和声进行”就是和弦的横向组织。如果说旋律构成了音乐的横向方面，那么和声就构成了音乐的纵向方面，它极大地丰富着音乐的表现力。和声有明显的浓、淡、厚、薄的色彩作用；还有构成分句、分乐段和终止乐曲的作用。例如小提琴协奏曲《梁祝》中的“楼台会”，大提琴和小提琴相互对答，两条旋律线形成一首如泣如诉的“二重唱”，形象地表现出二人互诉衷肠的感人情景。如《黄河大合唱》中的《保卫黄河》，是一首进行曲体裁的轮唱曲，歌曲在二部轮唱之后，接着是三部、四部轮唱，表现出革命武装力量在斗争中逐步发展壮大，像黄河滚滚洪流势不可挡，侵略者必将淹没在人民战争的汪洋大海之中。《怒吼吧！黄河》是混声四部合唱，四声部和声音响丰满而平衡，这支歌以号召性、战斗性的音调，象征着东方巨人为最后胜利发出的呐喊，具有强烈的感人力量。在器乐作品中，合奏曲、协奏曲、交响曲等，都广泛地应用和声，使音乐的音响更加浑厚、丰满，让人们体验到一种美不胜收、绚丽多姿的境界。

4. 音色

音色即音的色彩性。每个人和每种乐器发出的声音各不相同，好比绘画中色彩总是五光十色、丰富多彩的。不同的人由于声带与发声方法不同，所以会带有音色的差异。比如同是女高音歌唱家，郭兰英的音色圆润甜美，音域宽广，具有浓郁的民族风格和地方色彩；马玉涛的音色宽厚洪亮，气息充实，共鸣丰满，声情并茂，两个人表现出不同的音色美。不同的乐器由于原料、造型、制作方法和演奏方法的不同，也会带来音色的差异。比如同是中国的拉弦乐器，二胡音色浑厚而柔和，板胡音色高亢而清脆。同是西方的铜管乐器，圆号音色柔和优美而富有诗意；小号音色挺拔而刚健；长号音色雄壮而粗犷；大号音色强烈而低沉。

音乐的基本表现手段是多方面的，上面讲了其中四个基本要素，另外还有速度、力度、音区等。它们在音乐中起着不同的作用，但又综合地交织在一起，共同表达某种情感和创造某种音乐形象。

二、音乐的分类

音乐按表达方式分，有声乐和器乐两大类。

“声乐”：指用人声演唱的音乐。形式上分独唱、对唱、重唱、齐唱、合唱、联唱等；歌曲包括民歌、艺术歌曲、流行（通俗）歌曲、儿童歌曲等。

“器乐”：指使用乐器演奏的音乐。有民族乐器和西洋乐器，形式上有独奏曲、重奏曲、合奏曲等；体裁包括协奏曲、奏鸣曲、交响曲等。

音乐按旋律风格分为古典音乐、民族音乐和流行音乐。

西方“古典音乐”广义上，指西方中世纪到20世纪初，具有永久艺术价值的音乐，统称“古典音乐”。根据这一标准古典音乐被称为“艺术音乐”或“严肃音乐”，用以区分“轻音乐”，“流行音乐”（通俗音乐）。当人们听到海顿的“钢琴协奏曲”，莫扎特的“单簧管协奏曲”或贝多芬的“交响曲”这些音乐作品时，带给人们的不仅是优美的旋律，充满意趣的乐思，还有真挚的情感，或宁静典雅，或震撼鼓舞，或欢喜快乐，或悲伤惆怅。给人们带来不同的审美感受。

中国古代音乐是指近代（1840年）之前的传统音乐。即从远古到明清的音乐。例如：春秋战国时期“钟鼓之乐”《楚商》、秦汉音乐作品《大风歌》、隋唐乐舞作品《秦王破阵乐》、宋元古琴音乐作品《平沙落雁》、明清时期民歌《月儿弯弯照九州》等这些乐曲会把我们带入不同的美的意境之中，会给我们带来或雄壮豪迈、热情奔放，或深邃飘逸、清微淡远，或委婉缠绵、苍凉悲壮等情感体验。乐曲结束时，余音缭绕、回味无穷，给人以不同的审美感受。

“民族音乐”指具有民族特色，能体现民族文化和民族精神的音乐。民族音乐包括：民间歌曲，民间器乐，民族歌舞音乐，说唱音乐和戏曲音乐等。20世纪50—70年代我国民族音乐工作者，通过对民族特色音乐素材的发掘、整理和加工，创作出一大批深受群众喜爱的经典作品，例如:《春江花月夜》《二泉映月》《十面埋伏》《百鸟朝凤》等。在现代音乐创作方面，在“百花齐放”方针指引下，又出现一大批时代性、艺术性、民族性俱佳的作品，如音乐舞蹈史诗《东方红》、电影音乐作品《刘三姐》、歌剧《洪湖赤卫队》、钢琴协奏曲《黄河》、小提琴协奏曲《梁祝》等，这对传承和弘扬中华民族的优秀文化具有深远的意义。

19世纪中叶，东欧、北欧和俄罗斯的作曲家在吸收西欧浪漫主义音乐创作经验的同时，看重了民族音乐的建立和发展。他们努力创作既具本国民族特色，又能表现本民族的性格、愿望和生活的音乐作品。例如：俄罗斯的格林卡、捷克的斯美塔那、德沃夏克等。波兰的肖邦和匈牙利的李斯特则兼属浪漫乐派与民族乐派。

“流行音乐”指那些结构短小、内容通俗、形式活泼、情感真挚并被广大群众喜爱，广泛传唱或欣赏，流行一时的或流传后世的歌曲和器乐曲。这些歌曲和器乐曲，植根于大众生活的丰厚土壤之中，因此流行音乐也被称为“通俗音乐”“大众音乐”。流行音乐从19世纪美国兴起，20世纪70年代，迈克尔·杰克逊引领了流行音乐和MTV的发展，逐渐形成了一种特有的音乐形式。不管是摇滚还是爵士乐的根源都可以追溯到由非洲传来的黑人音乐，特别是爵士乐风格多样、节奏性强，又以独特的演奏、演唱方式，刷新了听众耳目，轰动美国，又很快传遍世界各国。1945年以后兴起了摇滚乐，其强烈的节奏，表演者特立独行的装扮，吸引了战后的新一代青年。20世纪70年代后，音乐风格更加多样，借助和运用电子手段，注重乐器和效果的操纵技术，商业化倾向日趋明显，流行音乐的发展日益走向繁荣。

我国流行音乐于20世纪20—30年代发源于上海，从周璇演唱的《天涯歌女》《夜上海》到邓丽君演唱的《何日君再来》《甜蜜蜜》等受到群众的欢迎，广为传唱。进入90年代，流行音乐中兴起了以《一无所有》为代表的“摇滚风”，刮起了“西北风”和点起了“一把火”的“港台风”。进入到21世纪和网络时代出现了“红歌翻唱”“城市民谣”“中国风”“轻摇滚”“电子舞曲”等作品。流行音乐呈现出多元化趋势，并逐渐与世界接轨。

流行音乐在世界各地广泛流传，它拥有众多的欣赏者与崇拜者，特别是广大青少年和学生。因为，流行音乐是一朵充满青春活力的生命之花，青少年通过健康向上的流行音乐的演唱、演奏与欣赏，从中汲取力量，受到鼓舞，得到美的享受，使生活更加充实，更加美好。但同时也要抵制格调低下的音乐作品，如那些表现消极、失望、空虚、轻浮、病态的感情，或是追逐名利的作品。在音乐领域里，流行音乐与严肃音乐是相对而言，青少年和学生在喜爱和欣赏流行音乐的同时，也要熟悉和欣赏古典音乐和民族音乐，这对于提高自己欣赏流行音乐的水平，扩大音乐视野，增长音乐知识，提高音乐审美素质是极有帮助的。

三、音乐的美学特征

1. 抒情性

与其他艺术相比，音乐更善于直接激发和表现感情，最能够以情动人。绘画要通过线条、色彩、构图的组合方式来描绘现实，表达思想感情；小说要通过语言塑造的人物形象、故事情节和具体环境来描绘现实，表达思想感情。欣赏这些艺术都需要有一个观察、思考和认识的过程，而欣赏音乐则是一种相对直接的情感体验。

音乐是声音的艺术、时间的艺术。人们凭生活经验，从声音的高低、长短、强弱、快慢的差别，可以判断物体运动的情况。高音激昂、低音深沉、强音振奋、弱音柔和、快速的音急骤、慢速的音舒缓。这些声音表现出多种多样的音响美，包括声音的清脆美、高亢美、纤弱美、连腔美、浑厚美、婉转美等。同时，音乐能激发和表现出各种不同的情感：谐和的音响使人喜悦，表现着安宁和愉快的情绪；不谐和的音响使人烦躁，预示着不幸和苦难的降临。

音乐通过“语言”要素，如旋律、节奏、节拍、和声、音色等的组合、变化和发展，能够与人的感情活动形成相对应的联系。悠扬飘逸的旋律，使人心旷神怡；顿挫有力的节奏，使人沉稳坚定；“三拍子”的节拍，使人活泼欢乐；明亮纯净的音色，使人清新爽朗；气势磅礴的和声，使人刚毅豪迈。音乐欣赏中获得的感情体验是一种直接的体验，它直接作用于心情（美术和文学等艺术欣赏则需要一个理解过程）。这是音乐特有的表现力。

音乐具有抒情性的另一个原因，是因为音乐在创造音乐形象时，作者以自己淳朴真挚的感情去着力刻画人物丰富的精神世界。可以说，对审美情感的激发和表现是音乐的主要美学特征。黑格尔说：“音乐是心情的艺术……它直接针对着心情。”

2. 描绘性

音乐具有描绘客观现实的功能。音乐运用音乐音响的特有运动形态来进行艺术造型。其常用手法有两种：

（1）模拟法

这种方法是对自然界和生活中的音响进行模拟。如歌曲《边疆的泉水清又纯》中“泉水叮咚”声、《杜鹃圆舞曲》中杜鹃“咕咕”鸣叫声、《命运交响曲》中的“敲门声”、民乐《赛马》中马的嘶叫声、《十面埋伏》中的战鼓声、拼杀声等。这些事例说明音乐试图“描绘”，而音乐的这种“描绘”完全不同于绘画利用线条构图的描绘，也不同于小说利用文字、语言的描绘，而是用音响、标题来“描绘”。这种音响上的模拟，使欣赏者从这些声音中联想到事物的美感特征，想象出音乐的“画面”，但是，这种模拟绝不是纯自然主义的模拟，而是“妙在似与不似之间”，是生活中自然音响经过音乐化了的艺术再现。借用现实生活里原有的、带有音乐性的音响来塑造形象和描写场景，这种造型手法顺其自然、简便易行，为许多作曲家所采用。

（2）类比法

这种方法是运用音乐要素及其运动形态与客观事物的典型形态进行类比，暗示和启发欣赏者进行审美想象，从而描绘出音乐的“画面”。如高音可以描绘纤细、轻巧、锐利的事物；低音可描绘壮阔、深沉、粗重的事物。从进行曲的节拍中，我们能感觉到队列的步伐；从圆舞曲的节拍中，我们能想象出一对对舞者的舞步。音量变化是“弱—强”，可以表现出磅礴的气势；音量变化是“强—弱”，可以显示出纵深悠远的视野，引向余音缭绕、回味无穷的意境；音量变化是“弱—强—弱”，可以让人联想到某种物象或人自远而近，又由近而远。在高音区的变化过程是“高—低—高”，可以让人联想到某种东西从高空降落地面，又从地面腾空而去；休止符是音量为零的瞬间，这缄默的瞬间如能巧妙地运用，可以做到“此时无声胜有声”的效果。如广东音乐《雨打芭蕉》，以短促的顿音和优美的旋律，描绘了芭蕉叶掌迎着雨珠张开伸直的挺拔英姿。《田园交响曲》第四乐章《暴风雨》，以连续的不谐和和弦描绘了乌云密布，以快速的提琴跳弓描绘了带着雨点的狂风，以短笛的尖锐呼啸描绘了闪电，以长号与定音鼓的轰隆低音表现了雷鸣，借以展现大自然的威力。

声音形象同画面形象，听觉同视觉及其他感觉是可以互通的。但是，音乐的模拟和类比并不是简单的等同和取代，而是经过了艺术的加工和创造。音乐也并非只能描写有声的物象，对于无声的场景也可以描绘。如古琴曲《平沙落雁》，描写了雁群迁飞，在高空飞翔、盘旋顾盼、时起时落的情景。音乐能够描绘生活中动与静，有声与无声的物象和情景，必须借助于欣赏者的联想和想象。但由于每个欣赏者的文化素质、艺术修养、社会知识、情感体验有着很大的差异，因而决定了由欣赏者自由想象所构成的形象具有不确定性。不同的人欣赏同一首乐曲，会有不同的想象，有一千个欣赏者，便有一千个音乐形象。

音乐形象的不确定性不是音乐的短处，而恰恰是长处。这一特征在某些纯音乐中得到更为典型的体现。所谓纯音乐，即指不加入文字等非音乐元素的音乐形式。它包括无标题的或标号性标题的交响乐、室内乐和我国戏曲的曲牌、古曲等，如吴祖强的《弦乐四重奏》、柴可夫斯基的《第五交响曲》等。乐曲名称不指向任何事物，而其音乐形象完全靠欣赏者自由想象。这种想象也必定与自己体验过的千万个表象发生联系。音乐的这一特性，决定了音乐艺术巨大的概括性及表现的深刻性和丰富性。

尽管音乐形象具有较大的不稳定和不确定性，而音乐所表现的感情特征却是相对稳定的。因此，音乐描绘性特征并不是必不可少的，因为音乐艺术的主要目的在于表达感情。当然，能够生动地发挥音乐的描绘性，更有利于充分地表现音乐的抒情性。

3. 表演性

绘画、雕塑、书法、建筑等造型艺术，都不需要借助于表演就可以欣赏。而表演艺术中的音乐就要凭借演员，通过一定形式的现场的表演来完成形象塑造。写出一部音乐作品，如果不演唱或演奏，它的功能就得不到实现。因此音乐作品的艺术效果，不仅取决于作品本身的审美价值，还取决于音乐作品的演唱（奏）者再创造的能力。一首好的歌曲唱得很糟，不会给人带来美感，反之，一首质量平平的歌曲唱得很出色，却可产生某种魅力，所以音乐有二次创作的特点。音乐要求演员根据乐谱和编导者的要求充分发挥自己的主观能动创造性，进行二度创作，将乐谱的间接形象转化成直接可听的形象。使听众在欣赏演员绘声绘色的表演中亲闻其声，产生情感交流和共鸣，从中获得音乐美的享受。如果没有演员表演，音乐作品根本不能实现其艺术价值和社会价值，也就不存在什么艺术生命。可见，表演在音乐艺术中的重要地位。

在音乐的审美实践中，我们会体会到同一首歌，由不同的演员来表演，会产生不同的艺术效果和表现出不同的艺术风格，说明二度创作的重要性。我们还会认识到音乐的表演过程和音乐的欣赏过程是同时进行的。听众在欣赏音乐中，要充分调动自己的知识、经验，充分发挥自己的创造性想象，进行三度创作，一起完成音乐形象的塑造。没有三度创作，也就丧失了音乐艺术表演的意义。所以，音乐艺术是“一线连三点”：词、曲作家创作——演员表演——听众欣赏，分别从不同的环节共同创造音乐美。

四、中国音乐简介

中国音乐包括中国民歌、民族器乐、古代音乐、歌舞音乐、曲艺音乐、戏曲音乐、近现代音乐等，这里只简单介绍一下中国民歌和中国民乐。

1. 中国民歌

（1）什么是民歌

民歌是由劳动人民集体创作的歌曲。我国的民歌是最古老的艺术形式之一，有着悠久的历史传统和丰厚的艺术遗产。远在原始社会民歌就在人们的集体劳动中产生了，只因为当时没有文字和乐谱，所以大量的民歌没有流传下来。《诗经》是出现在2 000多年前的我国古代第一部大型诗歌总集。它收集了自西周初年到春秋中叶大约500多年间的诗歌，其中“国风”，就收录了我国北方160首民歌。几千年来，我国民歌已成为重要的艺术形式，一直紧密地伴随着人民，表达着人民的思想、感情、意志和理想。汉魏南北朝的“乐府民歌”，唐宋的“曲子词”，元代的“散曲”“小令”，明清的“歌谣”“小曲”……它们在中华民族文化的历史上放射着不朽的光辉。近半个多世纪以来，中国社会发生了根本的变化，民歌也走上了崭新的历程，在新的历史时期发挥着巨大的作用。

在漫漫的历史长河中，劳动人民创造的民歌，反映了他们生活中的喜、怒、哀、乐。《孟姜女》《月儿弯弯照九州》《脚夫调》《走西口》等一曲曲悲歌，唱出了生活的苦难，成为劳动人民精神生活的重要组成部分。民歌在不同历史时期，又成为动员人民、打击敌人、争取解放的斗争武器。《义勇军进行曲》《大刀向鬼子头上砍去》等一曲曲抗战歌曲，对于宣传革命、组织群众、消灭敌人起了巨大的历史作用。

中华人民共和国成立后，以传统民歌作为基础产生了大量新民歌，从题材内容到体裁形式，都有了较大发展。《翻身农奴把歌唱》《手挽手》《新疆好》《乌苏里船歌》等一曲曲颂歌，充分表达了各族人民对共产党、对新中国的热爱之情。再如《康定情歌》《阿拉木汗》等一曲曲轻柔缠绵的情歌，《沂蒙山小调》《牧歌》等一曲曲秀丽甜美的山歌，不仅使人们开阔视野，给人们以美的精神享受，而且抒发了人们的志趣和情感，唤起了人们对美的追求和向往。

民歌有悲歌、战歌、颂歌、情歌等，它真实而生动地表现着人民的思想和感情，体现着人民的追求与愿望，反映着历史和民族的特性。

（2）民歌的特点

① 口头性。民歌是劳动人民在生活中有感而发的口头创作，然后又依靠口

头流传，使民歌的旋律拨动心弦，歌词通俗简练。

② 集体性。民歌是集体创作的，甲唱乙改，乙唱丙续……在旋律和歌词上经过无数人的修改、补充、提炼、加工，最后成为完整而定型的民歌。经过千锤百炼的词和曲，必然是非常美的。

③ 地方性。民歌的旋律有地方特点，山区与平原、沿海与草原、南方与北方的民歌各不相同，不同民族的民歌也各具特点。所以说，中国的民歌具有独特的民族风格和浓郁的地方色彩。

（3）民歌的类别

① 劳动号子。劳动号子是指劳动人民从事各种劳动时，集体演唱的一种歌曲形式。如建筑工人的《打夯号子》、搬运工人的《装卸号子》、农民的《插秧号子》、渔民的《拉网号子》和《川江船夫号子》等。其曲调雄劲高亢，节奏顿挫有力，一般是一人领、众人和，随唱随编词，可以起到统一劳动步调、鼓舞劳动热情、调剂劳动者精神的作用。

② 山歌。山歌指各种山野歌曲。不仅山区农民传唱的民歌叫山歌，平原的秧歌、草原的牧歌、水乡的渔歌等，都可以叫作山歌。《太阳出来喜洋洋》《小河淌水》《渔歌》《牧歌》等，其曲调悠扬豪放、节奏自由舒展。演唱者的目的是自娱自乐，当他们心里有强烈的感触和表达的愿望时，有感而发，通过唱歌，达到消愁、解闷、宽心、助兴的目的。

③ 小调。小调被称为“里巷之曲”，说明是在城镇的街头巷尾演唱的。实际也会传唱到农村。《孟姜女》《对花》《绣荷包》等，其曲调婉转流畅，节奏规整平稳。歌中的词有描述人和事而在叙事中抒情的、有反映劳动人民苦难的、有描绘自然风光和风俗活动的。小调的题材内容和流传地区非常广泛，往往一曲多用，填上新词演唱或者被吸收到民乐、歌舞、小戏中去。著名的《茉莉花》，在18世纪传入欧洲和美国以后，其中的旋律就被意大利作曲家作为音乐素材，创作了歌剧《图兰朵》。柴可夫斯基在舞剧《胡桃夹子》中也采用了中国民间舞曲——茶舞。

（4）民歌的艺术美

① 旋律美。比如山东民歌《沂蒙山小调》：

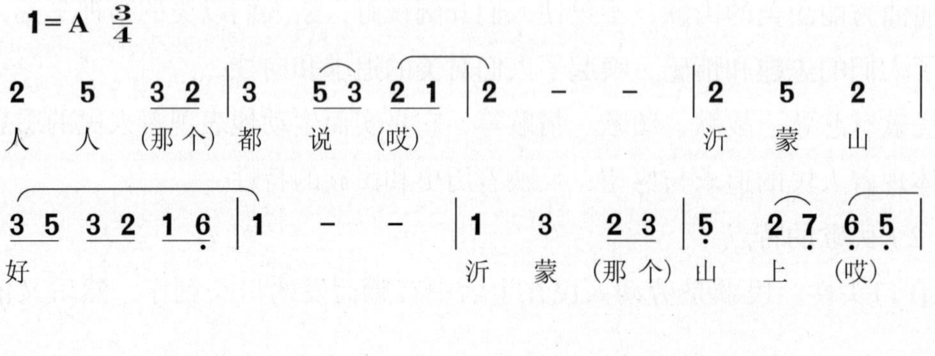

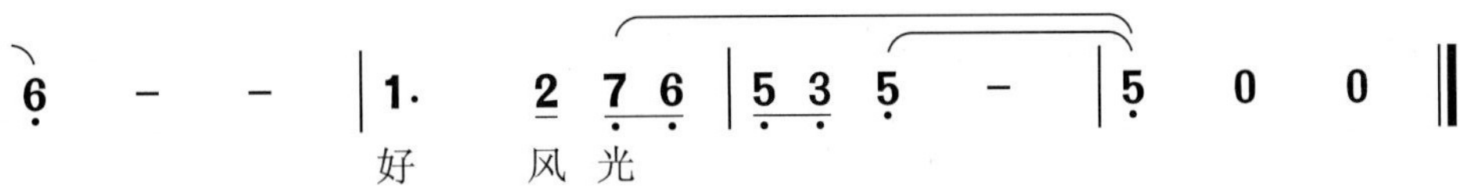
好 风光

歌曲旋律秀丽甜美、舒展豪放、绵延起伏、悠扬飘逸，节奏缓慢宽广、从容自由，表现了音响上的连腔美、婉转美。四个乐句落音为2、1、6、5，逐句下趋，每乐句都有以结束音为中心作回返的拖腔，增加了音乐的抒情性。歌曲赞美了家乡的风光，也体现了劳动人民憨厚朴实的性格。

再如革命历史民歌《解放区十唱》：

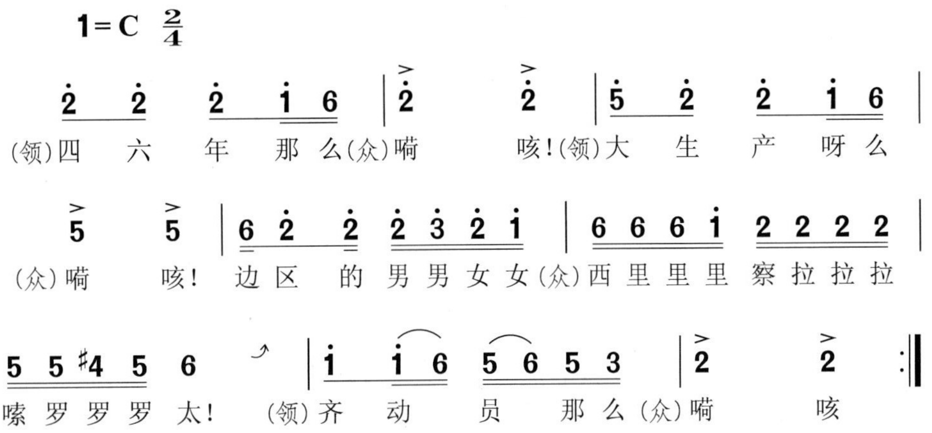
1=C 2/4
(领)四 六 年 那 么(众)嗬 咳!(领)大 生 产 呀 么
(众)嗬 咳! 边 区 的 男 男 女 女(众)西 里 里 里 察 拉 拉 拉
嗦 罗 罗 罗 太! (领)齐 动 员 那 么(众)嗬 咳

歌曲旋律挺拔矫健、庄重浑厚、沉稳坚定、气势豪迈，节奏顿挫有力、欢快紧凑，表现了音响上的清脆美、高亢美。每小节的第一拍加了重音，每隔一小节加入一次齐唱的劳动呼号，加强了音乐的律动感，歌曲抒发了欢快的情绪，充满了劳动生活的气息。

两首民歌不同的旋律，给我们带来截然不同的审美感受。民歌的旋律是丰富多彩的，可以体现出深远的意境。

② 语言美。比如东北民歌《新货郎》的歌词是："哎！打起鼓来，敲起锣哎，推着小车来送货，车上的东西实在是好哇！有文化学习的笔记本、钢笔、铅笔、文具盒，有姑娘喜欢的小花布、小伙扎的线围脖……"语言完全口语化且有韵味，通俗流畅、清楚明白、简练淳朴。再如青海民歌《在那遥远的地方》，前面有两句歌词是："她那粉红的笑脸好像红太阳"，"她那美丽动人的眼睛好像晚上明媚的月亮"，这赞美姑娘容貌的歌词，比喻十分生动。后两句歌词是："我愿抛弃了财产跟她去牧羊"，"我愿做一只小羊跟在她身旁，我愿她拿着细细的皮鞭不断轻轻打在我身上"，在表达对姑娘的爱慕之情时，用语俏皮而又可爱，坦率而又真诚，表现了民歌语言的生动活泼。

中国民歌的歌词极为简短而精练，寓意性强，有回味的余地。比如维吾尔族民歌《半个月亮爬上来》，这是一首优美的爱情歌曲，表达了曲中人追求爱情的炽热的心情，但全曲歌词中没有一个爱字。其中一句是“再把你那玫瑰摘一朵，轻轻地扔下来”，用玫瑰象征爱情，用把玫瑰花扔下来寓意着姑娘接受了曲中人的爱情，歌词含蓄、朦胧，完全符合青年人追求爱情时的复杂心理，也说明曲中人是一位有文化教养的、有真挚而丰富情感的小伙子。这支歌优美的旋律和优美的语言，给欣赏者创造了一个优美的意境。

中国民歌的歌词，语言通俗流畅、简练淳朴、寓意深刻，表现出一种单纯之美、朴素之美、含蓄之美。

③ 意境美。比如《乌苏里船歌》，旋律悠扬飘逸、清脆嘹亮，节奏从容宽广、自由舒展，歌词鲜明生动、富有诗意，使欣赏者仿佛真的置身于蓝天、白云和碧波荡漾的江水所构成的美景之中。特别是用轻声唱法演唱的最后一句，又仿佛听到渔民吆喝的回声。景中情，情中景，触景生情，情景交融，民歌创造了非常美的意境。再如传统民歌《走西口》，旋律如泣如诉、激越悲伤，节奏轻柔缓慢、纤弱平稳，再加上送别丈夫远行时，千叮咛、万嘱咐的动人歌词，表现了妻子复杂痛苦的心情。欣赏者通过想象，可以创造出一位十分忧伤、怨恨、悲痛的妇女形象，仿佛看到她站在村口，含着眼泪拉着丈夫的手依依惜别的情景，这时也会产生情感上的共鸣。这种情感上的共鸣就是民歌意境美的生动体现。

④ 风格美。比如哈萨克族民歌《玛依拉》热烈奔放、活泼跳跃、节奏欢快；彝族民歌《远方的客人请你留下来》轻柔委婉、流畅圆润、亲切感人。平原地区的民歌大多婉转流利，如《茉莉花》《小白菜》。山地的民歌比较高亢、豪放，如《太阳出来喜洋洋》《槐花几时开》等。草原地区的民歌则音调悠长，气息宽广，如《牧歌》《嘎达梅林》等。中国各地区、各民族都有着丰富的民歌宝藏。

2. 中国民乐

（1）什么是民乐

民乐是用民族乐器演奏的乐曲。我国民族器乐的发展历史悠久，传统深厚，具有鲜明的民族特色，在世界乐坛独树一帜，享有盛誉。

在原始社会，我国就产生了乐器，从殷墟出土的甲骨文中就记有鼓、磬等10多种乐器名称。3 000年前的周朝已有乐器70多种；到了秦代器乐发展到吹、打、弹同时并举，可进行大规模的演奏；唐代所用的乐器已达300多种。中国古代劳动人民在民族乐器的创造、制作、演奏技巧上，显示出智慧和才能。至今我国各民族仍在经常使用的民族乐器也有200多种。

中国的民族器乐有强大的艺术魅力，受到全世界音乐爱好者的喜爱。中国的青年学生应该学习和继承自己民族优秀的艺术遗产，弘扬民族文化，振奋民族精神。

（2）民族乐器的分类

吹管乐器：笛、箫、笙、管子、唢呐、芦笙等；

拉弦乐器：二胡、板胡、高胡、中胡、低胡、京胡等；

弹拨乐器：琵琶、柳琴、阮、月琴、筝、扬琴等；

打击乐器：鼓、锣、镲、梆子、木鱼、云锣等。

（3）民族乐队的形式

丝竹乐队：以吹管乐器和拉弦乐器为主的乐队。如江南丝竹、广东音乐等；

吹打乐队：以吹管乐器和打击乐器为主的乐队。如苏南吹打、河北吹打等；

民族管弦乐队：有四类民族乐器的综合性乐队。管弦乐队演奏音域宽广，音量、音色变化多样，表现力丰富，可演出大型合奏，是最普遍的乐队形式。

（4）民乐演奏的形式

独奏：一种乐器演奏（如二胡独奏、琵琶独奏等）。

重奏：两种或两种以上乐器演奏（如琵琶、筝二重奏，二胡、筝、箫、琵琶四重奏等）。

合奏：多种乐器组成乐队演奏。

（5）民乐的艺术美

① 音响美。音乐是用声音作为表现手段的艺术，音乐借助声音来显示音响美。由于民族乐器制作的材料、形状、工艺和演奏方法的不同，所以不同乐器的音色各有不同特点、不同韵味，给人们带来不同美感，而且比声乐的音色更丰富。吹管乐器中的“笛”，发音鲜明、跳跃、欢快，音色上表现一种明亮之美；“箫”，发音深沉、委婉，音色上表现一种阴柔之美，有“凤凰台上忆吹箫”“吹箫引凤”之说；“唢呐”，音量宏大、健壮、粗犷，音色上表现一种豪放之美。拉弦乐器中的“二胡”，发音浓郁、柔和，音色上表现一种抒情之美；“板胡”，发音清脆、响亮、有穿透力，音色上表现一种高亢之美。弹拨乐器中的“琵琶”，发音优雅、嘹亮，音色上表现一种清脆之美，有如“大珠小珠落玉盘”；“筝”，发音轻柔、典雅，音色上表现一种古朴之美。打击乐器中“鼓”“锣”“镲”，发音顿挫有力、欢快紧凑，表现一种节奏之美。其中“鼓”起到边演奏、边指挥的作用，是乐队的灵魂。

不同乐器的不同音响，可以用来表现自然界的声音现象，如鸟鸣声、水流声、雷击声等，以唤起人们有关生活形象的联想，描绘出一幅幅生动的音响画面，把人们引入艺术的境界。但这些音调不是对现实的录音，而是艺术化、典型化的声音，像中国绘画那样“妙在似与不似之间”。音乐源于生活且高于生活，音乐家用各种音响的美作为音乐创作的素材，创作出美的旋律、美的节奏、美的和声。

② 旋律美。音乐是抒情的艺术，音乐旋律的起伏变化可以拨动人的心弦、塑造不同的音乐形象、唤起人不同的情感。

《二泉映月》（华彦钧曲）这支乐曲采用二胡独奏是再合适不过了。因为二胡发音浓郁、柔和，低音区声音浑厚，中音区明亮，高音区激越，最能表现这支乐曲的主题和所要表达的情感。乐曲有一个简短的引子 0 6 5643 | 2 – |，旋律深沉而凄凉，如同一声发自心灵深处的哀叹，用“从头便是断肠声”来形容是非常恰当的。主题的上句：

2· 3 1 1 2 | 3· 5 6 5 6 5 6 1 | 5· 3 5 5 3 2 6 5 6 1 2 |

3· 5 2 3 5 1 6 2 3 5 | 1 – ……

旋律仿佛描绘了一位盲艺人坐在泉边沉思往事，昔日痛苦的生活情景历历在目。主题的下句：

1 6 1 | 3 3 2 | 1· 6 1· 2 3 3 2 1· 1 6 1 2 3 | 5 – ……

旋律柔中带刚，表现了阿炳（华彦钧）不屈不挠的性格。这段不平静的旋律在全曲中共出现6次，反复变奏逐步把情感推向高潮，这是阿炳对命运的控诉和反抗。乐曲最后结束在轻奏的不完全终止上，好像作者仍在默默地诉说。整个乐曲的旋律激越悲愤，如泣如诉，表现出一种阴柔之美、悲壮之美。

民族管弦乐曲《瑶族舞曲》，在引子过后导入了优美如歌的主题：

6 3 3 6 2· 1 | 7 2 1 7 6· 5 3 | 6· 7 1 2 3· 5 3 2 | 1 2 3 2 1 6 – |

接着又奏出了由主题衍变的热情欢快的旋律：

6 3 2 3 2 1 6 1 6 3 | 6 3 2 3 2 1 6 1 6 3 | 6 6 1 2 2 1 2 5 3 |

2 3 2 1 2 1 6 6 |

表现了在夜色中人们欢聚在一起兴奋热烈地翩翩起舞庆祝节日的情景，接着乐曲改用$\frac{3}{4}$拍：

3 3 – | 1 1 – | 1 3 – | 3 3 1 – |……

6 3· 2 3 | 6 3· 2 3 | 2· 3 2 1 6 1 | 6 – – |……

柔和流畅的旋律与带跳跃性的节奏，恰似在轻歌曼舞中，人们展望美好的未来而感到无限地甜蜜，心中充满了对生活的热爱之情。乐曲的旋律秀丽甜美、舒展委婉，表现了一种愉悦之美、欢畅之美。

③ 意境美。音乐是带有想象成分的艺术。民乐意境美的产生要靠欣赏者展开丰富的联想和想象，欣赏音乐时犹如身临其境，再触景生情，做到情景交融。

《春江花月夜》是一首典雅、优美的抒情乐曲，乐曲把欣赏者带入宁静、清丽的月夜之中，让欣赏者仿佛可以看到春江的夜景：月亮从东山升起，小舟在江面上荡漾，岸上的花丛在微风吹动下轻轻摇动。这支乐曲表现了春江水天一色的意境美，尽情地赞颂了江南水乡的风姿异态。

《放驴》是一首管子领奏的吹打乐，浓郁的河北民歌风格和轻快诙谐的旋律，可以把欣赏者引入到淳朴而带有浓厚乡土气息的意境之中。乐曲作逗趣式的对答，一领一和相呼应，情绪越来越热烈直至高潮，生动地描绘了北方农民欢庆节日和喜庆丰收的情景，表达了农民对美好生活的赞美与对未来的憧憬。

中国民族器乐，乐器品种之繁多、演奏方法之高超、构成的旋律之丰富、联想的形象之生动、创造的意境之美妙，使中国民族器乐具有强大的艺术魅力和生命力。

五、外国音乐简介

外国音乐包括外国民歌、西方器乐、歌剧音乐、舞剧音乐等，这里只简单介绍一下外国民歌和西方器乐。

1. 外国民歌

民歌，反映着一个民族的历史、经济、文化、风俗等，尤其是表现了一个民族的精神风貌和性格特征，是一个民族生存和发展的真实写照。所以，世界各国的民歌都有着不同的风格、题裁和形式。许多国家和民族对民歌的概念的理解也不相同，我国和某些国家民歌是指劳动人民集体创作的歌曲，而在有的国家，他们把个人创作，但具有民间风格的，能在民间广泛流传的歌曲叫民歌，如德国的《罗蕾莱》、意大利的《我的太阳》《桑塔·露齐亚》、美国的《老人河》等。但是，无论是个人创作的歌曲，还是通俗流行的歌曲，无论是古老的农民歌曲，还是近代的市民歌曲，都是充满民间的生活气息，表现本民族广大人民的思想感情、精神风貌和性格特征，并在民间广为传唱的。

日本民歌具有悠久的历史和独特的民族风格。樱花是日本的国花，歌曲《樱花》表达了日本人民对樱花的珍爱和人们赏花时的愉悦心情。这首歌的旋律缓慢，使人联想到穿着和服、踏着木屐的日本人民典雅含蓄的气质。这首歌民族风味浓郁，音乐形象生动：

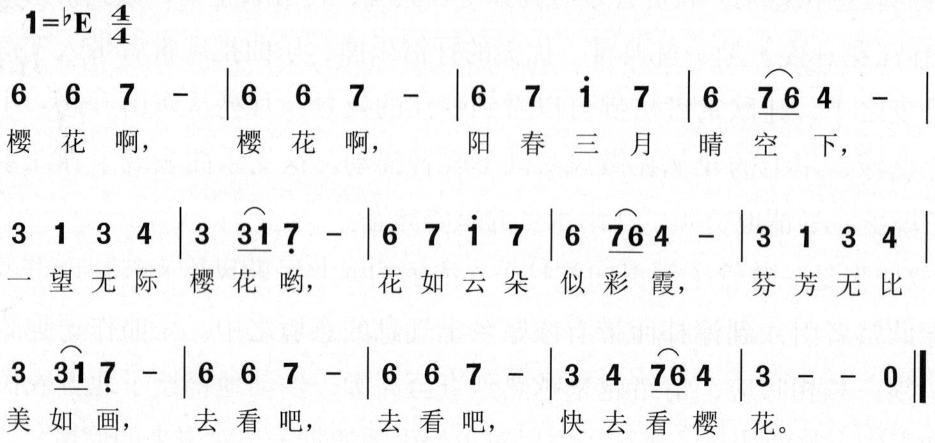

印度尼西亚的民歌《星星索》，是苏门答腊马达族的一首船歌，也是一首情歌。“星星索”是船工划船时随桨起落的哼声。旋律缠绵委婉，节奏规整平稳，表达出船工悠然自得的心态和对爱情的赞美与渴求：

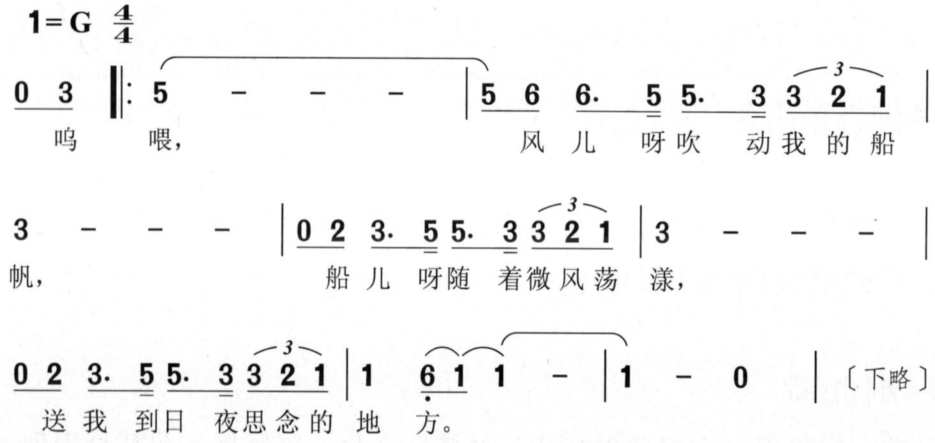

意大利的歌曲《我的太阳》，以比喻手法立意，把心上人比喻为太阳，用赞美太阳来表达真挚的感情。这首歌雄劲高亢、嘹亮豪放，具有浓郁的意大利民间音乐风味，是男高音歌唱家们最喜爱的歌曲之一：

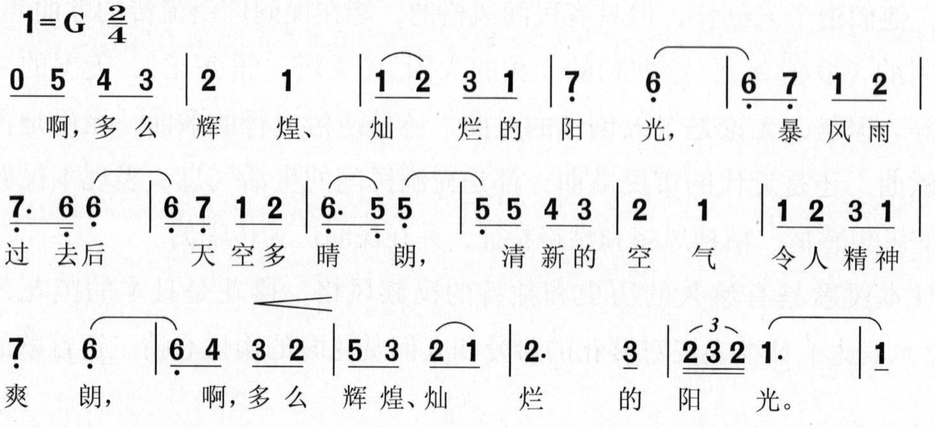

美国民歌成分复杂，由于其民族的多样性，使其民歌风格是受许多民族民歌的影响。美国民歌《克里门泰因》是一首叙事性歌曲，叙述一个贫苦矿工的女儿克里门泰因的悲惨故事：

1=F 3/4
在峡谷旁有个村庄，那里正在开金矿。有个
矿工住在村旁，他的女儿克里门泰因。

南美洲的民歌受西班牙、葡萄牙和印第安部族民歌的影响，大多是节奏鲜明，常常具有探戈、伦巴等舞曲的特点。例如，流行于墨西哥、古巴等国的民歌《鸽子》，就是以探戈的节奏为基础的，类似西班牙舞曲哈巴涅拉：

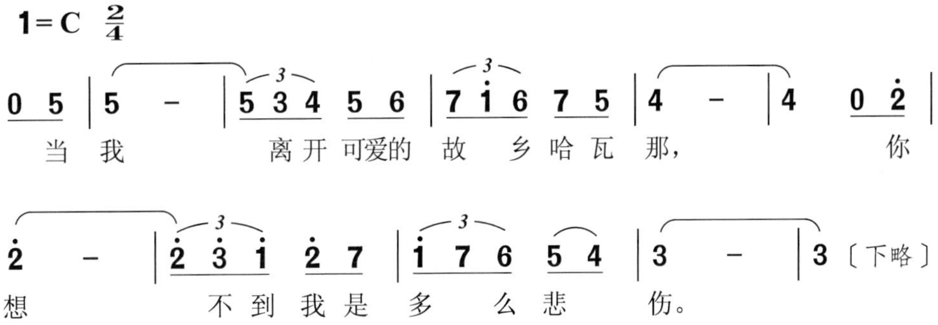
1=C 2/4
当我离开可爱的故乡哈瓦那，你
想不到我是多么悲伤。
〔下略〕

2. 西方器乐

管弦乐队起源于欧洲，15世纪时已初步形成，当时一般用于演奏宫廷音乐。古典乐派时期（1750—1820年）各类乐器的性能特点得到更好的发挥，丰富的表现力被挖掘出来。1800年贝多芬的《第一交响曲》的演出，标志着现代管弦乐队规模的确定，乐队中各种乐器已经定型和完善。19世纪浪漫派时期，管弦乐队的规模更加扩大，进入20世纪，随着电子技术突飞猛进的发展，各类电声乐器不断产生，给传统的管弦乐队带来了挑战和变革。管弦乐队的艺术生命也将不断得到更新和发展。

西方乐器的分类：

弓弦乐器：小提琴、中提琴、大提琴、低音提琴等；

木管乐器：长笛、短笛、双簧管、英国管、单簧管（又名黑管）、大管（又名巴松管）等；

铜管乐器：圆号、小号、长号、大号等；

打击乐器：定音鼓、大鼓、小军鼓、铃鼓、三角铁、响板、沙槌等；

特性乐器（又称色彩乐器）：木琴、竖琴、钟琴等；

键盘乐器：钢琴、管风琴、手风琴、电子琴等；

其他乐器：吉他、架子鼓（又称舞鼓）等。

西方器乐曲的体裁十分广泛，有进行曲、协奏曲、奏鸣曲、圆舞曲、交响曲等。

交响曲是一种充分发挥各种乐器的功能和表现力来塑造音乐形象，并由管弦乐队演奏的大型器乐套曲。由于结构宏大，色彩绚丽，音响丰满，所以常用来表现严肃、深刻、带哲理性的重大题材。奥地利作曲家海顿创作了多达125部的交响曲，享有“交响曲之父”的称誉。德国作曲家贝多芬是近代最伟大的音乐家之一，他创作了大量具有时代气息的优秀作品，《第五交响曲（命运）》反映了贝多芬与命运搏斗的一生，是一部反映了斗争和胜利主题的交响曲。全曲分4个乐章，第一乐章一开始就出现了命运“敲门”式的动机：

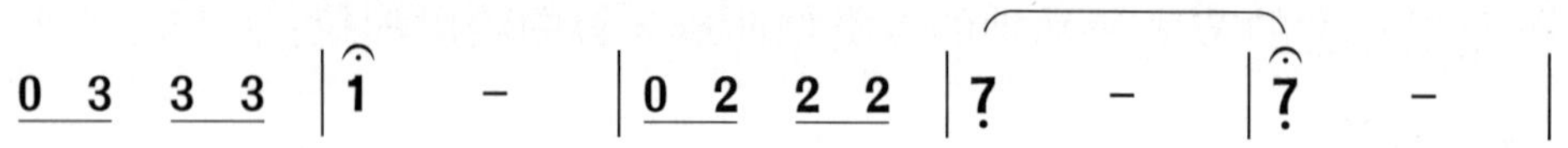

这一动机引出惊惶不安的第一主题，接着引出明朗、抒情的第二主题：

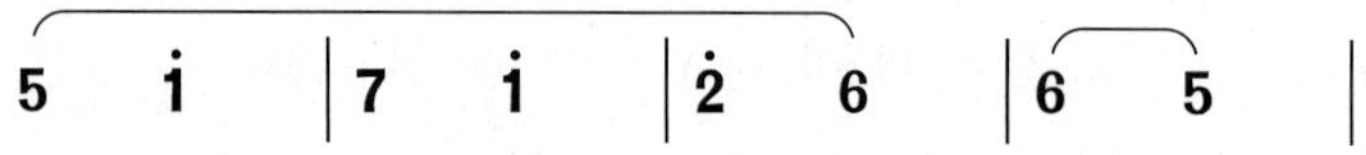

两个主题汇合在一起，形成很有豪放气息的结束部。在结尾中，两个主题再次汇合，以势不可挡之势，显示出人民战胜黑暗的必胜信心。

圆舞曲（又称华尔兹）原是奥地利的一种民间舞蹈，17世纪成为宫廷舞蹈，19世纪风行欧洲各国，经过许多作曲家的努力，特别是经过奥地利作曲家约翰·施特劳斯父子的努力，使圆舞曲发展到极盛，不仅用于社交舞蹈，而且成为一种独立的音乐体裁。圆舞曲的旋律大都优美雅致、连绵起伏、灵活生动、轻盈舒展，这种热情奔放、圆润流畅的音乐深受人们的喜爱。奥地利作曲家小约翰·施特劳斯一生创作圆舞曲120多首，被誉为“圆舞曲之王”。他创作的《蓝色多瑙河圆舞曲》，渗透了维也纳人热爱故乡的深情厚谊，被誉为奥地利“第二国歌”。全曲由序奏、五首小圆舞曲和结尾组成。序奏一开始由小提琴奏出轻弱的震音，犹如黎明时的曙光，拨开了河面上的薄雾，唤醒了沉睡的多瑙河。优美的旋律赞美了多瑙河美丽的春天，展现了万紫千红、欣欣向荣的动人景色和蕴含其中的诗情画意：

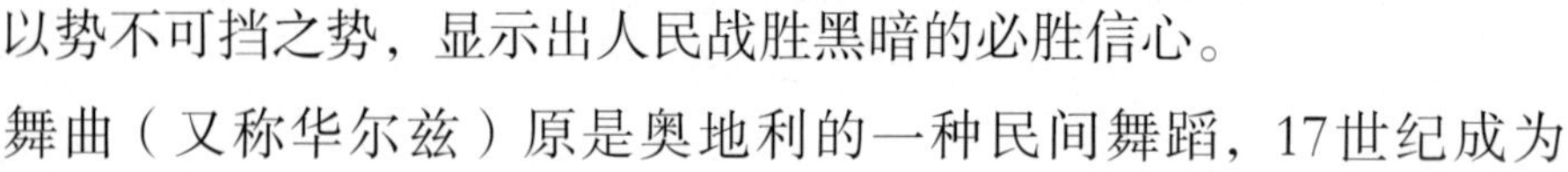

接着乐曲速度变快，音乐情绪越来越活跃，依次引出5首连在一起演奏的小圆舞曲。每首小圆舞曲都表现了优美的主题旋律。有的旋律妩媚清丽、充满生机，仿佛多瑙河那欢畅的流水。有的旋律宽松舒展，温柔娴雅，仿佛人们在歌舞的空隙亲切交谈。有的旋律高亢嘹亮、活泼跳跃，仿佛人们在热情奔放地跳舞和歌唱。作曲家在结束部再现了前几个小圆舞曲的部分旋律，好似一种回顾。最后，在热烈的气氛中结束。

舞剧音乐是作曲家为各种类型的舞蹈所写的音乐。主要包括芭蕾音乐、民族舞剧音乐、现代舞剧音乐。芭蕾是16、17世纪在意大利和法国发展起来的，19世纪初芭蕾进入浪漫主义发展时期，芭蕾音乐具有较完整的艺术构思，发展成为一种独立的艺术。法国作曲家亚当作曲的《吉赛尔》就是这个时期的重要作品。俄国作曲家柴可夫斯基创作的芭蕾舞剧《天鹅湖》，是一部充满诗情画意和戏剧力量，并具有高度交响性发展原则的舞剧音乐，是作者对芭蕾舞音乐进行重大改革的结果，从而成为舞剧发展史上一部划时代的作品。全剧共分四幕，第一幕结束时，夜空出现了一群天鹅，乐曲第一次出现天鹅的主题，也是全剧的主要音乐形象。它充满了温柔的美和感伤：

这一乐句的速度要求是行板（即不慢不快的步行速度），力度要求很弱很轻，这种舒展的节奏，可以生动地表现在月夜的湖面上游荡着美丽天鹅的景象。第二幕是在月夜的湖畔，白天鹅们翩翩起舞，音乐奏出了最为有名的“四小天鹅舞曲”：

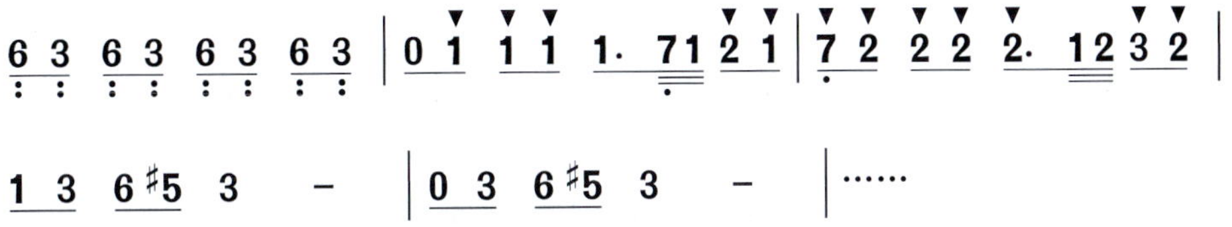

乐曲旋律跳跃、轻快，显得活泼有趣、很有生气，形象地描绘了小天鹅灵巧、稚拙的动作。第四幕终曲，当天鹅主题再次出现时，速度放慢由乐队合奏，变成庄严的颂歌，音乐变得更加宽广明朗，成为一曲正义与爱情的辉煌凯歌。《天鹅湖》成为世界芭蕾舞经典名作，评论家称之为“第一次使舞蹈作品具有了音乐的灵魂”。

六、怎样欣赏音乐

音乐是一门听觉艺术。音乐欣赏是听觉器官的审美要求，任何一部音乐作品都要借助听觉来实现其欣赏活动，这是音乐艺术同其他艺术的重大区别。在音乐欣赏过程中，人类不会仅仅满足于一般的感官刺激（好听或者不好听），而是要从对音响的感知上升到体验，理解音乐的内涵，通过想象等心理功能，再加上理性的判断和认识，形成一种审美享受，使欣赏者感到精神上的满足和心情上的愉悦。所以，音乐欣赏的过程大致是：官能欣赏——情感欣赏——理智欣赏三个步骤和层次，呈现出由浅入深、由感性到理性的发展过程。具体做法是：

1. 倾听作品的音乐效果——官能欣赏

细心倾听作品的音乐效果，对作品有比较真切的印象，才能体会作品所表现的思想感情内容，从中得到享受和感染。这是音乐欣赏的感性基础，同时也可以培养和提高自己对音乐音响的辨别能力和对音乐的记忆力。要细心倾听音乐基本要素的特点和效果。

（1）旋律的特点

旋律是音乐的重要表现手段，是音乐的灵魂，因此，欣赏者首先必须细心倾听旋律。比如《我的祖国》这首歌的旋律优美婉转，亲切动人：

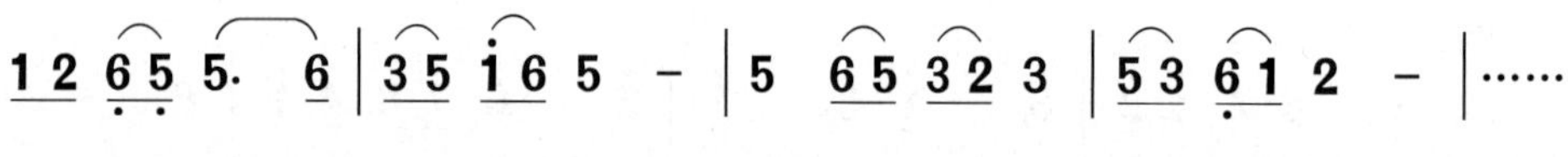

充满了幸福感和浪漫色彩，表达了志愿军战士对祖国和故乡的热爱和思念之情。再如管弦乐曲《春节序曲》，前奏的旋律热烈欢腾、活泼跳跃：

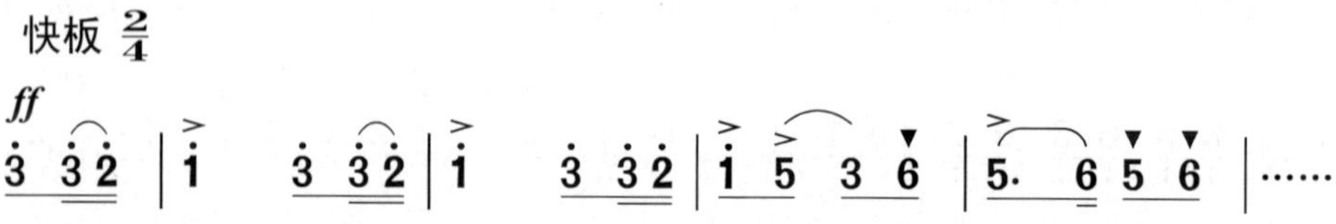

生动地描绘了中国人民在欢庆传统节日时，敲锣打鼓的热闹场面。欣赏音乐要对音乐旋律的特点作出分析和评价。

（2）节奏的特点

音乐的节奏千变万化，欣赏者要分析其具有的节奏特点。比如《黄河船夫曲》，其节奏来源于船工号子：

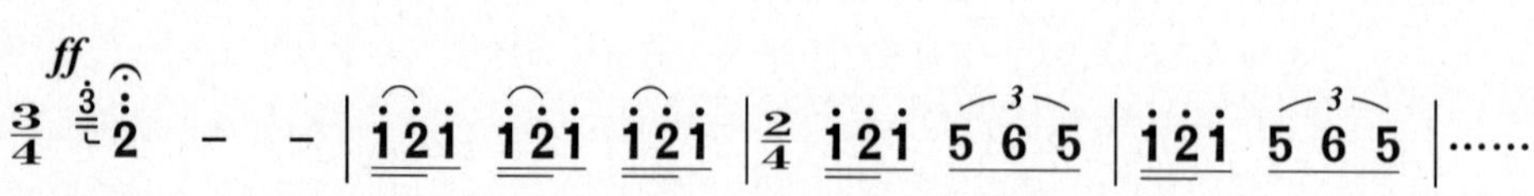

通过这快慢强弱形成强烈对比的节奏，形象地表现黄河船夫拼着性命与惊涛骇浪搏斗的情景。再如云南山歌《小河淌水》的节奏从容自由、宽松舒展：

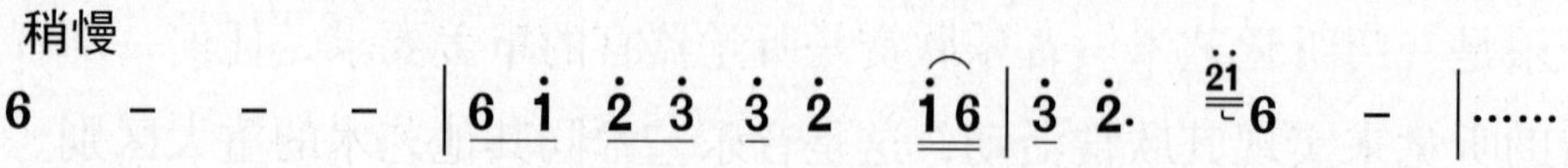

某些音没有固定的拍子可以自由延长，给人一种悠扬飘逸、情意缠绵的感觉。

（3）和声的效果

对多声部的乐曲而言，欣赏时就要分析各个声部、各种乐器之间是怎样组合的，要体会各声部结合在一起所产生的既和谐统一又鲜明对比并穿插起伏的音乐效果。比如《洪湖水，浪打浪》中第二段是：

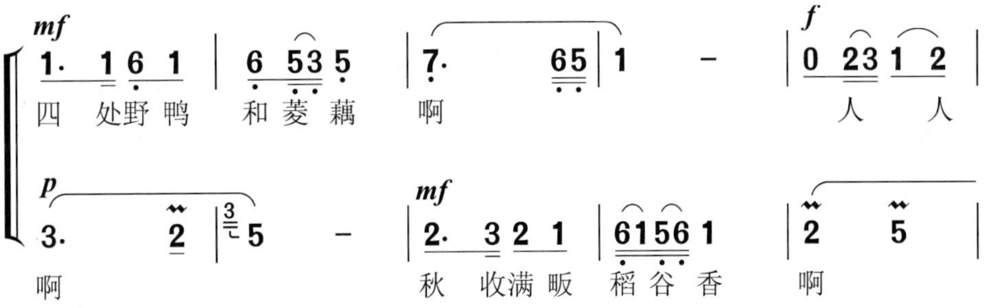

在第一旋律（韩英唱）上，加进第二旋律（秋菊唱），两条旋律此起彼落、互相呼应、穿插起伏，交织在一起，产生了非常美的共鸣，进一步抒发了她们对家乡和人民的热爱之情。再如长征组歌中的《过雪山草地》采取了4个声部的合唱和独唱相结合的手法：

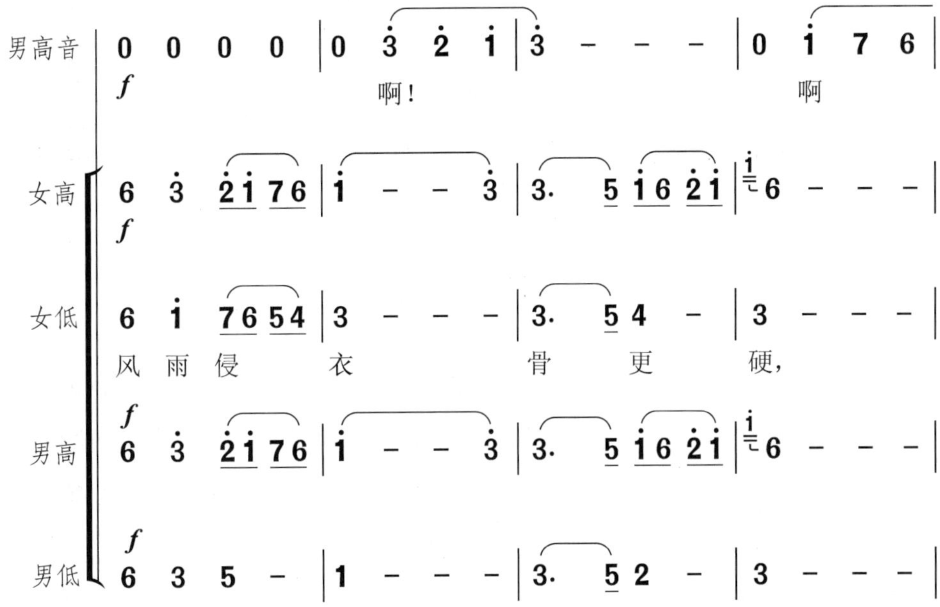

4个声部以激越的歌声汇合到一起，再出现男声高亢明亮、壮阔豪迈的独唱，其和声效果深厚丰满、气势磅礴，淋漓尽致地表现了革命乐观主义精神和高尚的革命情操。

官能欣赏是对音乐的直觉感受，主要满足于悦耳好听。但也要对作品的旋律、节奏、和声、音色等音乐的基本要素，有切身的感受、基本的认知和恰当的评价。

2. 体会作品的思想感情——情感欣赏

古今中外许多优秀的音乐作品，往往都表现了作曲家在一定社会生活影响下所产生的不同情感，因此欣赏者就需要去体会作品中表现的感情内容。比如《松花江上》（张寒晖词曲）作于1936年，当时作者正在西安教书，他看到东北官兵携老带小、布满街头。他们被迫流亡关内，有家不能归，有仇不能报，每个人心里都充满了痛苦和悲愤。作者就是在这种社会生活中，产生了和人民群众同样的情感体验，谱写了这首感人肺腑的独唱曲。歌曲以倾诉性的音调贯穿全曲，兼有叙事和抒情的特点，真切感人，在如泣如诉的歌声中蕴藏着要起来抗争的力量。我们欣赏这首歌时，往往会不由自主地被它所表现的感情所感动。

音乐的特点是注重感情的描写，它不可能像绘画、小说、电影那样，把具体形象和故事情节表现出来。所以欣赏者必须善于在音乐作品的音乐效果中受到感染与启示，继而展开想象和联想，更形象、生动地体会音乐作品中所表现的感情内容。

从《百鸟朝凤》（唢呐独奏曲）乐曲中，我们可以听到模拟的布谷鸟、山喳喳、小燕子、蝉虫的鸣叫声，可以想象在春光明媚的茂密树林里，这些鸟类聚集在一起，布谷鸟在报春、山喳喳在对话、小燕子在争吵、蝉虫出来劝架……这些音乐形象展示出大自然的美好与勃勃生机。我们也可以想象出另一种景象，在百鸟之王——凤凰的寿辰大喜之日，千百只鸟儿怀着喜悦的心情纷纷前来庆寿朝拜，并且在凤凰面前充分展示自己的文艺才能，唱歌跳舞热闹非凡。欣赏这种描绘性的音乐时，就要通过想象和联想，把音乐的音响转化为生活的形象，才会产生不同的情感体验。

欣赏带有一定情节性的音乐作品之前，最好对标题、文字说明和有关故事情节有所了解，这样才能使想象和联想有比较正确的依据。比如欣赏交响诗《嘎达梅林》，就要预先知道20世纪初蒙古族人民的英雄嘎达梅林率领人民起义和后来壮烈牺牲的故事。在欣赏中运用想象和联想，把音乐的语言（旋律、节奏等）和它所表现的特定的情节内容相结合。

有的音乐作品不属于描绘性，也不属于情节性，而是表现作曲者对生活的感受和抒发作曲者的内心感情，这些作品常是没有标题的。欣赏这类作品时，在倾听作品的音乐效果和理解其所表现的感情的同时，还要对乐曲的意境与音乐形象展开自由的想象。但不能胡编乱想，要在音乐作品所提供的感情范围内，适当地发挥音乐欣赏中自由想象的作用。比如《十八板》（三弦独奏曲），这是地方戏曲开演前演奏的民间曲牌，属于纯音乐，没有文字说明和描绘因素，乐曲所描绘的形象只有通过听众自由的想象和联想才能被欣赏。乐曲共有7个小段，如第一段表现了北方人民乐观、豪爽的性格；第五段渲染出民间喜庆节日的热烈场面。全曲富于生活气息，并具有浓郁的乡土风味。至于北方人的具体形象、喜庆场面的生动情景，就全靠欣赏者的自由想象了。

外国的纯音乐作品也是很多的，如贝多芬的《D大调弦乐三重奏》、舒伯特的《未完成交响曲》、肖邦的《c小调革命练习曲》等。欣赏这些作品同样要细心倾听作品的音乐效果，通过展开自由的想象而形成音乐形象，体会作品的思想感情，并在感情上产生共鸣，使自己进入到音乐所创造的意境之中。

3. 理解作品的深刻内容——理智欣赏

这是音乐欣赏的高级阶段，它对音乐的感知是深刻的，对音乐的审美是全面的。音乐欣赏只停留在知觉欣赏和感情欣赏是比较肤浅的，应该在这个基础上对音乐作品进行理智的、全面的综合分析。如对作者的创作动机、创作背景、创作风格、作品的音乐主题、思想内容、民族特征、各种音乐语言的运用技巧、表演是否规范、有无创新等，作出知识性、专业性的赏析。

俄罗斯民歌《伏尔加船夫曲》是一首举世闻名的纤夫之歌，大约在7世纪中叶开始流传。歌词中有“齐心合力把纤拉……踏开世界不平路！对着太阳唱起歌”等歌词，这充满战斗精神的歌声，表现了船夫们坚韧不拔的性格和向往光明的思想感情。

《伏尔加船夫曲》是劳动歌曲，是淳朴的劳动呼声。歌曲的旋律庄重浑厚、激越悲壮，表现出被迫劳动的痛苦和沉重的叹息。歌曲的节奏沉稳坚定、顿挫缓慢，反映出纤夫在繁重的劳动中动作的均匀和一致性：

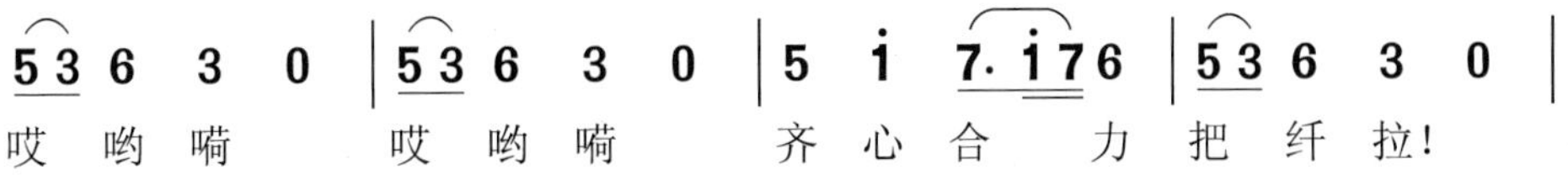
哎 哟 嗬 哎 哟 嗬 齐 心 合 力 把 纤 拉！

通过这歌声，我们仿佛看到了在伏尔加河辽阔的沙滩上，一群套着纤索的纤夫正从远处渐渐走近的形象。此后，旋律便在这4个小节所奠定的基础上发生变化，“穿过茂密的白桦林，踏开世界的不平路”的歌词所用的旋律都是：5. 5 54 32 | 1 5 3 0 |，但力度却逐步加强，直到“穿过茂密的白桦林，踏开世界的不平路”的歌词再次出现，全曲进入第一个高潮。歌声从弱到强，越来越有力，随后出现了：

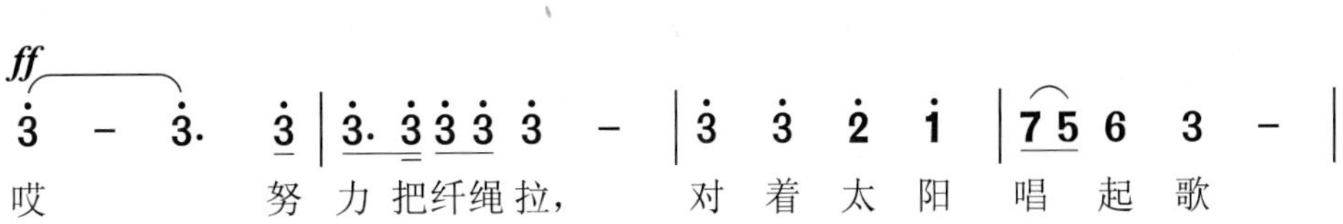
ff
哎 努 力 把纤绳 拉， 对 着 太 阳 唱 起 歌

这是全曲的第二个高潮，这之后，音乐不断向前推进。当唱到“伏尔加，可爱的母亲啊，河水滔滔深又阔”时，全曲达到最高潮。整首歌曲力度的处理是由弱到强，然后逐渐减弱以至消逝，使欣赏者仿佛看到一队纤夫由远而近、又由近而远的形象，进入了伏尔加河畔辽阔的沙滩的意境之中。

欣赏器乐作品，曲中虽然无词可依，但透过标题来理解音乐内容，也会帮助我们较好地领悟音乐的内涵。比如欣赏小提琴协奏曲《梁山伯与祝英台》，如果知道它的故事情节，就有助于我们对整个乐曲的理解。乐曲主要分三部分：草桥结拜、英台抗婚和坟前化蝶。乐曲的具体结构是：引子——春光明媚，鸟语花香；呈示部——相爱（草桥结拜、共读共嬉、长亭惜别）；展开部——抗婚（逼婚抗婚、楼台相会、哭灵投坟）；再现部——化蝶（尾声）。

乐曲一开始，长笛和双簧管自由的节奏与秀美而明丽的旋律，把欣赏者引入江南初春的胜景之中。独奏小提琴在竖琴的伴奏下，奏出了淳朴而美丽的“爱情主题”：

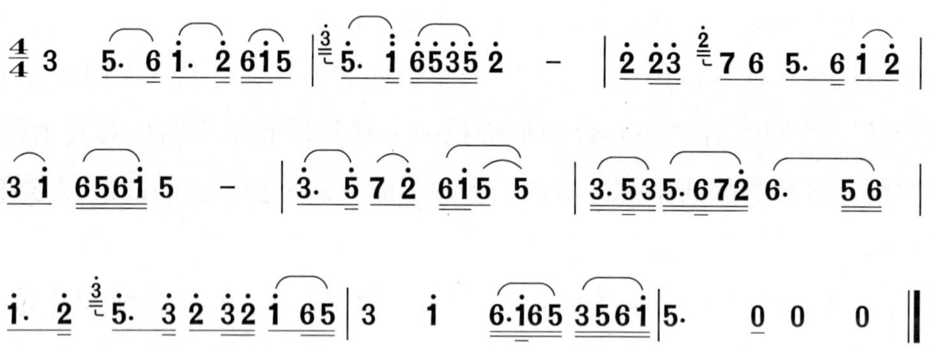

接着，独奏小提琴和大提琴相应奏出优美的旋律，就好像梁祝二人娓娓对答，表现着他们淳朴的兄弟般的情谊，欣赏者可以联想到梁祝在草桥结拜。此后，独奏小提琴模仿古筝、琵琶的演奏，奏出了轻盈而洋溢着跳跃感的旋律（利用中国民族乐器的演奏技巧丰富了交响乐的表现力），把梁祝二人同窗三载、共读共玩的生活画面展示给欣赏者。接着转入慢板，大提琴与小提琴曲调连绵、委婉、缓慢、纤弱，表现了梁祝二人真挚、深切、缠绵的深情，使欣赏者也沉浸在梁祝“十八相送”“长亭惜别”的意境之中。

第二部分展开部，沉重的大锣和大提琴、大管的音响预示出不祥的征兆，铜管奏出了凶暴的封建势力的主题。低沉阴暗的曲调，使欣赏者感受到阴森可怕的逼婚情景。独奏小提琴奏出了祝英台惶惶不安的痛苦心情，接着又奏出了反抗的主题。两个主题音调交替出现、相互冲突，出现了激烈的逼婚抗婚场面。随后乐曲转入慢板，小提琴和大提琴的对答表现出梁祝“楼台相会、互诉衷肠”的情景：

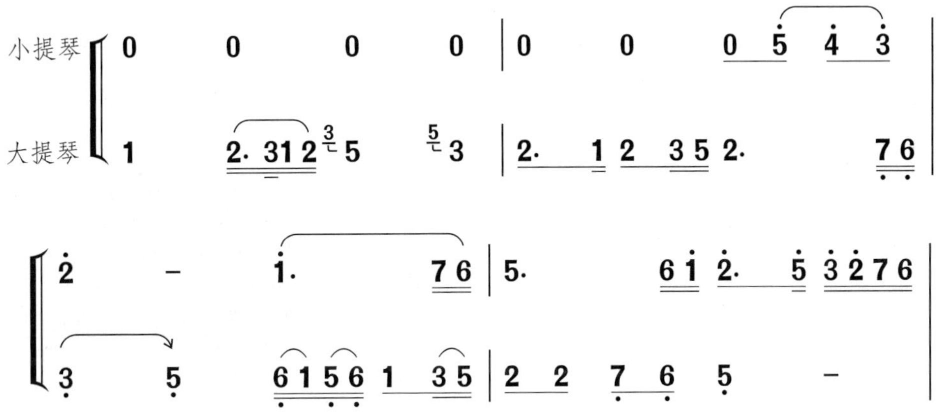

两条旋律形成了一首凄楚婉转、如泣如诉的“二重唱”。然后，音乐急转直下，变得激昂而果断，令人肝胆欲裂。这是描写“哭灵”“投坟”的情景，接着一声锣鼓齐鸣，英台纵身跳坟。英台用死表现她的不平和对爱情的忠诚，乐队发出愤愤的轰鸣达到音乐情绪的最高潮。

第三部分再现部，长笛和竖琴的演奏把欣赏者带入了一个风和日丽、彩蝶飞舞的幻觉中的仙境。独奏小提琴重新奏出了优美的爱情主题，梁祝已化成一对彩蝶飞舞在万花丛中，表现了梁祝死后相伴相爱的动人情景。尾声，表达了人们对梁祝悲惨命运的同情和惋惜，也表达了人们对梁祝忠贞爱情的祝愿和歌颂。

《梁祝》吸收了越剧的部分音调，有着显著的民族特征，在国内被誉为“民族的交响乐”，国外音乐评论家称它是“《蝴蝶的爱情》协奏曲”，是一部“迷人、新奇、具有独创性的作品”。

音乐欣赏有两种观念，第一种是先从有关的资料或他人那里了解了一部音乐作品具体表现了什么、作品的时代背景和作曲家的生平等，然后自己在欣赏过程中把这些了解的内容听出来，这种做法使人容易理解和接受音乐，特别对初涉音乐的人。第二种是在音乐欣赏中靠自己聆听、自己想象来理解音乐作品的内容，然后再通过看有关的资料或与他人交流进行补充、验证和提高，把音乐欣赏提到一个更高的层次。对于青少年学生来说，两种途径都应实践，在对音乐不断的欣赏和理解中，最终成为真正的音乐知音。

主题八

舞蹈美

一、什么是舞蹈

舞蹈是以人体为表现工具，以人体动作为主要表现手段，抒发人的思想感情和反映社会生活的一种形象艺术。

舞蹈是一门古老的艺术。出土的新石器时代的彩陶盆上（彩图1）就画有生动活泼的舞蹈纹，表现一群人在集体舞蹈，庆贺他们的丰收。从中国古代石窟中的壁画和雕塑中，也可以看到大量的舞蹈形象。在晋代，民间舞蹈《踏歌》很流行，人们手拉手成群结队，以脚踏地边歌边舞。在唐代，歌舞不仅局限于宫廷，民间歌舞之风也很盛行，唐代是中国古代歌舞艺术最辉煌、最有成就的时期。

中国当代舞蹈艺术的真正起点在20世纪50年代，是舞蹈艺术丰收的年代，如《荷花舞》《红绸舞》《霸王鞭》《腰鼓舞》《狮舞》等。20世纪80年代，中国当代舞蹈艺术进入繁荣时期，如《金孔雀》《蛇舞》《飞天》《丝路花雨》《黄河儿女情》《悲鸣三部曲》《再见吧！妈妈》《云南映象》《中国革命之歌》《千手观音》《花木兰》《大梦敦煌》《闪闪的红星》《永不消逝的电波》等，呈现了百花齐放、各派争艳的景象。回顾过去70多年，中国舞蹈艺术取得了巨大成就。展望未来，我们还将会享受更加丰盛的舞蹈艺术“盛宴”。

二、舞蹈的分类

1. 按表现形式分类

可分为：独舞、双人舞、三人舞、群舞、组舞、舞剧、音乐舞蹈史诗等。

2. 按风格特点分类

可分为民族民间舞蹈、古典舞蹈、现代舞蹈、流行舞蹈。

（1）民族民间舞蹈

民族民间舞蹈泛指盛行在各国各民族民间（特别是农村）的舞蹈。人们聚集在露天的场地或空旷的田野跳舞，如我国民间的秧歌舞、腰鼓舞、龙舞、狮子舞、采茶舞等。外国民间的玛祖卡舞、波尔卡舞、查尔达什舞等。民间舞蹈具有浓郁的乡土气息和鲜明的民族特色。蒙古族舞肩部动作丰富，腰、臂动作夸张，表现粗犷；朝鲜族舞手势犹如迎风摆柳，靠扭胯来移动重心形成曲线，表现洒脱；维吾尔族舞转体、摇身、松肩、动头，表现奔放；傣族舞转胯移步、舞步较小、表现柔媚；汉族舞常用载歌载舞形式，并巧妙地使用长绸、手帕、扇子、单鼓、花灯、花伞、花棍等道具，生动活泼地表现丰富的生活，塑造美的舞蹈形象。民间舞蹈是各族人民在生活中不断创造，广泛流传的舞蹈形式，是舞蹈艺术创作的源泉。

（2）古典舞蹈

古典舞蹈多数是在民间舞蹈的基础上发展起来的表演性舞蹈。世界各民族有不同风格的古典舞蹈。中国古典舞蹈重视手、眼、身、法、步的统一，讲究形神兼备，刚柔相济，动静结合，慢步柔润，快步飘逸，意境含蓄。如《春江花月夜》表现了江南水乡的风姿异态，《丝路花雨》展示了一幅幅生动的敦煌艺术的画卷。印度古典舞蹈在眼神、手势、姿态和装束等方面，具有浓厚的宗教色彩，表演上显示出特有的转手腕和带有脚铃的踢踏舞姿。印度尼西亚古典舞蹈在头部的摆动、手指的颤动和中上身及腰部的侧曲等方面展示了独特的风格。不同国家的古典舞蹈体现出不同的风格美。

芭蕾舞是欧洲的一种古典舞蹈。它起源于意大利，后流行于欧洲，目前已成为广受世界人民喜爱的一种舞蹈艺术。芭蕾舞的特点是，首先要求具有规范性，演员要经过长期的训练，一个动作要练上千次，体现其程式和标准。其次要求稳定性，脚尖着地保持重心，两腿外开，打开胯部，保持平衡，在千姿百态的运动中保持稳定，体现出动作的对称美。芭蕾舞主要表现形式美。芭蕾舞的发展有两种倾向，一种倾向是交响化，音乐伴奏占非常重要的地位，一般是选用管弦乐曲，使舞蹈的抒情性得到充分的展示，体现了文学、音乐、舞蹈、美术四者统一的审美价值。另一种倾向是民族化，使芭蕾艺术与民族风格融合在一起，如我国民族芭蕾舞剧《鱼美人》《红色娘子军》等。

（3）现代舞蹈

现代舞蹈又称“自由舞”“现代芭蕾”，是指相对于古典芭蕾的、广泛流行于欧美各国的一种舞蹈。这一流派的舞蹈艺术家，不满于当时缺乏生气、严重脱离现实生活的“神仙故事”和“风流艳史”以及千篇一律的古典芭蕾的程式化表演。主张到广阔的社会生活的海洋里去寻求自然的舞蹈源泉，用自由纯真的动作去表现人的真实情感。因此，从内容到形式现代舞都给人一种全新的美感。表演现代舞时舞者常常双脚赤露，只穿着薄纱裙或希腊长袍，多用跑步和跑跳步，加上适度的举腿和腾越，两臂经常向侧上方扬举，显得柔中带刚。在空间开辟低空区，表演滚动、躺卧、爬行等变幻繁多的动作和姿态，再充分发展腰背、腹部、胯部的形体表演功能。在舞蹈画面上进行适度地夸张和渲染，使人物的内心感情得到充分表露。现代舞往往只是情绪的流露，有时没有情节，甚至没有具体的人物性格和形象，而是让观众自己去想象作品所表现的内容。

（4）流行舞蹈

流行舞就是时尚的代表，具有广泛的群众性和强烈的自娱性，是浅层审美意识的载体，它包括标准舞，又称摩登舞（华尔兹、探戈、狐步、快步）、爵士舞、拉丁舞（恰恰、桑巴、伦巴、牛仔、斗牛舞）、踢踏舞、肚皮舞、街舞、劲舞和现在流行的广场舞，种类繁多。流行舞追求鲜明的艺术形象和丰富的民族审美情趣，反映当代火热的社会生活和时代性的精神风貌。

三、舞蹈的美学特征

1. 动作性

舞蹈是用经过提炼美化的人体动作来塑造形象，展开情节，表达思想感情的。因此，动作是舞蹈的基本元素，是第一位的元素。

在日常生活中，人们比较重视用语言表达思想感情，因为语言表达在传达信息上相对清晰、明确，而动作表达相对朦胧、含蓄。但实际上在传达人的思想感情方面，有时动作比语言更有优越之处。在某种特定情况下，有些情感很难用语言表达，这时一个手势、一摇头、一眨眼、一撇嘴等，都能使对方感受到那蕴藏在深层的含义。还有一些用语言难以表达的强烈感情，用动作却能充分地表现。比如，与要好的朋友或亲人分别，在送行时说多少话语，都不如一个紧紧的握手或热烈的拥抱表达得充分，这些形体动作胜过千言万语。18世纪法国舞蹈理论家诺维尔说："要描绘的感情越强烈，就越难用语言来表达它，作为人类感情的顶峰的喊叫也显得不够，于是喊叫就被动作所取代。"中国古人说得更精练，"咏歌之不足，故手之舞之足之蹈之"。这些话生动而深刻地说明了在舞蹈艺术中，用人体动作来表达感情和展开情节的重要意义。

舞蹈动作是从生活中来的，是对生活动作的提炼和美化。如《采茶扑蝶舞》中的采茶与扑蝶动作，《摘葡萄舞》（彩图67）中的摘葡萄与吃葡萄的动作，《水》舞中的挑水、戏水、沐浴、梳洗的动作等，都是选取日常生活中这些动作的最生动、最典型、最有表现力的形象。

图3–98 舞蹈《金山战鼓》剧照

舞蹈动作的特色主要表现在力度的强弱、时间的长短、速度的快慢等方面，也就是舞蹈动作的节奏。任何舞蹈都是有节奏的，没有节奏就没有舞蹈。比如《荷花舞》（彩图68），表现一群少女模拟着荷花在水池中翩翩起舞，这就要求在舞蹈动作中力度要软、时间要较长、速度要缓慢，采用"水上飘"的轻盈步伐，表现出喜悦安详的姿态和柔美飘逸的神情，以准确而完美地表达这一舞蹈所要抒发的热爱大自然、热爱祖国的情感。又如舞蹈《金山战鼓》（图3–98）在表现主人公梁红玉中箭时，演员以大幅度的跳跃动作和翻滚动作，来刻画她忍受剧烈疼痛，以顽强的意志继续指挥作战的坚强性格。这个舞蹈的动作节奏，就要求力度强、时间短、速度快，只有这样的动作节奏，才能表现出古代巾帼英雄梁红玉忠贞不渝的爱国主义精神和一往无前的英雄气概。

舞蹈动作是具有民族特点和民族风格的。蒙古族人长年骑马，很少步行，造成肩部比较松弛，所以蒙古族舞蹈动作中有"碎抖肩"——快速抖动肩部的动作。藏族人长期穿长袍，藏族舞蹈的一些手势、步伐、动作的设计受其民族服饰的影响。傣族姑娘喜欢穿筒裙紧裹身体，所以傣族舞蹈动作中，姑娘的步幅小，靠扭胯来移动重心，形成了"三道弯"的舞姿美与人体的曲线美。

2. 抒情性

一切艺术都要表现情感，没有情感也就没有艺术。但是，舞蹈（和音乐）与其他艺术相比却能最直接、最强烈、最细腻、最充分地表达内心的情感。舞蹈直接通过人的美的形体动作抒发情感，往往能达到其他艺术所没有的直接感染效果。舞蹈是“生命情调最直接、最本质、最强烈、最尖锐、最简单而又最充足的表现”（闻一多语）。舞蹈最能直接地唤起人的生命感觉，同时激发人们审美情感的冲动。舞蹈《梁祝》中的“祝英台”运用中国古典舞的基本动作——“跑圆场”和大幅度的舞姿转动，巧妙地把舞姿的流动与感情的流动交融在一起，把祝英台蕴藏在内心的纯洁、坚贞的爱情和对于幸福生活的不屈追求以及为爱情而献身的精神形象而深刻地表现出来，从而强烈地感染着观众的心灵。舞蹈能够无声地、鲜明地、生动地显示和表露人的丰富、细腻、复杂的内心情感。芭蕾舞《天鹅之死》的结尾部分，表现了白天鹅耗尽了自己的全部力量，屈身倒在地上的情景，就在她闭上眼睛的一刹那，她的手臂向后上方最后一个微微的颤动，意味着一种对生命的强烈追求，蕴含着要重上蓝天展翅飞翔的深深渴望。

3. 造型性

舞蹈常常通过各种造型去反映人物的个性，从而抒发真挚的感情。但它的造型有它的特性，即在动作中造型，在造型中动作，所以舞蹈被人称为“活的雕塑”“动的绘画”。儿童舞蹈《小蝌蚪变青蛙》中，蝌蚪摇头摆尾和青蛙欢蹦乱跳的造型，真实生动地塑造了这些动物的形象。在舞蹈中有时运用相对静止的造型，使观众获得强烈的感受。《荷花舞》结束时，由一朵朵小荷花拼组成一朵大荷花的造型，《孔雀舞》（图3–99）结束时，由一只只小孔雀拼组成一只大孔雀，最后的造型也是“由动入静”“以静示动”。现代舞摆脱古典芭蕾托举“摆姿势”，静态亮相造型的做法，然而用心观看、仔细品味，那上举下落、左翻右缠的双人舞，每一个片刻也都是有含义的姿态造型和优美的画面。舞蹈的造型是动态的，如果舞蹈停留在某一瞬间，其造型就属于雕塑，所以说雕塑是“静止的舞蹈”，舞蹈是“动态的雕塑”。民族舞剧《丝路花雨》（彩图69），就是把敦煌艺术中的彩塑和壁画中人物舞蹈的姿态和造型作为素材，创作成姿态丰富多彩、

图3–99 民族舞《孔雀舞》剧照

动作栩栩如生的舞蹈形象。《丝路花雨》展示了璀璨瑰丽的敦煌艺术的画卷。

舞蹈《千手观音》，以浪漫的手法，把静态的壁画和雕塑的形象变成动态的舞蹈，赋予观音形象以生命和人的活力。舞蹈通过肢体的千姿百态，极其生动地把那些万能的手展现在人们面前。演员那优美的舞姿、娴熟的动作，有的动作好似“孔雀开屏”、有的动作好似“莲花绽放”，千般娇姿，万般变化，充分表现了舞蹈的造型美。

4. 虚拟性

所谓虚拟性就是通过直观的形体动作的比拟，使观众自然而然地联想到并未出现在舞台上的生活内容，对作品加以补充。比如蒙古族舞蹈中常有骑马的动作，舞台上没有马，也不是草原，但观赏者通过演员的动作，仿佛看到了他骑在马背上，用手握着缰绳，在草原上奔驰的场景。演员表演的骑马动作与实际骑马动作不完全一样，要比实际骑马动作更典型、更精练、更美观。再如舞蹈《洗衣歌》中，表现藏族姑娘在江边为解放军洗衣服的情景，绝不是机械地模拟真正洗衣服的过程；在表现解放军为藏族人民挑水的情景时，舞蹈的挑水动作与生活中的挑水动作也有很大差别。舞蹈中的动作是经过艺术再创造的“舞蹈语汇”。

图 3–100 芭蕾舞托举动作

舞蹈不排斥模拟生活，但模拟生活决不是舞蹈的美学特征。舞蹈中模拟生活不是机械地模拟，而是经过艺术的加工、提炼、创新和美化了的模拟。《红绸舞》表现一群青年男女高举“火把”（实际上是木棒上扎着像“火焰”的红绸）来到天安门前欢度节日，突然炽烈的“火焰”飞舞起来（实际上是把扎起来的红绸突然散开后进行舞动），随后形成一个大的“火团”（实际上是用全部红绸组成放射状），达到最后的高潮。《红绸舞》通过红绸的不断飞舞流动的各种线条，组成了丰富多彩的画面，抒发了中国人民获得解放的喜悦心情。在舞蹈《飞天》中，演员用舞动的条条白绸来比拟和象征天空中飘荡的朵朵白云，而演员好像在蓝天中的白云间飞翔，创造了非常美的意境。又如在芭蕾舞和民族舞中都有小伙子把姑娘托举起来的动作（图 3–100），这是在表达和抒发对恋人的倾心爱慕，而在实际生活中男女表达爱情不会有这种动作。在舞蹈作品中，这种虚拟动作和造型很常见，合理应用，可以产生强烈的艺术效果，引发美感。

5. 综合性

舞蹈是一门与文学、音乐、美术等艺术相结合的综合艺术。舞蹈借鉴了文学作品中运用情节、矛盾塑造人物形象、刻画人物性格等手法，在舞蹈创作中加以运用，使人物形象更鲜明，故事情节更生动。舞剧《林黛玉》中的人物形象和性格、情节和动作等都要以原著《红楼梦》为依据；舞剧《白毛女》要借鉴话剧《白毛女》；舞蹈《拾玉镯》也要借鉴京剧《拾玉镯》；舞剧《红色娘子军》，根据同名电影改编而成；芭蕾舞剧《闪闪的红星》取材于电影《闪闪的红星》，而电影《闪闪的红星》又是取材于小说《闪闪的红星》等。

相比其他艺术形式和舞蹈的结合，音乐和舞蹈的结合，是最早的也是最完美的结合。古今中外，几乎所有舞蹈都离不开音乐的伴奏，音乐是舞蹈的灵魂。音乐和舞蹈都是长于抒情、拙于叙事，但音乐的物质手段是音响，它是听觉艺术；舞蹈的物质手段是动作、姿态，它是视觉艺术。音乐和舞蹈的结合是听觉艺术与视觉艺术的巧妙结合，音乐是听得见的舞蹈，舞蹈是看得见的音乐。音乐旋律可以使舞蹈更优美流畅富有节奏感，舞蹈的动作和姿态又拓展了音乐深阔的意境，使人们获得高度的审美享受。

图3–101 芭蕾舞《竹排水波舞》剧照

芭蕾舞剧《闪闪的红星》把原来同名电影中歌曲《红星照我去战斗》的旋律保留下来，“小小竹排江中游，滔滔江水向东流……”，将悠扬的曲调作为《竹排水波舞》（图3–101）的音乐伴奏。借助根根“竹排”撑起意象化的“船只”，在青山绿水，蓝天白云间缓缓挺进，女舞者的舞姿与男舞者帅气的军姿交相辉映，为舞剧创造了美的意境并增加了戏剧性；芭蕾舞剧《大红灯笼高高挂》（图3–102），由中央芭蕾舞团创作并演出，《大红灯笼高高挂》中，音乐和舞美的中国化，是在艺术手段方面大胆的创新，追求着“既是世界又是民族的”舞蹈形式；20世纪70年代歌曲《愿亲人早日养好伤》是舞剧《沂蒙颂》的插曲，该曲被传唱至今。2019年，中央芭蕾舞团再邀当年的主创之一，作曲家刘廷禹，又用全新的舞台表现方式

图 3–102 芭蕾舞《大红灯笼高高挂》剧照

图 3–103 芭蕾舞《沂蒙三章》剧照

创作了芭蕾新剧《沂蒙三章》（图 3–103），经典旋律《愿亲人早日养好伤》在《沂蒙三章》中再次被唱响。该剧体现了军民水乳交融和大爱无疆，用芭蕾诗篇，歌颂了伟大的沂蒙精神。该剧在芭蕾基础上融入具有山东地域特色的胶州秧歌元素，生动塑造人物。该剧还创造性地运用纯打击乐配合舞蹈，演绎悲情片段。舞美方面，《沂蒙三章》运用激光等现代科技手段，让人耳目一新。以上这些例子都生动地说明了舞蹈是综合性的艺术。

舞蹈要与服装、道具、布景、灯光等美术因素结合起来，才能塑造完美的舞蹈形象。《天鹅湖》（彩图 70）是古典芭蕾舞剧的代表作。我们以其中一幕为例：舞台上的布景展现的是，蓝色的天空下有一平静清澈的湖面，湖畔绿树成片、绿草如茵。白天鹅在一束蓝光追踪照耀下，在湖面上等待着王子。湖面淡淡的、朦胧的雾若隐若现，扮演白天鹅的舞者穿着轻薄飘动的白纱裙，在翩翩起舞。这优美的意境会使观赏者联想到，舞者是温柔、圣洁的天鹅，比大自然中的天鹅更美；她是纯真、美丽的少女，比生活中的少女更富有迷人的魅力。从芭蕾舞剧《闪闪的红星》中的《映山红舞》，观众可以欣赏到舞者优美的舞姿和艳丽的服饰，可以听到《映山红》优美的音乐旋律，同时，还可以从舞台布景中联想到满山青竹，遍野映山红的美景。这些都为舞剧塑造了美的形象，使观众得到美的享受。这种美的感受可以说是文学、音乐、服装、道具、布景、灯光等整体作用的结果，缺少哪一个因素，也不会有这种美的效果。

四、怎样欣赏舞蹈

1. 形式美

形式美的因素包括形体、色彩和声音等，构成舞蹈艺术的形式美，应包括舞蹈的形体美、色彩美和音乐美。

舞蹈的形式美应体现在舞蹈的三大要素——动作表情、舞动节奏、舞蹈构图等方面。动作表情是指舞蹈表演中，由人的内在感情所引发的各种动作和姿态，其中包括面部表情和人体动作表情；舞动节奏是指舞蹈动作在速度上的快慢对比、在力度上的强弱对比、在空间幅度上的大小对比、在结构安排上的张弛对比等；舞蹈构图是指舞蹈表演中，演员的静态造型和舞蹈队形变化所构成的画面。欣赏舞蹈的形式美要从以上几方面分析和判断。

我国舞蹈家刀美兰表演的《水》舞，反映了傣族姑娘劳动之余在河边挑水、洗发的情景。演员穿着色彩绚丽的民族服装，紧裹的身体和“三道弯”的舞姿，生动地体现出少女的形体美。她在清澈的河水中沐浴着，梳洗着长长的秀发，动作轻盈妩媚，舞姿优美动人，抒发着对家乡和对生活的热爱之情，再加上布景中高大茂密的椰树林与河畔浓绿的草丛的映衬，演员随着浓郁的傣族风格的民乐伴奏翩翩起舞，婀娜多姿、韵味十足。

我国民族舞剧《丝路花雨》（彩图69），是一部色彩浓烈的画卷，舞蹈中那优美的形体、动作和造型，具有浓郁的古典风格和鲜明的民族特色。其中重要舞段《飞天仙子》《反弹琵琶》《波斯少女》《霓裳羽衣舞》《东方舞》等，舞姿中糅进了传统古典舞的步伐和身段，又吸收了芭蕾舞的托举和快速旋转的技巧，有许多优美的形体造型。舞剧布景再现了丝绸之路的石窟和富丽堂皇的宫殿，可谓是舞中有画、画中有舞，画舞交融、相映生辉，生动地创造了舞蹈的形体美和色彩美。全剧的音乐宛如一曲动人的抒情歌，其旋律吸收了《春江花月夜》《月儿高》等民族古典乐曲，使舞蹈更具有浓郁的古典风格和鲜明的民族色彩。全剧的剧情故事像是一首叙事诗，歌颂了英娘的纯朴善良、机智勇敢，鞭挞了市曹等统治阶级的卑鄙行径和丑恶灵魂，这一强烈对比使主题思想得到强化。舞剧取材于敦煌艺术，使我们更体会到我国古代文化艺术的辉煌成就。

2. 意境美

舞蹈是借助人体动作来抒情的，人体动作又创造了一定的景象，这样情（意）与景（境）的结合与统一，构成了舞蹈的意境美，这是欣赏舞蹈美的重要标准。

男子独舞《海浪》，描绘了海浪翻滚、海燕飞翔的种种壮丽景象。演员的动作、姿态、造型一会儿像是“海浪”，汹涌澎湃、势不可当，观赏者可以从中联想到面向大海时的情景，心胸豁然开朗，进而认识到人应该具有大海一样宽阔的胸怀和远大的志向；演员的动作、姿态、造型一会儿又像“海燕”，展翅飞翔，盘旋海空，观赏者可以从中联想到海燕与惊涛骇浪搏斗的情景，从而启迪人应该像海燕一样，要有不屈不挠、百折不回的奋斗精神。面对舞蹈的形象和意境，观众可以凭借自己的欣赏能力，去自由联想和想象，去领悟和品味优美舞蹈的艺术意蕴，从而产生丰富而强烈的情感共鸣。

中国的芭蕾舞剧《鱼美人》，通过舞蹈动作、姿态造型等，成功地塑造了主人公的形象：鱼美人贤淑优美、深情妩媚；猎人英俊勇敢、机智果断；人参老人善良诙谐、淳朴憨厚。舞剧还展现了不同性格和情调的分段舞蹈，有活泼玲珑的珊瑚舞；清秀柔美的水草舞；风趣幽默的草帽花舞；充满诱惑的蛇舞等。演员动作奔放舒展、刚柔结合、姿态优美，演员的服装反映了不同物象特征，音乐准确地烘托了情绪，特别是布景有碧波荡漾的海面，也有色彩斑斓的海岸，还有神奇莫测的海底。灯光、布景有效地创造了气氛，从而构成了舞剧情景交融、形神统一的意境，使欣赏者获得美的享受和陶冶。

舞剧《丝路花雨》中，英娘在敦煌洞窟内的舞蹈，运用了敦煌壁画中“反弹琵琶”的舞姿，动作由缓至急，幅度由小到大，表现英娘天真无邪的性格，从而反衬出慈父思女情意真切的感情世界。其布景也渲染了古色古香的气氛。舞剧从舞蹈、服装、音乐到布景，把观众带入到1 000多年前的唐代丝绸之路的时空中。这情和景的紧密结合，创造了深邃的意境美。

欣赏舞蹈要“进入”作品，体会作品表现的生动景象，并能和作品所抒发的浓烈情感产生共鸣，做到情（意）与景（境）的结合与统一，就会享受到舞蹈的意境美。

3. 技艺美

舞蹈是表演艺术。成功的舞蹈作品离不开演员娴熟的技能、技巧和技艺。如何把舞步、手势、力度及面部表情按照美的要求组合起来，这就是技巧。演员将手、腕、小臂和大臂加以变形以模仿物象的技巧是十分重要的。演员运用脚、腿、胯、膝、胸、腹、腰、背等，进行踢、蹦、跳、跃、跪、翻、转等步法和动作，对塑造美的形象又是非常关键的。演员必须通过长期严格训练和艺术实践才能掌握这些技艺。演员只有掌握了高超的技艺，并且把这些技艺融化到作品的情节和形象中，才能表现出舞蹈的动态美、造型美，才能完整地表现作品的思想内容。例如欣赏舞蹈艺术，有经验的鉴赏者特别注意演员手的各种动作和姿态，古今中外高超的舞蹈家的手总是非常富有表现力的。欣赏过杨丽萍的舞蹈《雀之灵》的人，都为艺术家那双美妙无比的手心醉神迷，她的手被中外观众赞誉为“会说话的手臂”。舞蹈动人之处，还在于舞者的形体动作所显示出来的千变万化、富有节奏的形式美。杨丽萍在她的舞蹈中一再展示出自己独特的肢体语言，尤其是近乎魔幻的柔软纤细的手指、修长的能多角度转动的胳膊、柔若无骨的腰，使她的每一个舞姿都是那么优美、细腻、迷人。人们冠之以“孔雀公主”的美名，因为她表现了人体美的高超的舞蹈技巧，展示了完美的艺术形式。再如陈爱莲的《蛇舞》中，美女蛇那种平缓、舒展的动作显示出身体的动态美。这些舞蹈家的出色表演都离不开她们娴熟的技能、技巧和技艺。

图3–104 芭蕾舞《闪闪的红星》剧照

芭蕾艺术舒缓柔美，芭蕾舞剧多以女性为主角，而芭蕾舞剧《闪闪的红星》（图3–104）却以男性“潘冬子”为主角，要求主角表现红军战士的英雄形象。这种较大的反差，对演员来说就是一次挑战，一次学习，一次创造，演员只有把握“刚”与“柔”之间的分寸感，舞剧才能足够丰满，才算成功。扮演舞剧中成年“潘冬子”的是国家一级演员吴虎生，他用高超娴熟的技能、技艺，把红军战士勇敢，坚毅，刚强的英雄形象塑造得淋漓尽致，其成功的根本原因是他把自己融入了角色之中。他说：“……这是我自己的故事，涌动在血液里的基因会在瞬间被调动，那种振奋和投入，那种对人物情感的传达不需要丝毫的表演，是自然的流露。”

俗话说：“外行看热闹，内行看门道。”我们欣赏舞蹈作品，就要领略演员高超的技艺，看他（她）是如何塑造人物性格的，是否完美地表现了作品的内容，有什么创新和独特的风格等。

舞蹈艺术具有以情感人、以舞娱人、以技惊人、以美动人的社会功能。我们在欣赏舞蹈艺术中，能够得到美的享受和美的陶冶。

主题九

文学美

一、什么是文学

文学是用语言塑造形象以反映社会生活、表达作者思想感情的艺术，也称语言艺术。

文学和其他各类艺术相比，有着特殊的地位，它是一切艺术中唯一运用语言文字为物质媒介的一种想象的艺术。但是，文学语言又不同于日常用语或理论语言，它是把生活用语经过作者的艺术加工，使其成为更凝练、更富于形象性的语言。文学源于生活且反映生活，不熟悉生活、对生活缺乏正确而深刻的认识，就不可能创作出真正有价值的文学作品。但是，文学又不是生活的“照相机”，它是作者站在一定的阶级立场上认识生活、再现生活的产物，因而具有鲜明的阶级性。所以说文学是社会意识形态之一，文学对社会产生一定的影响，有一定的社会效果。先进健康的、正确地反映生活本质的文学，能陶冶人的情操，净化和美化人的心灵，激励人们奋发向上；腐朽没落的、歪曲社会现实的文学，会毒化人们的思想感情，污染社会风气，腐蚀和磨灭人们的理想和斗志，从而阻碍社会的进步和人类文明的发展。所以说文学的社会作用和社会责任是极其重大的。

二、文学的分类

1. 诗歌

诗歌的语言要求高度凝练和形象化，一般分行排列。其特点是想象丰富、感情浓郁、意境深邃、语言精练、音调和谐、节奏鲜明。按内容分类有抒情诗和叙事诗；按有无格律分类有格律诗和自由诗；按是否押韵分类有有韵诗和无韵诗。

2. 小说

小说以塑造人物为中心，通过完整的故事情节和具体环境的描写来反映社会生活，展示人物的思想感情和性格。其特点是其内容可不受时间、空间和客观现实的限制，作者可借助于虚构、想象等各种表现手法来塑造人物形象，展示故事情节和描写具体环境。小说按篇幅长短分为长篇小说、中篇小说、短篇小说；按题材内容分为历史小说、社会小说、战争小说、爱情小说、武侠小说、侦探小说、科幻小说和神话传说等；按表现形式分为章回体小说、自传体小说、日记体小说、书信体小说等。

3. 散文

散文是一种通过对某些片段的生活事件的描述，表达作者的思想感情，并揭示其社会意义的一种文学形式。其特点是篇幅一般不长，形式自由，不一定具有完整的故事；语言不受韵律的拘束，可以抒情，可以叙事，也可以发表议论，或者三者兼有。散文最大特点是“形散神不散”，表面形式上散，实际文意却集中在一点上。散文按表达角度分为抒情性散文、记叙性散文和议论性散文；按内容和形式分有杂文、小品、随笔、速写、游记、传记、报告文学等。

4. 戏剧

戏剧是一种由演员在舞台上表演故事情节的艺术。其特点是篇幅、人物、场景高度集中，以适应舞台条件和演出要求。矛盾冲突要强烈而集中，矛盾的展开要迅速而有层次，要步步推向高潮、处处扣人心弦。（本项目主题十详加论述）

三、文学的美学特征

1. 形象鲜明

文学的创作和欣赏始终不能脱离具体的形象，它感知的是形象，研究的是形象，借以表达思维成果的也是形象。作者以形象表达自己的思想感情并感染读者，读者通过形象认识生活、产生共鸣和评价作品。脱离了形象，就无所谓文学艺术。一部成功的文学作品，必须是能塑造出具体、真实、生动、鲜明的艺术形象的。绘画、雕塑、舞蹈的艺术形象是直观可感的，而文学作品塑造的形象只能通过语言存在于欣赏者的想象和联想中，这是文学不如其他艺术的明显弱点。但文学能运用形象的语言，通过描写、叙述、比喻、暗示、象征等手法，在欣赏者的脑海中造就某种视觉形象和听觉形象，唤起具体鲜明的形象感。文学形象的塑造不是通过抽象的概念、原理或空洞乏味的说教，而是作者通过实践行动，广泛接触、收集各种素材，经过分析、综合、概括，将生活素材进行严格的筛选和加工，再运用艺术的语言和艺术的表现手法，塑造出有血有肉、栩栩如生、具体鲜明的文学形象。文学形象是文学美的重要特征。

小说《红楼梦》中对于凤姐这个艺术形象是这样描写的："一双丹凤三角眼，两弯柳叶掉梢眉""粉面含春威不露，丹唇未启笑先闻"。文学作品仅用二三十个字，就把凤姐这个人的外貌和泼辣利落、八面玲珑的性格特征描绘得淋漓尽致，使凤姐的形象像绘画似地印在欣赏者的脑海之中。不同艺术塑造的形象有不同的优点和特点。文学形象则是细腻的、完整的，对形象本质和精神风貌揭示得较深较广，这就为欣赏者提供了进行想象和再创造的广阔天地。

朱自清的散文《春》，对明媚的春天做了形象鲜明的描绘："春天像刚落地的娃娃，从头到脚都是新的，它生长着；春天像小姑娘，花枝招展的，笑着、走着；春天像健壮的青年，有铁一般的胳膊和腰脚，领着我们上前去"。春天本来是静态的，在作者的眼里却变成了动态的；春天本来是无生命的自然现象，而作者把它想象成了有生命的社会现象。作者通过对春天形象生动的描绘，表达了自己对春天热爱的情感，读者读了以后，也会受到感染而与作者产生情感上的共鸣。李白的《望庐山瀑布》："飞流直下三千尺，疑是银河落九天。"把庐山瀑布比作九天落下的银河，形象鲜明而生动，给人以美的享受。

2. 以情动人

文学是表达作者思想感情的艺术。作者必须带着激情去写有情感的人，欣赏者读了以后才可能受到作品中情感的启示、激发而感动。巴金在创作《激流三部曲》后说："我写梅、写瑞珏、写鸣凤，我心里充满了同情和悲愤，我庆幸我把自己的感情放进了我的小说，我代那许多做了不必要的牺牲品的年轻女人叫出了一声'冤枉'！"作者描写了时代变革时期一个封建大家庭走向没落的历史。作者塑造的几位封建家庭妇女的形象鲜明生动，以情动人，催人泪下。碧野的散文《天山景物记》，是通过记叙游览天山的见闻，热情地歌颂祖国西北边疆富饶秀丽、雄奇壮观的大自然和牧民幸福美满的新生活，抒发了作者热爱祖国山河、热爱生活的感情。再如朱自清的散文《荷塘月色》、刘白羽的散文《长江三峡》、茅盾的散文《风景谈》等，都有不少精彩的抒情和议论。以情动人不仅可以表现作品主题和刻画人物，而且可以丰富作品的思想性。

3. 典型生动

恩格斯曾经指出，作家应该塑造"典型环境中的典型人物"。作者能否塑造出成功典型，取决于他的世界观、他对现实生活熟悉和理解的程度，以及所掌握的艺术方法、艺术技巧等。典型形象来自现实生活，又比现实生活中的更高大、更鲜明、更生动，更有集中性和普遍性。典型具有丰富的社会意义，能给人留下难忘的印象，起到深刻认识社会的作用和思想教育作用。形象是所有的文学作品都有的，但典型形象却只有优秀的文学作品才有。文学的典型性原则，要求作品有典型人物形象、典型的社会环境和真实的细节。

施耐庵的《水浒传》概括了历史上水泊梁山农民起义的发生、发展直至终结的全过程。小说在艺术上最突出的成就，就是对人物性格的成功刻画。在作者笔下，"水浒一百零八将"都具有各自的性格特征，有的具有极高的典型意义，因而成为人民群众家喻户晓的人物。《水浒传》塑造的人物的性格特征是丰富多彩的，宋江的仁义忠厚、吴用的足智多谋、李逵的鲁莽爽直、武松的机灵勇猛……即使都是性格粗鲁的人，也有不同特点，鲁智深粗鲁是性急，史进粗鲁是少年任性，李逵粗鲁是蛮。这类例子在《水浒传》中举不胜举。

杜甫的名诗《春夜喜雨》："好雨知时节，当春乃发生。随风潜入夜，润物细无声。野径云俱黑，江船火独明。晓看红湿处，花重锦官城。"作者在前四句中赞颂春雨知时而降，滋润万物，而且无声无息地毫不显示自己，写出了春雨不为名利、助人为乐的个性特征；后四句写出从观雨中夜景想象到雨后晨景，即现在虽是一片漆黑中的一点渔火，然而第二天早晨将呈现雨后的鲜丽景色，使人感触到生机勃勃的气息，暗示着未来是光明的。这首诗的典型性就在于它不是孤立地突出自然景色的特点，而是借自然景物的拟人化，间接地表达作者的崇高情感和乐观精神。这种托物言志，既有自然个性又有社会意义，因此也具有典型性的美感。

4. 题材丰富

文学的题材丰富是因为文学是借助语言来塑造形象。造型艺术的形象只能表现某一瞬间；表情艺术的形象必须进行现场表演来塑造；综合艺术的形象局限在舞台或银幕。而语言艺术的形象却不受时间和空间的限制，从多方面用多种多样的方式来表现社会生活的发展过程。有的文学作品可以叙述几月、几年，甚至一个时代的人们的生活与历史。有的作品从古代写到现在，说古道今；有的作品从现实世界写到幻想的王国，上天入地。

《诗经》是我国古代第一部大型的诗歌总集。它共收入自西周初年到春秋中叶大约500多年间的诗歌305篇。我国杰出的史学家、文学家司马迁编写的《史记》，记载了从传说的黄帝到汉武帝时代约3 000年的历史，不仅为后世留下了一部极具权威性的史书，而且具有很高的文学价值，被誉为“史家之绝唱，无韵之离骚”。罗贯中的《三国演义》描写了东汉末年到西晋建立（184—280年）近百年的历史，把纷繁复杂的事件、严酷激烈的战争、形形色色的人物，都处理得有条不紊，描写得鲜明生动。吴承恩的《西游记》里的孙悟空，更是上天入地忽隐忽现，作者把想象出来的，不受现实时空限制的场景生动地描绘了出来。

文学题材丰富，还表现在可以全面地反映某个时代社会生活的各个方面。只要社会生活中有的，总能在文学作品中反映出来。如《红楼梦》，主题是写“宝黛”爱情的悲剧和封建大家族盛衰的过程，但作者运用丰富的题材来表现这个主题。有贵族家庭也有市民家庭；有宫廷生活也有百姓生活；有官场阴谋也有民间奸诈；有爱情甜蜜也有爱情痛苦；有婚姻美满也有婚姻不幸；有真善美也有假恶丑……文学创作的题材真是“无事不可写，无意不可入”。文学的丰富题材使人们产生丰富的联想和想象，给人们以无穷的回味，启发人们进行再创造，使人们获得丰富的审美感受。

四、怎样欣赏文学

1. 感受不同体裁的文学美

欣赏文学作品时，不同体裁的文学作品应有不同的侧重点。诗是抒情的艺术，欣赏诗应从分析诗情入手，诗有无激情，是衡量诗的优劣的重要标准，同时要把握诗的形象和诗意，诗的情、景、意统一于形象，才能使人获得美感。

唐代诗人杜甫的“朱门酒肉臭，路有冻死骨”在真实的画面描写里，蕴含着诗人极为丰富的情感。描绘的景物和情感，形成了典型的意境，清晰地表现出诗人忧国忧民的广阔胸怀。元人马致远的小令《天净沙·秋思》：“枯藤老树昏鸦，小桥流水人家，古道西风瘦马。夕阳西下，断肠人在天涯。”作者借夕阳西下时荒凉山野中的景物，抒发了流落天涯的断肠人的痛苦心情。有情、有景、有意境，借景抒情，表现了封建社会中，文人政治上的失意，生活上的落魄。

小说是以塑造人物形象，叙述故事为主的艺术，欣赏小说应通过对人物的对话、动作、外貌的分析，窥视人物的内心世界，深入细致地分析人物形象，同时分析故事情节的设置和环境的描绘，从而深刻地认识作品的主题。

散文的最大特点是“形散神不散”，欣赏散文就要从情趣横生的、散漫的叙事写景中体会和认识文意，这样才能理解文中曲折幽深的哲理。

魏巍的散文《谁是最可爱的人》，立意新颖、布局精巧、语言优美。把几个类型不同的英雄故事，在全篇散漫地进行叙述，并且进行了精彩的抒情和议论，最后，使读者深深地体会和认识到中国人民志愿军是最可爱的人。作为散文的一个类别的杂文，则以批判讽刺为创作目标，鲁迅杂文的特色是随手拈来皆生妙趣，嬉笑怒骂皆成文章。

不同体裁的文学作品，存在着不同的个性特征，欣赏文学作品，要根据其不同体裁的不同特征，去感受、体会、思考、分析和认识，获得更深刻的审美感受。

2. 认识文学语言中美的因素

高尔基说：“文学就是用语言来创造形象、典型和性格，用语言来反映现实事件、自然景象和思维过程。”文学语言源于生活又高于生活，是生活用语的加工和提炼。我们欣赏文学作品，就要抓住文学语言中美的因素，其中包括文学语言的形象性、精确性、独创性和音乐性。

文学语言的形象性，是指将文学所反映的对象描绘得活灵活现、栩栩如生。鲁迅在小说《祝福》中，对祥林嫂形象的描绘是细腻的、完整的、惟妙惟肖的，既反映出人物的悲惨命运，又体现出作者的丰富情感。虽然它不具备木刻、戏剧艺术等对人物刻画的直观确定性，但它使读者可以充分想象和进行再创造，从而获得审美的愉悦。就形象本质和精神风貌揭示的深度和广度来说，用文学语言来塑造形象，有许多优越之处。

文学语言的精确性，是指写得既准确又精练。比如，平时生活用语：“你办的这件事真是多余，而且不恰当。”如果用文学语言，可表达为：“你办的这事是‘画蛇添足’。”恰当地运用成语即表现了文学语言的精确性。鲁迅先生是我国现代伟大的文学家、思想家和革命家。他对待人生正像他自己所说：“我好像一头牛，吃的是草，挤出的是牛奶、血。”诗人臧克家写的诗《有的人》：“有的人活着他已经死了；有的人死了他还活着。有的人骑在人民头上：‘呵，我多伟大！’有的人俯下身子给人民当牛马……”这首诗赞扬了鲁迅的人生和价值，诗句写得既准确又精练。

文学语言的新颖性，是指写得新鲜独创。不论哪种艺术都强调独创性。巴尔扎克曾风趣地说：“第一个用‘花’来比喻女人的是天才，第二个是庸才，第三个是蠢材。”从美学的原则来看，美是人类创造性劳动的第一次产品，在真正的艺术作品里，一切形象都是新鲜的，具有新颖性。同样用散文形式写“三·一八惨案”，鲁迅的《纪念刘和珍君》沉郁悲愤；朱自清的《执政府大屠杀记》朴素真实，他们风格各异。

文学语言的音乐性，是指语言的音调和谐悦耳、节奏鲜明、富有韵味。作家借用语言的抑扬顿挫来传达生活的音响，反映生活的真情实景，给读者以强烈的感染。尤其是诗歌的语言更接近于音乐性。郭小川的诗：“天山哟，打从天上来，大大的步儿，下天台，高高的个儿，穿银铠，宽宽的腰儿，扎玉带。”用富有音乐美的语言表达出来，节奏鲜明、韵律和谐、朗朗上口、悦耳动听，令人回味无穷。

我们欣赏文学这种语言艺术，就要从这些方面入手，认识文学语言中美的因素。

3. 从“入乎其内”到“出乎其外”

中国古典艺术鉴赏理论，对文学作品的欣赏过程提出了“入乎其内，出乎其外”的要求。

“入乎其内”就是欣赏文学作品时，要能“进入”到作品的内容和情境中去。其中包括展开想象、产生情感上共鸣和体会意境。展开想象，是指欣赏文学作品要充分展开自己丰富的想象力，给文学作品的形象以补充和改造，进行鉴赏的再创造，这样才能扩大和丰富作品的内涵。情感共鸣，是指欣赏文学作品要触景生情，要与作品中人物的情感产生共鸣，关心作品中人物的命运，达到忘我的境地。体会意境，是指欣赏文学作品要把通过想象形成的文学形象（境）与唤起的某种情感（意）统一起来，而体会到意境美。

小说《林海雪原》中“杨子荣献礼”一节，生动地描写了杨子荣深入匪巢时，如何应对坐山雕用土匪黑话和精神战术考察他的情节。读者情不自禁地被这一惊险的情节所吸引，不知不觉地好像和杨子荣一起进入了匪巢，有如临其境、如见其人、如闻其声之感。想象得出坐山雕狰狞的嘴脸、凶恶的目光、奸诈的神态和咄咄逼人的问话情景，为杨子荣捏着一把汗。当读者读到杨子荣机智从容地对付了敌人而取得坐山雕的信任时会由衷地高兴，对智勇双全的杨子荣的敬佩和热爱之情会油然而生，但同时为杨子荣在狡猾的敌人中继续战斗而担心，关心着他的命运，和杨子荣产生情感的共鸣。小说的故事情节波澜起伏、紧张惊险。读者读得都“入迷”了，甚至废寝忘食、如痴如醉，这就是“进入”到作品中的“入乎其内”。

“出乎其外”，就是欣赏文学作品时，要能“跳出”到作品之外，理解作品的内容和形式，认识它的整体美。整体美包括语言美、结构美和主题美。文学就是语言艺术，任何形式的文学作品都离不开语言这种形式，作家就是要通过美的语言，来描绘和刻画美的形象。结构指文学作品的全篇架子，结构安排得恰当和匀称是十分重要的，它可以有力地表现人物性格，突出作品主题。文学作品的主题是通过描绘现实生活和塑造艺术形象来表现的中心思想，是作品内容的主体和核心。主题鲜明而突出的文学作品具有美感力量。我们对作品的主题进行分析时，要了解作者和作品的时代背景。

读小说《林海雪原》时，只做到“入迷”，甚至入而忘返是不行的，还要“清醒”，要能“跳出”作品之外。了解作品是反映在中华人民共和国成立前夕，我军在东北剿匪的故事。体会小说塑造了杨子荣等英雄的群像，歌颂了在中国共产党领导下的人民解放军的革命英雄主义精神。小说的结构安排包括：“受命剿土匪”“奇袭虎狼窝”“智斗坐山雕”“盛布百鸡宴”“舌战小炉匠”“智取威虎山”等，以故事为结构线，安排得恰当、均匀、引人入胜。英雄的形象和故事情节突出了作品的主题。作者曲波曾直接参加并指挥过小分队的剿匪战斗，有着丰富的战斗生活素材的积累，又由于作者熟读小说《三国演义》《水浒传》等，所以小说《林海雪原》的语言通俗易懂、简炼淳朴，创造性地继承了我国古典小说传统的艺术手法，在情和景的结合上又能接近于民族风格，是一部优秀的长篇小说。

欣赏文学作品中的小说、诗歌、散文、戏剧等，都要做到从“入乎其内”到“出乎其外”，也就是从“进入”到“跳出”；从“入迷”到“清醒”；从“动情”到“动脑”，才能获得完整、正确而深刻的审美感受，才能真正认识文学作品的思想意义和艺术价值，才谈得上是真正的欣赏。

主题十

戏剧美

一、什么是戏剧

戏剧是一种由演员按剧本规定的内容扮演角色，在舞台上向观众表演故事情节的艺术。戏剧的三要素是剧本、演员和舞台。

戏剧是一门古老的艺术。公元前5世纪，希腊的戏剧已进入繁荣和成熟时期。我国古代的戏剧以其高超的艺术魅力，在历史上留下了不朽的一页。历代都出现过许多伟大的戏剧家和剧本，如元代的关汉卿和《窦娥冤》，王实甫和《西厢记》；明代的汤显祖和《牡丹亭》；清代的孔尚任和《桃花扇》，近代的郭沫若和《屈原》《卓文君》，老舍和《茶馆》《龙须沟》，曹禺和《雷雨》《北京人》。还有话剧《狗儿爷涅槃》《天下第一楼》《鸟人》《丹心谱》《玩家》《小井胡同》《窝头会馆》等，都受到观众好评。戏剧的千古不衰、繁荣发展，说明它有强大的生命力和特殊的艺术魅力。

二、戏剧的分类

中国戏剧一般是戏曲、话剧、歌剧、舞剧的总称。西方戏剧专指话剧。

戏剧按类型分有：悲剧，如《窦娥冤》《哈姆雷特》等；喜剧，如《望江亭》《钦差大臣》等；正剧（悲喜剧），如《白毛女》等。

按题材分有：历史剧，如《屈原》《蔡文姬》等；现代剧，如《雷雨》《龙须沟》等。

此外，还有儿童剧、广播剧、木偶剧、皮影戏等。

这里只以话剧为例。

三、戏剧的美学特征

1. 综合性

在艺术领域里，音乐、文学等擅长表现过程，但缺乏直观性；绘画、雕塑等具有直观性，但不能表现过程。唯有戏剧能把直观性和过程性完美地结合起来，具有其他艺术所不能替代的特殊优越性。戏剧吸取了实用艺术、表情艺术、造型艺术、语言艺术等各种艺术的诸多元素，并把它们融为一体而形成一种新的复合体，创造出具有新的审美特点的艺术。具体地说，戏剧就是文学、美术、音乐、舞蹈、建筑等多种艺术综合的美学工程，是一种集体性艺术。它需要用文学语言写成剧本，这是舞台演出的基础；需要演员的表演以表达人物的思想、性格和剧情故事；需要角色的服装设计与制作；需要舞台布景与灯光等。应当说明的是，戏剧中应用的文学、美术、音乐等艺术，都要改变自己原有的独立性。对戏剧中的对白，演员不能脱离剧情要求，去展示自己的朗诵才能；布景中一幅画，不是为了让观众单独欣赏所作，而是为了表现特定的环境；戏剧中的歌曲或乐曲，是为了表达某一角色的情感或烘托某种气氛。各种艺术都要为塑造完整的舞台形象和表现戏剧的主题服务。各种艺术元素一旦融入戏剧中，都要作出“牺牲”，它们的独立性就消失了，一切都要重新组合，相互制约、相互渗透、水乳交融，体现出一种和谐美。每种单体艺术既要体现出自身的艺术美，更要配合其他单体艺术美的实现，各种单体艺术不是简单地“混合”而是“化合”，共同凝聚为戏剧艺术的整体。

2. 矛盾性

戏剧的本质特征在于它集中、尖锐地反映社会生活中的矛盾冲突。没有冲突，就没有戏剧。戏剧内容能强烈地吸引观众、扣人心弦，原因就在于矛盾冲突比其他叙事作品更为尖锐、激烈，使观众紧张得心跳加快，使观众动情地哭或笑，使观众深深地思索和回味。

图3–105 话剧《白毛女》剧照

在话剧《雷雨》中（彩图71），剧情有尖锐复杂的矛盾冲突。观众观剧时，必然会想弄清楚这些矛盾是如何解决的，想知道结局如何。

戏剧的矛盾冲突是戏剧主题的基础和情节发展的动力。我们以话剧《白毛女》（图3–105）的剧情发展为例，黄世仁逼账并迫使杨白劳用喜儿顶账，表现了杨白劳与黄世仁的矛盾冲突，冲突结果是杨白劳悲愤自尽，喜儿被抢走，达到剧情的第一个高潮。矛盾冲突向前发展，喜儿在黄家受尽折磨和污辱，表现了喜儿和黄世仁的矛盾冲突，冲突结果是喜儿逃出黄家，躲进深山，达到剧情的第二个高潮。矛盾冲突继续向前发展，八路军解放了这个山村，组织百姓斗地主、分田地，表现了劳动人民与地主的矛盾冲突，冲突结果是镇压了地主黄世仁，大春从深山救回了喜儿，剧情达到最后的高潮。

作家刘一达创作的话剧《玩家》（彩图72）以收藏为主线，讲述了20世纪80年代起在收藏圈里的那些事儿，在收藏市场蓬勃发展的时期，玩家们之间为了争夺真品，产生了尖锐复杂的矛盾。在玩家中有的人心地善良，真诚相待；有的人虚伪欺诈，丑陋低俗，因此在玩家之间展开了心术和智谋的对决。剧中的靳伯安是对物件一眼就能断定真假的老玩家，他把祖传的元青花瓷瓶看作是一种文化，一种精神，只收不卖。剧中的宝二爷在古玩交易中，以假乱真，从中渔利，是一个只认钱的投机者。剧情围绕着“瓶子”到底是真还是假，是摔还是不摔，要摔摔几个等问题引出重重悬念，引人入胜，扣人心弦，一直吸引着想知道结果的观众。故事情节的演变和形形色色人物的表现，反映出社会生活中真善美和假恶丑尖锐的矛盾冲突。这矛盾冲突推动剧情的发展，突出了戏剧的主题。

戏剧总是受到舞台时间与空间的限制，因此，剧本反映的生活故事要高度集中、凝练。例如，历史剧《屈原》（郭沫若著）只写了从清早到夜半后的一天，但却反映出屈原的一生。话剧《雷雨》将30年的故事，在一夜的时间里展示。话剧《茶馆》短短的三幕，时间跨度从1898年戊戌变法直到中华人民共和国成立前夕的半个世纪。通过北京一个小小的茶馆的变迁和掌柜王利发一生的遭遇，深刻地揭示了一个动荡的时代和底层民众的苦痛。

3. 直观性

戏剧是由演员扮演角色，在舞台上表演故事情节的一种直观艺术。舞台形象既是视觉形象，也是听觉形象，使观众获得一种“耳闻目睹”“身临其境”的真实感。与观看电影电视不同，戏剧最容易给观众直接感受，引起情感共鸣，使观众不知不觉进入戏剧境界中，而忘记这是在看戏。莎士比亚的著名悲剧《奥赛罗》，描写的是威尼斯大将，摩尔人奥赛罗，受了坏人伊阿古的挑唆，深深陷入猜忌之中而不能自拔，后来杀死了无辜妻子的悲剧。一次，这个剧在纽约演出，扮演伊阿古的演员演技精湛，演绎人物淋漓尽致，以致一名不能自抑的观众竟开枪打死了这名演员。事例说明，戏剧的真实可信的直观性，具有震撼人心的巨大力量，具有极大的艺术感染力。当然，对于观众来说，应该理解艺术世界与现实世界毕竟不是一回事。

四、怎样欣赏戏剧

1. 主题美

主题又叫主题思想，是文艺作品通过描绘现实生活和塑造艺术形象所表现出来的中心思想。主题是作品内容的主体和核心。戏剧的本质特征在于它的矛盾性，戏剧的矛盾冲突不仅推动情节的发展，更为重要的是表现某一特定的主题。主题是有阶级性和时代特点的。

图3–106 话剧《雷雨》剧照

话剧《雷雨》(图3–106)中人物之间的矛盾冲突错综复杂，而且尖锐、激烈。剧本通过展现周鲁两家夫妻之间、主仆之间、兄妹之间、男女之间的感情纠葛和矛盾冲突，热情地颂扬了劳动人民的反抗精神和坚强不屈的性格。

话剧《茶馆》(彩图73)，从清王朝的大太监一直写到城乡贫苦百姓，在政权频繁更替的年代里，五光十色的人物的矛盾冲突，一个小小的茶馆就是一个旧中国社会的缩影和历史的见证人。作品的主题是暴露旧社会的黑暗，暗示中国的出路。使观众更深刻地理解“只有社会主义才能救中国”这一真理。

话剧《天下第一楼》(图3–107)，的剧情揭示了旧中国半封建、半殖民地

图3-107 话剧《天下第一楼》剧照

的社会必然灭亡的道理，正像剧中一副对联："好一座危楼，谁是主人谁是客；只三间老屋，时宜明月时宜风"，横批："没有不散的宴席"。这部话剧反映了历史的悲剧、时代的悲剧。该剧的故事还向我们表明，老一代艰苦创业打下的基础，如果不好好维护，到了后代便会衰败没落。这个启示对我们也有现实意义，令人回味、发人深省。

艺术欣赏是一种情与理、感性认识与理性认识、娱乐性与教育性相统一的审美活动。任何戏剧作品总是要宣传一定思想的，如果取消它颂扬真善美和揭露假恶丑的社会功能，戏剧也就大大减弱了它存在的价值。但是，高明的戏剧家总是通过潜移默化的手段来实现这一目的。使观众渐渐地、不知不觉地接受了戏剧所宣传的主题思想。欣赏者在观剧过程中或观剧以后，若善于认真思考，就能够很敏感地、准确地抓住戏剧的主题思想。

2. 个体美

人们一般将构成事物（包括艺术）的美分为个体美和综合美。个体美是指事物本身相当完整而又相对独立的个体的美。如戏剧中的语言、动作、服饰、布景等。

郭沫若的话剧《屈原》中《雷电颂》一场，悲愤的诗人屈原的台词（语言）抒发了他心中对国破家亡的愤恨，对光明、自由的热爱，准确而生动地表达了屈原的思想感情。这段台词写得激情澎湃、铿锵悦耳，本身就是一首抒情诗，具有很高的欣赏价值，表现了戏剧剧本中的语言美。

话剧表演艺术家刁光覃饰演曹操时，除了用抑扬顿挫的语调朗诵诗（台词），同时在诗的感情最激越的关键时刻，设计了"几个急转身"的动作，这种尺度大、雕塑感强的形体动作，展示了曹操的人物性格、气质和精神状态。使观众看到了一位心胸开阔与气势非凡的曹操，塑造了一位政治家和大诗人的形象，给观众留下了想象的余地和难以磨灭的印象，表现了戏剧表演中的动作美。

戏剧中的服饰、布景、灯光、道具等，主要是为烘托剧情气氛、塑造舞台形象和表现戏剧主题服务的，但有些场景也能给观众以美的享受。

比如，话剧《天下第一楼》（图3-107），剧中人物有穿着长袍、马褂的顾客，有戴着围裙、披着抹布的伙计。布景中有挂着的饭馆牌匾，账房墙上贴的菜单，屋里摆着的中式餐桌椅，通往二楼的楼梯间还挂着画框，楼上客房、包间还亮着灯。这些人物的服饰、灯光和布景，会使观众强烈感受到剧情所处的时代背景和环境，以及人物的身份和地位。

3. 综合美

戏剧是多种艺术的综合。因此，对戏剧艺术的欣赏就不同于一般单体艺术的欣赏，它要求欣赏者具备诸多的审美能力，要善于用综合艺术的眼光来进行欣赏。认识戏剧的综合美，即从剧本、导演、表演的有机结合，“单体部件”与“整体结构”的有机结合，内容与形式的有机结合等方面进行欣赏，也就是全面、完整地进行欣赏。剧本是“一剧之本”，是戏剧美的基础，没有优秀的剧本很难排演出优秀的戏剧。但一部优秀的剧本，没有优秀的导演，也会处理成为平庸的戏剧，剧本的优秀也体现不出来，因为导演要根据剧本进行艺术构思，组织和指导演员和有关人员进行创作实践，把剧本的内容体现在舞台上。有了优秀的剧本和优秀的导演，还需要优秀演员在舞台上的出色表演，离开了表演就无所谓戏剧艺术，表演是戏剧艺术的生命。演员的理解能力、接受能力、表演能力不高，甚至很低，再优秀的剧本和导演也表现不出戏剧美。当然，表现戏剧美还需要服饰、布景等多种艺术元素融进戏剧中。

老舍的话剧《茶馆》（彩图73），通过北京一个茶馆的变迁和掌柜王利发一生的遭遇，以及其他一些人物的命运沉浮，用短短的三幕概括了半个世纪的风云变化、人情风貌。通过具体描写“小茶馆”的生活来揭示“大时代”的动乱，体现了作者高超的洞察能力和提炼素材的能力，同时也表现了作者精湛的组织戏剧结构的技巧。《茶馆》的语言精练、生动、幽默，塑造的人物性格鲜明、栩栩如生。因为其历史内涵丰富并显示出巨大的艺术魅力，所以《茶馆》成为中国现实主义话剧中的经典杰作。

《茶馆》取得成功的另一个重要原因，是几代导演和演员共同的努力，在忠于原著的基础上，让《茶馆》在艺术上有所创造。《茶馆》的原剧本中，对开幕的描写只有寥寥几笔，经过导演的处理，幕布一拉开，台上喧嚣热闹的情景立刻抓住了观众的视线。观众看到客人们三两人一桌在闲谈，跑堂热情地招呼主顾和殷勤地端茶倒水，身穿不同服饰的人进进出出，在几分钟内，那个特定的时代背景和茶馆的兴旺景象真实生动地表现了出来。导演是剧本的解释者和演出的组织者，是整体创造的灵魂，若想让一部剧获得成功，导演必须具有丰富的生活经历和舞台实践经验，还必须具有深厚的艺术修养。

《茶馆》取得成功的另一个重要原因，是其由著名演员于是之、郑榕、蓝天野等扮演重要角色，他们都是戏剧表演艺术家。为了演好这部戏，他们必须对剧本和扮演的角色有强烈的情感“共鸣”，深入生活，体验生活，把戏剧作品转化为舞台形象。例如剧中扮演庞太监的童超，为了把这个有钱有势、极端自私、心理变态的人物再现出来，多次访问过西太后的太监，观察他们的言谈举止、音容笑貌。通过交谈找到心理变态的依据，在表演时就能真实到位了。可以说演员既是创造者，又是工具，同时还是艺术欣赏的对象，对戏剧的成功起着极大的作用。

《茶馆》一剧三幕戏写了三个时代，对应三个时代，茶馆内的布景、灯光、道具等也有三次更新。第三幕的道具中有了电唱机，茶桌上铺了台布，观众不用听演员对白就可以判断此时的时代背景，同时也使观众认识到王掌柜善于追随潮流、苦心经营的特点。成功的戏剧，需要编剧、导演、演员、服装师、灯光师、舞台设计师等的通力合作，共同完成这一综合性的“美学工程”。观众欣赏戏剧，同样也要从“单体部件”与“整体结构”的有机结合等方面进行观察、思考、欣赏、分析，从而认识戏剧的综合美。

戏剧美的欣赏是一个复杂的认识过程。主题美、个体美、综合美不是孤立存在的，而是相互依赖、相互渗透、巧妙融合、高度统一的。

主题十一

戏曲美

一、什么是戏曲

戏曲是以演员的表演为中心，把文学、音乐、舞蹈、美术、武术、杂技等融为一体的一种特殊艺术。

戏曲是我国传统的戏剧形式，其形成和发展史在我国民族传统文化的历史发展中源远流长，它是最具特色的艺术形式之一，是在我国人民文化生活中具有广泛影响意义的艺术门类。中国戏曲最早起源于原始社会中的部落歌舞，发展到汉代出现了“百戏”。经过几千年的发展变化，形成了完整的戏剧体系和特有的戏剧美学观。中国戏曲艺术美在于其形态上的独特风格和民族特色，在世界剧坛上独树一帜。中国戏曲与希腊戏剧、印度戏剧并称为三大世界上最古老的戏剧，受到世界各国朋友的重视和喜爱。

二、戏曲的种类

我国是世界上戏曲种类最丰富的国家，据不完全统计，在我国，剧种有360多种，几乎每个省都有乡土气息浓厚的地方戏。传统的保留剧目就有5万多部。主要剧种有：

京剧：以北京为中心，全国流行。

昆剧：也叫昆曲，流行于江苏昆山一带。

越剧：流行于浙江、上海等地。

评剧：流行于华北、东北地区。

豫剧：也叫河南梆子，流行于河南、陕西等省。

晋剧：也叫中路梆子，流行于山西中部。

秦腔：流行于陕西和西北各省。

河北梆子：流行于河北及辽宁、内蒙古等省。

粤剧：流行于广东省、广西壮族自治区和东南亚华侨居住区。

黄梅戏：流行于安徽、江西、湖北等省。

京剧已有200多年的历史。京剧之所以能够形成，并且兴盛发展起来，是因为京剧继承了宋、元、明等朝代戏曲的传统，积累的大批剧本。清朝乾隆年间（1790年），安徽等地的戏班来京进行了戏曲的大会演，徽剧善于表演武戏，徽班进京后，学习了昆曲优美的文戏表演，又吸取了梆子戏中打击乐手法，加强了戏曲表演的舞蹈化和节奏化，大大提高了戏曲艺术的表现力。通过演员的“合班”演出相互交流影响和戏曲形式长时间衍变就形成了京剧。京剧的曲调丰富，节奏鲜明，唱词通俗易懂，角色分类细密，武艺精纯，脸谱化妆讲究，深为人民喜爱，成为全国性的大剧种，被称为“国粹”。本节内容将重点分析和欣赏京剧。

三、戏曲的美学特征

1. 综合性

中国戏曲的综合性主要体现在：以歌、舞、白这三大艺术要素的有机结合而构成的艺术形式去表现某个完整的故事。戏曲中的“歌”不同于歌剧和独唱，它在歌唱中还配合着舞蹈和对白。戏曲中的“舞”不同于舞剧和独舞，它在舞蹈中有歌还有白，有文舞，还有武打，并且糅进一些杂技和特技的表演。戏曲中的“白”又不同于话剧和朗诵，它特别讲究字正腔圆，讲究音调的婉转起伏和音韵的节奏美。在戏曲表演中，歌、舞、白这三者不能孤立分割地存在，而必须有机地融为一个整体。

2. 程式性

程式就是把形式纳入一定的标准，使之成为一种定式，也是把日常生活的自然形态加以精选、提炼和装饰，使之简炼、准确、鲜明，富于节奏感，舞蹈化、美化。中国戏曲讲究“四功五法”，所谓“四功”就是唱、念、做、打，“五法”就是手法、眼法、身法、发法、步法，这些都有基本固定的格式规则，大家约定俗成，沿用下来。程式性表现在以下几方面：

（1）行当的程式性（彩图74）

根据角色的性别、年龄以及气质性格等特点，对演员所扮演的角色分类。生、旦、净、丑是四种基本分类：

① 生（男性角色）

老生：又称须生，扮演重唱功的中老年男子。老生所戴胡须（京剧中叫髯口），按年龄不同有黑、白、灰三色。其中又分文老生（如诸葛亮、刘备等）、武老生（如黄忠、王平等）。戏曲中的“末”原指老年男子，后并入生行。

小生：扮演青年男子，唱念用小嗓，表示文雅和带稚气。分文小生，多为书生或公子（如梁山伯、贾宝玉等）；武小生，多为青年将领（如吕布、周瑜等）。

武生：又分长靠武生和短打武生。长靠武生扮演英勇善战的武将（如赵云、马超等）；短打武生扮演武艺高强的绿林好汉（如武松、任堂惠等）。

② 旦（女性角色）

正旦：又称青衣，扮演重唱功的中青年女子，多为悲剧角色（如秦香莲、苏三等）。

花旦：扮演重做功的中青年女子，多为喜剧角色（如孙玉姣、金玉奴等）。

武旦：扮演重打功的女子。又分刀马旦和武旦，前者指英勇善战的女将或女英雄（如穆桂英、杨排风等），后者多为神话中的女精灵（如碧波仙子、白骨精等）。

老旦：扮演重唱功的老年女子（如佘太君等）。

彩旦：又称丑旦，扮演喜剧或闹剧人物（如程雪雁、刘姥姥等）。

③ 净（又称花脸）

大花脸：又称铜锤或黑头，以唱功为主，多扮演朝廷重臣（如徐彦昭、包拯等）。

二花脸：又称架子花脸，以做功为主，多扮演豪爽之士（如张飞、焦赞等）。

武花脸：又称武净，重打功，专攻武打翻摔。

④ 丑（又称小花脸）

丑多扮演滑稽人物，又分文丑（如崇公道、赵元凯等）和武丑（如刘利华、杨香武、时迁等）。

（2）脸谱的程式性（彩图75）

中国戏曲中的脸谱，是把颜色和线条组成的各种彩色图案绘在演员的脸上，带有象征意义。借助脸谱来褒贬舞台上各种角色，注入了后人对历史人物爱憎的情感和功罪的评说，显出脸谱的评议性；同时，借助脸谱来表现舞台上各种角色的神情气概，显出角色的性格化。

红脸：象征赤胆、忠心、威武、庄严，多用于富有血性的人物（如关羽、姜维、孟良等）；

黑脸：象征刚直、勇敢、公正、无私，多用于富有正气的人物（如包拯、李逵、项羽等）；

白脸：象征阴险、毒辣、强权、专横，多用于奸诈险恶的人物（如曹操、司马懿、秦桧等）；

蓝脸象征勇猛刚强；黄脸象征残暴凶猛；紫脸象征刚正稳练；绿脸象征顽强急躁；粉红脸用于暮年老人；金银脸用于神佛精灵等。

窦尔墩的脸谱是红、黄、蓝、白、黑五色俱全，表现了窦尔墩刚强勇猛的性格。鲁智深的脸谱上画有一对螳螂眉，用以表现鲁智深急躁好斗和好打抱不平的性格；包公的黑脑门上往往画上一个白色月牙，这是人们赞颂包公秉公断案，像黑夜中的皓月那样清明；赵匡胤的脸谱是红整脸，这是人们评价他大半生忠良正直，黑白两色眉，以示他称帝后的猜忌和戮杀忠臣。

（3）动作的程式性

戏曲艺术中的动作源于生活，是把生活中的动作经过选择、提炼，使之节奏化、舞蹈化、规范化。如戏曲中“骑马”的程式动作是由扶鞍、执鞭、踩蹬、上马、扬鞭等一系列的动作组成的。戏曲中手势如何运用、眼神如何运用、身体如何动作、头发如何甩动都有讲究，表现人物的喜、怒、忧、思、伤、恐、惊等情感也美化成一套完整的程式。这些与话剧中演员的动作可由自己设计完全不同。如：“起霸”，表现武将出征前整理盔甲的动作；“走边”，表现夜间潜行、路边疾走；“整冠”，整理帽子；“理髯”，整理胡须；“顿足”“捶胸”，表现悲愤痛心；“遮面”，表示羞愧；“搓手”，表现焦急；“跪步”“甩发”，表现生死关头激动万分；“跑龙套”，表现行军、追逐等。

戏曲服装袖口上加两条长的绸子叫“水袖”（一般一尺半到三尺或更长），飞舞起来具有独特的表现力，人物的喜怒哀乐都可以借助千变万化的水袖动作来表达。这些带有程式性的动作可归纳为勾、挑、撑、冲、拨、扬、挥、甩、打、抖10种，表现水袖之美。

戏曲艺术的表现动作中，常要借助髯口（胡须）来表现人物心情，俗称“耍髯口”。有挑（观看）、托（感叹）、捋（安闲自在）、捻（思考）、甩（激恼）、抖（生气）、绕（喜悦）等多种动作的技巧，也形成了动作的程式性。

（4）音乐的程式性

戏曲音乐包括器乐和声乐两部分，声乐又包括唱、念两部分。戏曲声乐讲究唱字、唱情、唱韵，讲究念白清晰与唱腔优美。唱字时要“字正腔圆”，唱出真情，唱出深厚的使人回味无穷的韵味。优美动人、丰富多彩的唱腔是中国戏曲美的一大特点。不同剧种各展风采，其中既有长于表现宫廷生活的典雅清丽的昆剧，也有长于抒发悲壮之情的河北梆子；既有擅于表现儿女情长的江南越剧，也有发源于民歌小调的黄梅戏。京剧的唱腔主要是西皮、二黄，西皮的曲调较高亢、嘹亮；二黄的曲调较激越、奔放。西皮和二黄再根据旋律、节奏、速度不同又划分成若干板式，有原板、慢板、快板、摇板、散板等。在这些板式中原板是基础，通过原板速度节奏的变化形成其他板式。京剧中往往一曲多用，即一种情感可用西皮来表现，也可用二黄来表现，或者说一种板式既可表示欢乐，又可表示忧伤。比如《空城计》（彩图76）中，诸葛亮在城楼上唱的“西皮慢板”，就非常恰当地表现了他当时的特定情感。

戏曲的器乐伴奏也称文武场。文场伴歌，即用京胡、京二胡、月琴（称三大件）和小三弦、笛子、唢呐等乐器演奏来伴唱；根据剧情需要有固定的曲牌，如《小开门》《夜深沉》《朝天子》《柳青娘》等。武场伴舞（打），即用板鼓（也起指挥作用）、大鼓、饶钹、小锣、唐鼓等打击乐器演奏来伴舞（打）；根据剧情需要有固定的乐谱（锣鼓经），如《夺头》《串锤》《凤点头》《急急风》《四击头》等。

3. 虚拟性

中国民族艺术悠久的美学传统就是追求意境，不把艺术当作对生活的单纯再现。所谓“虚拟”，就是由实生虚，以虚显实的艺术创作过程。打破时空的限制和求实的束缚，充分调动人们的想象，把小小的舞台变为极富有表现力的广阔天地。中国戏曲就是在这一美学传统下，形成了追求虚拟的艺术风格。虚拟性表现在以下几方面：

（1）道具的虚拟性

戏曲舞台上往往只有很少的几件道具，常用的就是一桌二椅，而且基本上不用布景。以桌子而论，在《玉堂春》中放置在公堂上，就是公案；在《三岔口》中放桌椅在店房里，坐就是椅，卧就是床；在《失街亭》中，剧中人用作登高时，便是山头；在《红娘》中，剧中人用作跳墙时，就是粉墙。剧中人手拿马鞭，便是以鞭代马，观众可想象舞台即是广阔的原野；剧中人手拿船桨，便是以桨代船，观众则可以想象舞台即是蜿蜒的江河。剧中人手执“车旗”（图3-108），象征着推车而行；剧中人挥舞“水旗”，则象征波浪滔天、激流滚滚；

图3-108 戏曲中“车旗”

图3-109 戏曲《秋江》剧照

剧中人挥舞“火旗”，则象征大火熊熊、烈焰奔腾。

对于戏曲的虚拟性，并不绝对，也有虚实结合。《秋江》（图3-109）中，老艄翁划船，船是虚的，桨是实的；《拾玉镯》中针线、小鸡是虚的，玉镯是实的；剧中人喝酒时，酒是虚的，酒杯是实的。

舞台上道具布景的虚拟，可以使观众生发自由想象，获得一种回味无穷的艺术享受，还可以使舞台留出大片空地，有利于进行歌舞表演。

（2）时空的虚拟性

中国戏曲表演过程中，舞台上时间和空间的显示与变化，往往不是真实客观的，而是根据剧情需要，在时间上可以延长也可以压缩，在空间上可以自由流动和转换。如《失·空·斩》中，探子向诸葛亮接连三次报告，最后一报：“司马懿的大兵正奔西城而来呀！”其实这“三报”在现实中并非间隔一二分钟就报告一次，对报告时间的压缩，观众完全可以理解。有时为了表现人物的思想活动，就需要有一段节奏缓慢、唱词较长的独唱，演员的歌唱时间可以充分延长，观众从中可以充分了解剧中人的思想感情，而不会提出时间过长的问题。《将相和》中表现蔺相如赴宴，他在舞台上走了一个“圆场”，就由大街到了小巷，这是空间的虚拟。《女起解》（彩图77）中表现苏三从洪洞县起解去太原复审，在舞台上走了几个“圆场”就到了太原府，而实际上则需要很多天，要跋涉几百里的路程，这就是时间和空间的虚拟。戏曲中官员书写条陈更是极为短促，只用笔比划比划，洋洋万言的文章就写完了，观众也不觉得“草率”。在中国戏曲表演中与戏无关的尽量不去表现，采取大胆省略，有“一个圆场数十里，八个龙套十万兵”“七八人千军万马，三五步涉水登山”的说法。戏曲中时空转换自由，更增强了戏曲艺术的感染力。

（3）动作的虚拟性

中国戏曲表演中，演员讲究“虚中见实，假戏真做”，这种虚拟的动作暗示出舞台并不存在的一些实物和情境。例如，演员出门和进门的表演，并不需要门的存在，只需要做出开门、关门的动作就完成了。《秋江》里的艄翁一支桨和陈妙嫦的摇曳的舞姿，使观众觉得满台是一江秋水。剧中人载歌载舞也似乎是在船上划动。《三岔口》（彩图78）表现的是黑夜中屋子里的一场恶斗，但舞台上却是灯火辉煌，在漆黑中的打斗情节，完全是由演员做出的虚拟动作表现出来的。《天仙配》中的织女用细碎的台步、飘舞的水袖和摆动的腰身，给人以冉冉升起、凌空飞翔的感觉。戏曲的虚拟动作也具有特殊的节奏感和舞蹈性，是按照有规范性的套子进行的，所以虚拟动作与虚拟程式是不能分家的。戏曲演员常说“太假不成戏，太真不成艺”“真中有假、假中有真，真真假假才动人”，也许正是中国戏曲的魅力所在。

四、怎样欣赏戏曲

1. 懂得戏曲的程式与虚拟

欣赏中国戏曲首先要懂得戏曲独特的艺术语言、戏曲的美学特征、戏曲的程式性与虚拟性。常言道：“行家看门道，外行看热闹。”还不懂事的小孩就不一定能看懂《三岔口》，因为他们不明白在明亮的灯光下，两个演员为什么装作相互看不见而在那里“瞎摸乱打”。欣赏《拾玉镯》（彩图79）时，我们从行当的程式性知道，孙玉姣是着重做功的花旦，所以她是具有活泼伶俐性格的少女；傅朋是小生，所以他是文雅且风流的青年男子。他们在剧中做的许多虚拟动作，如梳妆打扮、开门关门、撒米喂鸡、绣花做活以及生动的面目表情等，我们要能看懂虚拟的所指，才能体会这出戏的美之所在。欣赏京剧《画龙点睛》，从脸谱的程式性就可以知道红脸的马周是耿直、正派、无私无畏的正面人物；县官赵元凯是文丑，再听其言、观其行，就可以断定他是个赃官。剧中《落荒》一场，在表现李世民真皇上遇到了土皇上，被迫落到荒郊野外时，既有感慨和悲愤的唱段，又有“顿足”“跪步”“甩发”等程式性动作，生动地表现了李世民在生死关头激动万分的情感。戏曲中有“三军司令”的大帐，说明元帅升帐；有“明镜高悬”的堂匾，表现县官升堂；有“酒”字的幌子，意味酒馆存在。欣赏者要既有生活体验和有关知识，又懂得戏曲的程式和虚拟，才能欣赏到戏曲的美。

2. 想象戏曲表现的情感和景象

戏曲的程式性与虚拟性，为欣赏者创造了通过想象而体会戏曲所表现的情感和景象的天地。这实际上是欣赏者在演员的表演中参与了创造，这种参与主要是指心理参与，指欣赏者与演员在思想感情上的交流。欣赏者想象越生动活泼，也就越能引起更多的心理活动，激起的感情也就越强烈。《打渔杀家》（彩图80）剧中人萧恩父女在江面上打鱼，舞台上既没有水，没有鱼，也没有船。剧中父女踩上船时，船在水面上晃动，女儿摇橹，父亲撒网捕鱼等动作，都是虚拟的，都靠欣赏者积极主动地展开想象，才能在脑海里显现出戏曲创造的景象，才能理解这部戏表现的情感是抒发了这一对善良、勤劳的父女对和平安宁生活的向往。《挑滑车》（彩图81）的剧中人凭着手中的一根马鞭、一条木制的银枪和三四块车旗（画着车轮的白布），通过骑马、舞枪、身陷污泥、与入侵者厮杀等动作表演，淋漓尽致地表现了在古战场上，爱国将领英勇战斗、不怕牺牲的精神。戏曲《梁山伯与祝英台》中的“十八相送”，舞台上虽然没有布景，但是却可以借助于演员的歌唱、舞蹈、对话、眼神、在舞台上走来走去，给观众移步换景、情景交融的感受。观众通过想象在脑海里显现出梁山伯送别祝英台一路上的自然景象和二人的复杂心情。《贵妃醉酒》中表现杨玉环醉酒时，用《柳摇金》这个曲牌的旋律伴奏，尤其使用唢呐、笛、胡琴、月琴等乐器，从乐曲的旋律和这些乐器不同的音色中，欣赏者可感受到通过音乐创造的宫廷的气氛和情境。通过深沉缓慢、凄凉悲伤的唱腔，表达了杨玉环醉酒时的苦闷情感。

3. 理解戏曲的特色和主题

中国戏曲的综合性形成了戏曲丰富多彩、各具特色的艺术风格。欣赏戏曲要分析和理解一出戏的编排风格和特色，可以从唱腔、念白、舞蹈、动作、脸谱、行头等方面入手，也要具体分析演员声情并茂的唱念功夫和形神兼备的做打功夫等，就是要欣赏和分析一部戏曲的综合美。《空城计》（彩图76）是以老生的唱功为主的戏，诸葛亮的唱腔是“西皮慢板”，演员唱得古朴苍劲、潇洒飘逸，生动地刻画了诸葛亮晚年时面临困境、忧心忡忡又强作镇静的心情，既表现了唱腔和音色的美，也表现了动作和神态的美。《拾玉镯》（彩图79）是以花旦的做功为主的戏，孙玉姣有许多程式性和虚拟性的动作，用来表现少女春心萌动、一见钟情、又想又怕、又喜又羞的复杂而微妙的心情。演员为塑造这一人物精心设计了台步、手势、眼神、动作、情节等，表演自然而不随便，活泼而不油滑，泼辣而不放荡，把人物演得娇、美、憨、甜。

欣赏戏曲也要分析认识演员表演时的个体差异美。不同演员在唱腔组织、唱法行腔、吐字方法、声音运用等方面，形成了不同的风格，并为广大群众所承认，便产生了不同的流派，比如京剧中有“四大名旦”（梅兰芳、程砚秋、尚小云、荀慧生），“梅派”唱腔甜美圆润、妩媚流畅；“程派”唱腔抑郁深沉、回肠荡气。京剧中还有前后“四大须生”（前四大须生：余叔岩、言菊朋、高庆奎、马连良；后四大须生：马连良、谭富英、奚啸伯、杨宝森），“马派”唱腔清朗细腻、深厚沉稳；“谭派”唱腔明快大方、悠扬婉转。

戏曲的美还应该表现剧目的主题美。中国戏曲多取材于历史故事、神话传说和古典文学著作，以这些内容为题材的戏曲的主题就比较容易理解，因为观众比较熟悉。如果对戏曲的内容题材不熟悉，就要善于观察、思考和分析，从演员的表演中认识戏曲的主题。《西厢记》通过崔莺莺、张生的恋爱故事，表现了冲破封建礼教束缚，追求自由幸福的主题。新编历史京剧《画龙点睛》，从“画龙”“辨赝”“店逢”“点睛”等8场戏中，歌颂了以马周为代表的劳动人民的聪明才智、刚直不阿的优良品质，同时揭露了以赵元凯为代表的封建社会贪官污吏的丑恶嘴脸。进而使我们认识到“民心似渭水，载舟也翻船”，古今治国之道在于任用贤能和整治吏治，《画龙点睛》所表明的这一主题思想，有着深刻的历史意义和现实意义。

主题十二

影视美

一、什么是影视

影视是电影、电视剧、动画等艺术形式的总称，新媒体的更新换代，已将影视的传播载体从电视荧屏扩展到电脑、手机。本主题中，着重介绍电影和电视剧。

电影是用摄影机把被摄体拍摄在胶片上或数字媒体上，形成有连接性的画格，再由放映机投射到银幕上，形成活动的影像，以供人们欣赏的艺术。

1895年12月28日晚上，法国人卢米埃尔兄弟在巴黎一家咖啡馆的地下室，放映了他们自己拍摄的影片。从此世界上出现了一门最年轻的“第七艺术”——电影（其他是音乐、舞蹈、绘画、雕塑、建筑、戏剧）。1927年出现了黑白有声电影，1935年出现了彩色电影。20世纪50年代以来，电影的表现手段越来越丰富，有宽银幕、环银幕、立体电影、全景电影和可感电影等。电影成为艺术门类中一门具有鲜明特色的独立艺术。

电视节目是用摄像机和录音设备为主要工具，以电视台无线传真播放为主要传播媒介，使摄制的影像在远方的荧光屏上显现出来，以供人们欣赏的艺术。

电视是电子技术高度发展的产物，也是20世纪人类的伟大发明之一。1936年11月2日，英国广播公司在伦敦市郊开始定期播出黑白电视节目，人们把这一天作为电视事业的开端。1954年，彩色电视最后试验成功，美国是世界上第一个开播彩色电视节目的国家。我国于1958年开始定期播出电视节目。

近几十年来异军突起的电视剧，大有与电影争夺观众的势头，电视剧的创作与欣赏越来越受到普遍的关注。电视剧具有家庭性和连续性。但电视剧呈现于荧屏比电影呈现于银幕要小得多，清晰度也要低得多，所以电视剧运用特写镜头多，全景镜头和远景镜头少。作为审美对象，电视剧中的布景环境与戏剧、电影也有一定的区别，这也是电视剧不能取代戏剧、电影的重要原因。所以，电视剧与电影相比有优势也有劣势，但是它们却有许多共同之处。电影的基本艺术手段，电视剧都在使用，有人把电视剧比作小电影有一定道理。本节介绍影视的有关美学基本知识。

二、影视的分类

电影分为艺术片、纪录片、美术片、科教片四大类。

艺术片（故事片）：是取材于生活，具有完整的故事情节，由演员扮演角色的影片。其中包括政治片、战争片、社会片、伦理片、历史片、传记片、侦探片、武打片、惊险片、歌舞片、科幻片、儿童片等。艺术片拥有的观众最多。

纪录片：对某一政治、经济、军事、文化生活或历史性事件作完整的记录报道的影片。

美术片：不用真人实景而以各种美术手段塑造形象，表现情节和主题的影片。如动画片、木偶片、剪纸片等。

科教片：运用电影的形象化手段解释自然现象和社会现象，向人们普及各种知识的影片。

电视节目分为电视剧、综艺节目、电视新闻、纪录片和综合性电视专题节目等。

三、影视的美学特征

1. 综合性

影视艺术是综合和吸取了各门艺术的一些表现方式和方法而发展起来的一门艺术。在英语中“影片”被称为“moving picture”，意译过来便是“活动的绘画”。影视从绘画、雕塑、摄影等造型艺术中，吸取了视觉形象的构成方式，借鉴了绘画和雕塑中的线条、形体、色彩、构图等形式因素。摄影是影视的基础，为影视艺术的画面造型，提供了丰富的艺术营养。影视与戏剧的关系最为密切，电影诞生后曾被人称为“装在铁盒子里的戏剧”。影视从戏剧中确实吸取了许多营养，借用了戏剧中创作的题材、戏剧性动作、戏剧性情境、戏剧性冲突等因素，一些戏剧演员也兼做了影视演员。影视从文学中也吸取了许多叙事方式和叙事方法。文学融入影视构成了故事片、电视剧和电视专题片的深厚的文学基础。此外，影视又从音乐中吸取了通过各种音响而构成的和谐感与节奏感。使音乐成为影视作品概括主题、抒发情感、渲染气氛的重要艺术手段。影视歌曲成为影视美的重要组成部分。可以看出，影视既是视觉艺术又是听觉艺术，既是空间艺术又是时间艺术。影视虽然综合了绘画、戏剧、音乐、摄影等艺术中的某些元素，但这些元素已经被化入影视自身的艺术特征之中，影视仍是一门独立的艺术。

影视艺术又是综合了编剧、导演、演员、摄影、美工、音乐、录音、剪辑等各部门、各方面工作人员集体劳动的成果，体现着各部门人员的智慧和技艺，表现出影视艺术的综合之美。一部成功的电影或电视剧，首先要有一个好的影视剧本，这是影视成败的根本。有了好的剧本，还要靠影视导演在拍摄中对剧本进行再创造，包括给演员说戏，与摄影配合，对音乐、美工、录音等提出要求，导演是影视的灵魂，决定着影视的艺术风格。演员的表演在影视创作中占有极重要的位置，剧本的主题、导演的意图、人物的性格、情节的展示等，都需要演员的表演来体现。如果演员的演技一般或较差，好的剧本也不会有好的效果；如果演员的演技高超，剧本的不足可以通过演员出色的表演来弥补。摄影（像）师要把画面艺术地表现出来，借助影视图像的连续性，展示出全剧的整体面貌。后期制作剪辑师通过创造性的剪辑，使影视作品获得新的生命。影视作品的创作是一种非常复杂的艺术活动，这是因为影视艺术具有综合性的特征。

例如，电视剧《大宅门》是一部内涵丰富，艺术性强的电视剧。是根据真人真事改编的，郭宝昌自编自导了这部经典之作。故事描绘了从清末到中华人民共和国成立初期，各色人物的悲喜故事。反映出社会百态和人生感悟，情节曲折、跌宕，引人入胜。各位演员的表演也是这部剧的一大亮点，他们把人物刻画得入木三分、惟妙惟肖。电视剧的插曲和片尾主题曲都采用京腔京韵的京剧伴奏为主旋律，具有鲜明的本土特征。电视剧《大宅门》受到大家的肯定，取得丰硕成果是创作者集体劳动的成果，表现出影视艺术的综合之美。

影视的综合性还表现在：影视的发展离不开综合的科学技术，离不开电学、化学、光学、声学等科学技术的发展。特别是20世纪90年代以来，影视正迅速地进入数字化时代。高科技带来的逼真的艺术效果和极富想象力的表现手法，极大地增强了影视艺术的魅力。进入20世纪以来，现代科技的发展改变着人类社会的面貌，电影、电视、电脑、多媒体技术、光缆通信……它们的出现正将人类带入一个全新的世界。影视艺术的诞生与发展，是科学与艺术综合的结果，没有现代科学技术的发展进步，就没有影视艺术。

影视艺术在飞速发展中，构建出了一种影视文化，而影视文化又是一种涉及文学、美学、艺术学、心理学、社会学等多个社会科学领域的综合性的文化。

2. 造型性

所谓造型，是指在特定的视点上，通过形、光、色等空间元素来塑造视觉形象。影视中的造型一般通过摄影造型、美术造型和演员造型来完成，最重要的造型元素包括构图、光线与色彩。

（1）构图

画面构图是影视造型的重要形式之一。构图包括主体、陪体和环境三个部分。影视的画面要突出主体（在面积上、在色彩上或在画面位置上等），陪体和环境要对主体起到修饰和映衬作用，使构图更丰富和更有意义。

画面构图离不开对镜头的运用。镜头元素包括景别、焦距、运动和角度四个方面，这里主要介绍景别。景别主要分为全景、远景、中景、近景、特写，这种区别使画面产生不同的视觉效果。

比如拍摄一位学生游览天安门。“全景”画面包括学生、正阳门、天安门广场上的天安门城楼、人民英雄纪念碑、毛主席纪念堂、人民大会堂、中国国家博物馆等。形成视野开阔的画面，起到介绍环境、渲染气氛、展现场面的作用。“远景”拍摄的画面由天安门城楼的整体和学生的整身构成。观众对拍摄主体和主体所处的环境产生完整的认识。“中景”拍摄的画面由学生的膝盖以上部分和天安门城楼的部分构成。学生成为画面构图中心，天安门城楼成为背景，观众的注意力集中到学生的状态。“近景”画面由学生的肩以上部分构成，天安门城楼基本被忽略。观众可观察到学生的细微特征和变化。“特写”画面由学生的面部，甚至只由他们的眼睛或嘴构成。这种放大和夸张特定局部、特定细节的拍摄方式可产生一种强烈的视觉效果。景别的使用和变化对影视作品的呈现效果产生直接的影响。

（2）光线

光线是影视造型的重要形式之一。从艺术上看，光线具有表现功能，可以用来渲染气氛、创造情调和表达情感。光线造型的主要因素包括：在光源不同位置中的顺光、逆光、侧光、顶光、脚光等；在光源不同作用中的主光、辅光、背景光、环境光、修饰光、轮廓光等。如拍摄战争片，画面上炮火连天、楼倒屋塌、黑烟翻滚的背景，就用逆光拍摄，这样可以刻画战争的残酷。画面上如果出现一位妇女抱着死去的孩子，从战火中逃出，就用顺光拍摄，这样可以创造一个清晰完整的形象并刻画细节。这种背景逆光和人体、面部顺光形成鲜明对比，给观众留下强烈印象。如苏联影片《复活》中玛丝洛娃被士兵押送走出牢房的一组镜头，从黑暗的牢房转换到阳光灿烂的大街，画面影调突然由黑变亮、由低调变高调，使观众很自然地想探究究竟是谁把玛丝洛娃这个纯洁的姑娘，从光明的世界推向了黑暗的深渊。这种光线的强烈反差对比，可以用来强化人物的造型，可以突出人物的性格和情感，可以创造不同的情境。电影《霸王别姬》中有一个镜头是通过聚光灯将程蝶衣扮演的虞姬照亮，这个光线为点状光源，强度很高而且集中，与周围的环境形成极大的反差。这样就产生一种舞台上追光的效果，在视觉上有利于弱化不需要的细节。光作为视觉元素之一，在影视作品中可以突出主体，掩盖次体，在塑造人物形象微妙的情感变化时发挥着重要作用。

（3）色彩

电影的画面可以通过色彩来表现，电影运用色彩的目的，不仅要实现技术上的“色彩还原”，更重要的是借助色彩表现某种情绪或气氛。电影画面比绘画有更生动的表现力。巴拉兹说：“一位画家能够画出一张羞红的面孔，但他绝不能画出一张苍白的脸由于羞愧而慢慢地变成玫瑰色；他能画出一张苍白的面孔，但他绝不可能画出脸色变白这一富有戏剧性的现象。”电影却可表现绘画难于表现的这一变化过程。彩色电影《小花》，表现现实生活时用彩色，回忆过去时用黑白，表现翠姑在战斗中牺牲时用炽热的全红色调，使画面有效地表达了内容。影片《城南旧事》（彩图82）用灰暗古朴的基调，使故都的风土人情都处在迷蒙的灰色中。有时影片编导为了增强艺术感染力，时常牺牲色彩的“逼真性”，借以换取强烈的审美效果。《红高粱》中的红，《黄土地》（彩图83）中的黄都带有色彩上的“夸张”，但确实渲染了场面气氛并烘托了人物的内心世界，创造了美的意境。

在影视作品中，画面的构图、光线和色彩都可以表现出视觉形象的造型美和它所蕴含的情感美和意境美。

3. 运动性

电影是一门运动的艺术。电影的运动是连续不断的运动，是其重要的美学特征。电影中强有力的，富于表现力的运动是其他任何艺术形式无法达到的。电影可以展现在上下几千年，纵横几万里的时空跨度，成为一门真正在空间和时间上享有绝对自由的艺术。 可以说，运动美是电影艺术最富魅力的特性，没有运动就没有电影。电影的运动，包括客体运动，主体运动，主客体复合运动以及蒙太奇运动。

（1）客体运动

客体运动是指摄影机不动，被摄对象的人或物在运动。世界上第一部公映的电影《火车进站》（图3–110）就是用客体运动的手法拍摄的。胶片只有17米，用手摇放映机只放了一分钟左右。屏幕上的火车从远处驶来，看上去直扑向观众。观众过去没看过电影，吓得惊惶四散。电影《无极》有一镜头是几千头牛追赶主角的戏，也是用客体运动的手法拍摄的。影片中，潮水般的黑牛铺天盖地似地极速狂奔，气势恢宏、动态强烈，这是影片中最扣人心弦的场面。这种带有强烈视觉冲击的画面所带来的运动美，是难以用其他艺术形式来表现的。

图3–110 电影《火车进站》

（2）主体运动

主体运动是指摄影机的运动。它可以是机位运动，也可以是焦距变化造成的运动，还可以是两者综合运动。主体运动主要有推、拉、摇、移、跟、变焦距镜头等方式，镜头的不同运动方式可以创造出不同的艺术效果。推镜头，是被摄对象位置不动，摄影机由远而近向主体推进拍摄，画面主体由小变大，视觉上的主体性加强。拉镜头，是被摄对象位置不动，摄影机由近而远拉开，画面主体由大变小，展示整个环境。摇镜头，是摄影机位置不动，借助三脚架上的活动底盘转动拍摄，适于展示大的群众场面和自然景色。移镜头，是把摄影机放在移动车上进行移动拍摄，有边走边看的效果。跟镜头，是摄影机始终跟随拍摄对象并保持一定距离而一同移动。变焦距镜头，是改变摄影机镜头的焦距，使拍摄对象给人以强烈的视觉印象和迅速变化的节奏感。

电影《泰坦尼克号》中，最经典的片段是杰克在船头让露丝闭上眼睛，抓住栏杆，展开双肩，再睁开眼睛。这时杰克说“我们一起飞上云霄”，然后俩人依偎在一起。这一场戏，就是靠摄影机的运动，通过推、拉、摇、移、跟等镜头方式来拍摄的。这部电影还有一幕也是通过主体运动拍摄的，《泰坦尼克号》中，杰克给露丝画像时，用推镜头将青年露丝的全身变化为上半身，再变化为面部，再变化为青年露丝眼睛的特写。然后，用变焦距镜头变焦，使画面由实变虚，再由虚变实，这时变实的画面上是老年露丝的眼睛的特写，用拉镜头变化为老年露丝的面部，再变化为上半身，再变化为老年露丝向众人诉说她84年前的故事的情景。在影视时空中，摄影机运动的美学意义是丰富多彩、深刻微妙的，它可以顺叙、倒叙、插叙、补叙，还可以抒情、隐喻、暗示、象征，也可以制造动感、动势、节奏、韵律等。

（3）主客体复合运动

主客体复合运动是指在同一画面中，摄影机和被摄对象（人或物）同时运动。这种运动可以制造更加丰富的画面动态。如电影《泰坦尼克号》中，露丝拒绝她的未婚夫卡尔上救生艇，而要和杰克共生死。这时卡尔用手枪追杀他们，向他们连连开枪射击。画面上一会儿出现露丝和杰克逃跑，一会儿出现卡尔在追杀。两个不同画面交替呈现，而摄影机一直跟随三个人连续拍摄，形成主客体复合运动。这种镜头让观众产生紧迫心理，传递出丰富而复杂的信息，具有很强的感染力。美国电影《拯救大兵瑞恩》是一部战争片，描述了第二次世界大战诺曼底登陆后，一支8人小队在人海茫茫、枪林弹雨中找出生死未卜的二等兵瑞恩，并将其平安送回后方的故事。为了增加真实感，电影采用了主客体复合运动手法进行拍摄。摄影者不但使用手提摄影机跟踪登陆的士兵进行近距离拍摄，而且还通过摄影机振动器制造大量晃动、颠簸的画面，使观众仿佛身临其境，置身于战斗的激烈与混战之中，逼真地展示了枪弹横飞、血腥残酷的登陆战。

（4）蒙太奇运动

蒙太奇运动是指运用蒙太奇手法时，画面衔接与转换产生的运动。

蒙太奇是法语Montage的译音，原来是建筑学的名词，意思是“装配”“构成”，后来被借用形容影视镜头的组接，成为影视美学中一个十分重要的专门名词。蒙太奇在影视艺术中是指镜头的组合关系和联系方法，即按照总的构思把一个个分散的不同的镜头连接成影片，就像有机地组成建筑物一样。蒙太奇通过各种技巧，造成连贯、呼应、对比、暗示、联想、象征等艺术效果，成为影视的特殊表现手法（影视语言）。常见的蒙太奇手法有：

① 平行蒙太奇。平行蒙太奇是用画面将同一时间内发生在不同空间的事件连接起来，交替呈现，互相衬托。如电影《霸王别姬》中，一个场景是程蝶衣给袁世卿勾脸，另一个场景是段小楼与菊仙的婚礼，两个场景发生在同时间，一边是薄纱笼罩着的两人对饮；一边是热闹喜庆的婚礼。两个场景同时进行又交替呈现，引起观众的回味和深思。

② 对比蒙太奇。对比蒙太奇是把两种不同的事物或场面连接在一起，形成尖锐的对立或强烈的对比。如电影《阿甘正传》最后部分有两条线索，一条是先天智障的阿甘自强不息，艰苦奋斗，最后成为一名企业家。另一条线索是珍妮为了追求名利，离开阿甘后漂泊了一生。两个人不同的生活态度，造成了两种截然不同的命运和结果。对比蒙太奇的手法使观众得到启发并受到了教育。

③ 隐喻蒙太奇。隐喻蒙太奇是通过画面的连接，采取比喻、象征的手法，体现出画面的潜在内容和新的含义。如影片《青春之歌》中，一个镜头是共产党员卢嘉川走上刑场，高呼“中国共产党万岁”的口号光荣就义，接着一个镜头是林道静深夜化装成阔太太，在街头秘密地张贴“中国共产党万岁”的标语，这就使观众联想到共产主义是人类崇高的理想，一个英雄倒下了，会激励千万个战士继续进行斗争。

蒙太奇的手法非常丰富，还有交叉蒙太奇、复现式蒙太奇、情绪蒙太奇、理性蒙太奇等。最初蒙太奇只是指画面与画面的组合关系，现在发展到包括场面之间、段落之间、声音之间、画面与声音之间的组合关系。比如日本影片《生死恋》结尾，画面上大宫在雨中一个人面对空荡的网球场，耳边（画外）出现了夏子生前在这里打球时发出的笑声、呼叫声和击球声，观众不难体会到这是大宫对夏子的深切怀念。电影通过“声画分立”和“声画对位”，可以产生特殊的艺术效果。可见，蒙太奇是影视艺术独特的表现手段。

与蒙太奇相对的还有一种现代主义的“长镜头”理论，所谓“长镜头”，就是时间值在30秒以上的单镜头，就是不通过镜头组接，而是通过连续的（有的长达几分钟，甚至更长）比较完整的镜头，真实地、流畅地表现影片内容。“长镜头”理论就是要求摄影机纯客观地不偏颇地记录下现实的全貌，供观众自己去选择和思考，实质上就是倡导纪实电影美学。

长镜头能保持画面和时空的统一性，保持剧情的完整性，增强影片的真实感和可信感。电影《大决战·平津战役》，当拍到天津解放时，用了80尺的航拍镜头，通过镜头横摇，拍摄了桥上挤满欢呼的士兵，桥下河床上聚集着欢迎解放军的群众的场景，接着通过镜头慢慢升高，从高空俯瞰城市，又向观众展示了天津市人民欢呼解放的热烈场面，保持了画面和时空的统一性。长镜头的重要美学功能是使影视作品中人物活动，故事情节和所处环境，具有完整性，连续性，开放性和丰富性。我们认识长镜头的优越性时不能否定蒙太奇。影视作品不可能不需要剪接。蒙太奇和长镜头之间是一种对立统一的辩证关系，正确的态度是取二者之所长，将二者统一起来综合运用。

由于影视具有运动性的美学特征，使得影视能够细致地叙述事件，形象地塑造人物，生动地传情达意，真正成为一门特殊的具有魅力的艺术。

4. 逼真性

真实是艺术的生命，这是艺术的共性。任何一门艺术都力求反映生活的真实，但在体现真实性上各有所长和所短。音乐可以充分表现情感的真实，但它不能提供视觉形象；摄影具有视觉形象的纪实性，但它属于静态的造型艺术；舞蹈是动态的表情艺术，但它也是对生活的加工、提炼和夸张，带有虚拟性；文学反映生活可达到“如临其境”的境界，但它是想象的艺术，没有直观性；戏剧可具备直观性和动作性，但它又受舞台的制约，不能自由地表现时间和空间。总之，没有哪门艺术在再现生活的逼真程度上能够超过影视艺术，影视能够创造最大的真实感。

影视艺术的逼真性，首先表现为视听的真实感，这是借助于现代化的音像实录技术，使观众得到形神兼备、声情并茂、悦耳悦目的视听享受和审美体验。逼真性还体现在内在本质的真实感。在塑造的人物形象、叙述的故事情节和描绘的周围环境等方面也是真实可信的。影视艺术的逼真性，并不是现实生活的机械的照相式的反映，它体现着艺术家鲜明的个性，凝聚着他们强烈的主观意识和思想感情。电影《红高粱》的故事是以山东高密为背景，讲述了男女主人公历经曲折后，经营一家酒坊，但在日军侵华战争中，因参与抵抗运动而被日军虐杀的故事。故事曲折而典型，在战争背景下真实而可信。巩俐扮演的九儿，姜文扮演的余占鳌也性格鲜明。特别是剧中“颠轿”这个段落，几个轿夫连唱带跳，带起了滚滚尘土，表现出北方人的热情与豪爽，呈现了中国农民向上的精神状态，拍出了中国人豪迈爽快的一面。整部电影真实地再现了那个年代的人物生活和情感体验，表现出审美的逼真性。

影视的逼真性并不排斥艺术虚构和创作想象，关键在于把握住生活的实质。艺术家对生活中的素材进行加工、提炼，使之成为个性鲜明突出、意蕴丰富深刻的典型形象，也就实现了逼真性与假定性的统一。电视连续剧《西游记》中的孙悟空、猪八戒、唐僧、沙僧等，在现实生活中是不存在的形象，但六小龄童、马德华等演员抓住了猴、猪等动物的典型的动作和特点，把剧中人物的这些形象具体化和定型化，展现了精彩的表演。为观众带来了审美享受，长演不衰。有的影视作品，脱离社会生活实际，脱离广大人民群众，或者演员的表演、气质、妆容不符合角色的身份、年龄，或者服装、道具、布景不符合所处的时代背景等，这些表现就是失掉了逼真性，也失掉了审美价值。

四、怎样欣赏影视作品

1. 分析故事情节，认识主题思想

影视艺术总是反映生活中各种矛盾冲突的，矛盾冲突是构成情节的基础。优秀的影视作品就要善于揭示生活中尖锐复杂的矛盾冲突，使作品具有激动人心、扣人心弦的情节。分析故事情节要注意故事的开头、过渡和结尾，开头要引人入胜，过渡要自然恰当，结尾要令人回味。《泰坦尼克号》的开头是寻宝探险家从沉船中打捞上来一幅少女裸体画像，老年露丝看到画像后，陷入了往日的回忆，在船员追问下（也是观众想知道的），她讲述了84年前的故事。这种开头把观众注意力很迅速地吸引到银幕上。影片的过渡也用老年露丝的回忆来完成情节的跳跃和衔接，为故事的发展提供了自然的过渡和恰当的转折。影片的结尾是杰克鼓励露丝“一定要好好活下去”，然后把生的机会留给了露丝。老年露丝把富商卡尔送给她的贵重的蓝宝石项链抛入海中。这结尾令人回味无穷。影片的故事是虚构的爱情与真实的灾难事件完美的结合。影片通过一艘轮船在冰海沉没的故事教育人们要树立正确的世界观、人生观、爱情观和生死观，其主题思想是鲜明而深刻的。

2. 分析影视语言，认识人物形象

由于影视受时空限制，所以影视中的人物语言应该简练准确、鲜明生动，这样才能更好地塑造人物形象。电影《巴黎圣母院》中的敲钟人卡西莫多爱着爱斯梅拉达，但因为自己有缺陷而压抑了这种感情。他把爱斯梅拉达从绞架上解救下来，给她采花和敲钟，为保护她而战斗，对她说：“你要是死了，我也去死。”这简练而又坦率的语言，正体现出卡西莫多真诚而又朴实的本性美。刻画了典型形象。

3. 赏析画面构图，感受光色效果

在影视作品中，画面构图、光线和色彩，都展示着视觉的造型美，都蕴含着情景交融的意境美。《闪闪的红星》中“母亲牺牲”一场戏，熊熊的烈火吞噬了母亲，潘冬子肝肠寸断。画面上火焰的红色光影在冬子脸上不断闪烁，有力地烘托了潘冬子内心愤怒和痛苦的情感。《城南旧事》中小英子和小妞子，在屋里秋千上对话时的画面中，出现了屋角边一群毛茸茸的小鸡的特写镜头，这就隐示着两个小孩的童稚和她们之间纯真的友谊，体现出一种含蓄美。电影最后一个镜头是宋妈和小英子家人惜别，相背而行渐渐远去，这远景的画面表现了惜别而伤感的情绪，创造了深远的意境美。

4. 判断作品运动性，赏析蒙太奇手法

影视画面有了动感就会引起观众的注意和兴奋，影视艺术永恒的课题就是创造出具有审美价值的视觉动感。影视鉴赏就是对影视运动的鉴赏。《南征北战》是一部具有史诗气派的战争片，再现了华东战场上一场大规模的运动战。导演为了制造运动之美，动用了两个师的解放军兵力和武器，运用平行蒙太奇手法渲染了敌我双方的紧张较量。影片的场面之大、动感之强、节奏之紧、气势之壮，给观众以强烈的感染。《天云山传奇》中冯晴岚之死这场戏，用隐喻蒙太奇手法把熄灭的蜡烛、竹竿上的破背心、切了一半的咸菜、打着补丁的窗帘……七八个互不相干的画面组接在一起，再现了冯晴岚的清贫、纯洁、正直以及坎坷的生活道路。这样好的人却离开了人间，令人感动落泪。

5. 感受声音效果，引起情感共鸣

影视中的声音包括音乐和音响，对于刻画人物性格、渲染环境气氛、创造深远意境、连接上下镜头等起着巨大作用。如用时钟放大的声音来表现人物的焦灼心理，用火车轮的轰鸣声表现人物内心的激烈冲突，再如风雨交加、雷鸣电闪、流水声、鸟鸣声、脚步声、人群声等，都常用来表现人物的心理活动。影视中的音乐，如《我的祖国》（影片《上甘岭》主题歌）、《红星照我去战斗》（影片《闪闪的红星》插曲）、《友谊地久天长》（影片《魂断蓝桥》插曲）等，对于抒发人物的思想感情，深化影片主题，都有着重要的影响。再如影片《青春之歌》中，林道静和战友齐唱歌曲《松花江上》，准确地反映了当时的时代背景，恰当地揭示了人物的内心活动，有力地推动了剧情发展。《送别》（影片《城南旧事》主题曲），历经几十年，传唱不衰，成为经典名曲。这首饱含深情，使人感受离别时伤感的音乐，在影片中反复出现，引起观众强烈的共鸣。电视剧《红楼梦》中的音乐创作是作曲家王立平，贯穿全剧始终的12首曲子优美舒缓、清新典雅、情真意切、如泣如诉、催人泪下。作品揭示着众多剧中人的内心情感，映衬着扣人心弦的情节故事。这些歌曲对电视剧中的剧情发展和人物情绪起着烘托作用，使声和画有机地结合在一起，声和画共同构成了影视艺术的审美魅力。

6. 认识导演风格，领略演员技艺

影视作品总是打上导演的个性印迹，包括他们的思想感情、美学观念、艺术趣味、对生活的认识、对影视表现手段和技巧的运用等，从而显示出其独特的风格。如卓别林的喜剧风格表现于电影《城市之光》《大独裁者》等作品中；吴贻弓的散文诗风格表现于电影《城南旧事》《巴山夜雨》等作品中；王扶林以现实主义作为创作基点，带有古典主义倾向，他忠实于原著又做适当调整，形成了他导演的风格，表现于影视剧《红楼梦》《三国演义》等作品中。不同的导演风格增加了艺术的容量，给观众以深刻而丰富的美感享受。

在影视欣赏中，给观众留下印象最深的是演员的表演，他决定着一部作品是否成功。欣赏演员的表演就要看演员刻画的人物个性是否鲜明，形体动作与人物性格是否协调，人物的内心世界是否得到充分揭示等。《一江春水向东流》于1947年上映以后立刻引起轰动，在上海连演3个多月，创下国产片上座最高纪录。其主要原因是其由蔡楚生、郑君里联合编导，有白杨、陶金、舒绣文、吴茵的精彩表演，他们的表演朴实自然、富有激情，生动而准确地塑造了几个典型人物的形象。电视剧《红楼梦》中的演员陈晓旭，形象上并不艳丽，但她十分文静，她那一双动人的眼睛里，仿佛隐藏了万千愁绪。有她独特的气质和韵味，再加上传神的表演，成功地塑造了“林妹妹”的形象。剧中演员的精彩表演，使“87版”《红楼梦》电视剧，30年来经久不衰，成为“不可逾越的经典”。成功的影视作品，离不开演员娴熟的技能和高超的技艺。欣赏影视就要分析和评价导演、演员的风格和技艺。

马克思说：“如果你想得到艺术的享受，你本身就必须是一个有艺术修养的人。”欣赏影视作品时，只被故事情节所吸引，或只对某个演员的演技给予赞赏是不够的，因为影视是综合性很强的艺术形式，我们必须具有相应的知识结构和正确的审美观念，从以上六个方面进行审美鉴赏，有效地提高对影视艺术的综合审美能力。

思考与练习

主题一

- 中国画的审美趣味、造型手段、构图方法和画面内容的主要特征是什么？
- 以傅抱石、关山月的《江山如此多娇》（彩图9）为例，说明中国画的美学特征。
- 西洋画的审美趣味、造型手段、构图方法和画面内容的主要特征是什么？
- 以列宾的《伏尔加河上的纤夫》（彩图21），说明油画的美学特征。
- 中国画的意境美和格调高是怎样体现的？
- 赏析傅抱石、关山月的国画《江山如此多娇》（彩图9）。

- 西方绘画的主题美和形式美是怎样体现的?
- 赏析德拉克洛瓦的《自由引导着人民》(彩图 23)。
- 怎样认识西方现代派绘画?
- 各选一幅中国画和西方绘画进行对比赏析。

主题二

- 雕塑具有哪些美学特征? 举例说明。
- 以潘鹤的《艰苦岁月》(彩图 3)为例，说明雕塑的美学特征。
- 雕塑作品的美表现在哪些方面?
- 赏析雕塑《断臂的维纳斯》(彩图 8)。
- 自选一件自己喜爱的雕塑作品进行赏析。

主题三

- 工艺品具有哪些美学特征?
- 以《舞蹈纹彩陶盆》(彩图 1)为例，说明工艺品的美学特征。
- 工艺品的美表现在哪些方面?
- 自选一件喜爱的工艺品进行赏析。

主题四

- 建筑具有哪些美学特征?
- 中国古建筑具有哪些美学特征?
- 中国古建筑中的“大屋顶”“高台基”“斗拱”“雀替”各有什么结构作用和审美作用?
- 为什么说建筑是“立体的图画”“凝固的音乐”“石刻的史书”? 举例说明。
- 赏析北京天坛祈年殿和北京颐和园。
- 西方的古代建筑和现代建筑各具有什么特点?

主题五

- 中国书法有哪几种主要书体? 它们在形式上各具有哪些特点?
- 中国书法具有哪些美学特征?
- 从哪几方面欣赏书法美? 举例说明。
- 自选一幅书法作品进行赏析。

主题六

- 为什么说摄影是“瞬间艺术”? 摄影中应抓取什么样的瞬间?
- 摄影的主要造型手段有哪些?
- 从哪几方面来欣赏摄影作品?

- 自选一幅摄影作品进行赏析。

主题七

- 音乐的基本表现要素有哪些？
- 什么是旋律？为什么说旋律是“音乐的灵魂”？
- 为什么音乐最能够以情动人？举例说明。
- 音乐是怎样描绘音乐的“画面”形象的？音乐形象是借助于什么而产生的？举例说明。
- 音乐表演为什么要进行“词、曲作家创作——演员表演——听众欣赏”的共同的三度创作？举例说明。
- 音乐的官能欣赏、情感欣赏和理智欣赏，各包括哪些内容？
- 自选一首中国民歌，分析它的艺术美。
- 自选一首中国民乐，分析它的艺术美。
- 为什么说民族音乐是中华民族文化艺术的瑰宝？
- 自选一首外国民歌或西洋器乐作品，分析它的艺术美。
- 流行音乐的一般特点是什么？怎样认识流行音乐？
- 自选一首通俗音乐作品（声乐或器乐），分析它的艺术美。

主题八

- 民间舞蹈、古典舞蹈、芭蕾舞蹈和现代舞蹈在表演上各有什么特点？
- 舞蹈的美学特征是什么？自选一部舞蹈作品加以说明。
- 为什么说动作是舞蹈的第一位元素？舞蹈动作的节奏包括哪些内容？举例说明。
- 怎样欣赏舞蹈？自选一部舞蹈作品进行赏析。

主题九

- 自选一篇文学作品，说明文学为何是一种语言艺术，是一种想象艺术。
- 自选一篇文学作品，说明文学的美学特征。
- 自选诗歌、小说、散文各一篇，说明三种不同类型的作品欣赏的不同侧重点。
- 欣赏文学作品，“进入”作品时应做些什么？“跳出”作品时应想些什么？举例说明。

主题十

- 戏剧的美学特征是什么？举例说明。

- 为什么说戏剧的矛盾冲突是戏剧情节发展的动力？举例说明。
- 为什么说戏剧的矛盾冲突是戏剧主题思想的基础？举例说明。
- 怎样欣赏戏剧？自选一部戏剧作品进行赏析。

主题十一

- 什么是戏曲的行当？戏曲角色怎样分行？
- 戏曲中脸谱的意义是什么？举例说明。
- 戏曲中存在着动作的程式性和音乐（唱腔和文武场）的程式性，分别举例说明。
- 戏曲中存在着道具布景的、舞台时空的和表演动作的虚拟性，分别举例说明。
- 为什么有人把中国的民族戏曲京剧称为“国粹”？
- 怎样欣赏戏曲？自选一部戏曲作品进行赏析。

主题十二

- 电影和电视在表现手段上、艺术创作上和演出效果上，有什么联系和区别？各有什么特点？
- 影视艺术综合了哪些艺术门类？哪些工作人员？哪些科学技术？它们与影视艺术的关系和各自的作用是什么？
- 影视画面的造型包括构图、光线和色彩，分别举例说明它们的重要作用和艺术效果。
- 影视画面的运动，包括摄影机的运动，有推、拉、摇、移、跟、变焦距镜头等，分别举例说明它们的重要作用和艺术效果。
- 什么是蒙太奇？什么是平行蒙太奇、对比蒙太奇和隐喻蒙太奇？分别举例说明它们的重要作用和艺术效果。
- 怎样欣赏影视？自选一部影视作品进行赏析。

单 元 四

生 活 美 学

生活指人为了生存和发展而进行的各种活动。“生活美学”是运用美学的一般原理来研究生活中美的现象、美的特征、美的创造规律的科学。社会美是美的存在领域中重要的组成部分。社会美中包括人自身的美和人的实践成果的美，实际就是人类的物质生活的美和精神生活的美。美化自身、美化生活、美化社会、美化世界是人类的正当要求。正如高尔基所说：“照天性来说，人人都是艺术家。他无论在什么地方，总是希望把‘美’带到他的生活中去。”本章的学习内容将包括人物美、服饰美、风景美、环境美、饮食美。

主题一

人物美

人是审美主体，可以成为美的创造者和欣赏者；同时，人也是审美客体，可以成为进行美化和欣赏的对象。人是现实世界中最美的欣赏对象，古今中外的许多思想家和艺术家都尽情讴歌人的美。人的美，不但是一种社会美，而且是社会美的集中体现。没有人的美，就没有生活的美和社会的美。人的美主要包括人体美（外在美）和心灵美（内在美）两个方面。

一、人体美

人体美的标准很复杂，不能只用一个尺度来衡量。男女体型各有不同对人体美的要求也不同。一般对男子美要求身材魁梧、胸部宽阔、比例协调、健壮有力；对女子美要求线条优美、身段匀称、体态轻盈。不同时代、不同民族、不同人有不同的审美标准。我们从现代多数人的认识来分析，人体美包括形貌美和姿态美。

1. 形貌美

形貌美是人体的静态美，包括体型美、五官美、肌肤美等。

（1）体型美

体型美是指人的骨骼发育正常，各部分比例恰当；双肩对称，男宽女圆；脊柱正看垂直，侧看曲度正常；胸廓隆起，正背面略呈V形；腿长，线条柔和。上身和下身的比例（以肚脐为界）基本上符合黄金分割率5∶8。

（2）五官美

五官美是指人的眼睛、眉毛、鼻子、嘴唇、耳朵的形状大小适当，同时五官在某一种脸型上的位置应协调、端正，而且比例要匀称。五官样貌一般是天生的，但通过修饰可以达到或接近美的标准。

（3）肌肤美

肌肤美是指人的肌肉与皮肤的美。丰满发达、富有弹性的肌肉，既给人以刚劲有力之感，又表现出极大的青春活力。皮肤美应体现在皮肤鲜嫩红润且光泽柔韧，这是健康的标志。而形体消瘦、皮肤苍白、肌肉萎缩松散，则是病态的表现。青少年注意身体锻炼和肌肤保护，是可以实现肌肤美的。

2. 姿态美

姿态美是人体的动态美，包括站姿美、坐姿美、走姿美、卧姿美等。

（1）站姿美

站姿美要求人在站立时要挺直，头、颈、躯干和脚的纵轴在一条垂直线上。挺胸、收腹、梗颈、两臂自然下垂，给人一种稳定、挺拔的美感。探头、歪脖、伛胸、耸肩、塌腰、撅臀、两腿不直都是不美的。

（2）坐姿美

坐姿美是坐得要端正，挺胸、收腹、肩平、头正，四肢摆放规矩，给人一种端庄、大方、自然的美感。弓腰驼背、半躺半坐，跷起“二郎腿”、左右摇摆、上下颤动都是不美的。

（3）走姿美

走姿美是走得要稳健，躯干移动时应正直、平稳，两臂协调摆动，动作轻巧敏捷，速度快慢自然，给人一种稳健、平衡、潇洒的美感。前摆后扭、摇头晃脑、步态懒散都是不美的。

（4）卧姿美

卧姿美是卧得要自然，右侧弓卧，全身放松，手脚摆放自如，给人一种安详、轻松、优雅的美感。全身趴着，四肢展开或手脚乱放都是不美的。

我国古人很讲究姿态美，对四种姿态作过形象的比喻：“立如松，坐如钟，行如风，卧如弓。”如果一个人身材和容貌非常美，但举止动作很不美，那么他的整体形象的美，就大为逊色。英国著名科学家培根说过：“相貌的美胜于色泽的美，而秀雅合度的动作之美又胜于相貌的美，这是美的精华。”当前，社会上有个别青年对于自己的举止动作和各种姿态不屑一顾，认为这是生活小节，可以任意而为，这是不文明的表现，也是不美的表现。青年学生应注意在平时严格要求自己，克服和纠正不美的习惯动作和姿态，养成良好习惯，逐渐形成自己的姿态美。

二、心灵美

“心灵美”指人的“心灵世界的美”，或称“内心世界的美”“精神世界的美”。它属于美学研究范畴，是社会美之一。我国古代将心灵美称作“内秀”“性善”等。心灵美是人的本质力量的集中表现，是人类长期社会实践的产物，在探索、学习、磨炼以及同假、恶、丑的斗争中形成和发展。不同时代，不同阶级的人对心灵美有不同的衡量标准。在中国社会主义精神文明中，从美学意义上说，一个人的心灵美，必须具有崇高的理想追求、高尚的品德情操、丰富的学识修养。

1. 崇高的理想追求

一个人树立理想的实质，就是对自己终身奋斗目标的设想和对人生之路的确定。理想又有不同层次，青年学生应追求更高层次的理想——社会理想。我国战国时期，孟子就提出：“乐以天下，忧以天下。”北宋时，范仲淹又提出：“先天下之忧而忧，后天下之乐而乐。”在我国现阶段，崇高美好的理想就是要振兴中华，建设有中国特色的社会主义，把我国建设成富强、文明、民主的社会主义国家。苏联共产主义战士奥斯特洛夫斯基有一段名言：“人的一生应当这样度过：当回忆往事的时候，他不会因为虚度年华而悔恨，也不会因为碌碌无为而羞愧；在临死的时候，他能够说：‘我的整个生命和全部精力，都已经献给了世界上最壮丽的事业——为人类的解放而斗争。’”这段话曾经教育和鼓舞了全世界一代又一代的无产阶级革命者，我国的吴运铎、黄继光、雷锋、张海迪等都曾受其影响。被称为“中国导弹之父”的钱学森，他从小就十分爱国，为报效祖国，努力学习，留学美国。当他学有所成时，听说新中国成立了，就义无反顾地要回国。美国人用尽种种手段，进行阻拦，迫害，逮捕和利诱。他没有屈服，表现得勇敢和无畏。最终，他放弃了一切名誉、地位和舒适的生活，还是回到了祖国的怀抱。对制造中国第一颗人造卫星和中近程导弹做出重大贡献。他说：“我是中国人，我可以放弃这里的一切，但决不能放弃我的祖国。”

可见，古今中外都赞美先人后己、为天下谋幸福的人生理想。因为这种理想起着推动人类社会进步的作用，因而是美的。正确的人生观和人生理想是人的心灵美的核心。

2. 高尚的品德情操

品德是人的道德意识和行为，情操是由思想感情等构成的心理状态。它们都是通过人们的语言和行为表现出来，品德优秀、情操高尚的人，就是心灵美的人。周恩来曾身为我国国家总理长达20多年，他办事公正廉洁，对党对国家赤胆忠诚，处处以人民公仆的标准来要求自己，全心全意为人民服务，从不以自己手中之权为个人或亲友谋取私利，表现了他高尚的道德情操，为全国乃至全世界人民所敬仰。

张富清同志，在解放战争中英勇善战、舍生忘死，多次荣获各种战功，被授予“战斗英雄”称号，获得了“人民功臣”奖章。退伍后，身体有伤的张富清又到边疆山区支援祖国建设。他深藏功名六十余载，连至亲好友都不知道他曾立下过赫赫战功，一直到2018年进行退役军人信息采集时，大家才发现张富清不为人知的事迹。老英雄张富清深藏功名一辈子，淡泊名利，坚守初心，不改本色，事迹感人。被评为“全国道德模范”“时代楷模”。青年学生要以英雄模范为榜样，努力做到爱国守法、诚实守信、淡泊名利、敬业奉献、文明礼貌、团结友善、孝敬父母、尊老爱幼、崇尚科学、辛勤劳动、勤俭自强、艰苦奋斗。这对塑造自己成为心灵美的人是具有积极意义的。

3. 丰富的学识修养

知识是人的精神基础，才能、智慧和学识可以使人的美放出异彩。有了丰富的学识才能就能够分辨善与恶、真与假、美与丑，就可以指导美的行为，表现美的风度，说出美的语言。苏联著名教育家苏霍姆林斯基说：“在我们这个时代，没有良好的教养，没有牢固的知识，没有丰富的智力素养和多方面的智力兴趣，要把一个人提高到道德尊严感的高度是不可思议的。”这句话深刻地说明学识才能与心灵美的密切关系。陈毅元帅深受全国人民的敬重，重要原因是他既是一位有崇高理想的革命家，又是一位有指挥才能的军事家；既是一位思辨敏捷的外交家，又是一位才华横溢的诗人。

在科学技术迅猛发展的今天，博学多才、富有修养的人，为人们尊敬和仰慕。1958年，作为国家最高机密的中国核潜艇工程正式立项。绝密工程选中了当时34岁的黄旭华，他成了最早研制核潜艇的29人之一。他们为国家利益隐姓埋名30年，为核潜艇研制和跨越式发展作出巨大贡献。黄旭华在2019年被国家授予“共和国勋章”、2020年获得国家最高科技奖。他说：“一生属于核潜艇，属于祖国，无怨无悔！”。黄旭华为祖国国防事业的发展、为把我国建成社会主义强国做出了贡献，其心灵是美的。青年学生应不断丰富自己的学识和修养，以充实自己的心灵美。

三、风度美

风度是指人在长期生活中形成的风采、气度。是一个人的仪表、言谈、举止、思想、品德、文化知识素养的总和，是一个人精神世界的外在表现。平时讲的“风姿”“风采”“风韵”等基本上是指风度的具体显现。风度是感性的、外露的东西，它是心灵、精神、性格的外化，但偏重于内在修养。所以风度美既表现一个人的外在美，又表现一个人的内在美，外在美与内在美在人的身上得到和谐的统一，便形成了风度美。风度美主要是在社会交往中待人接物的行为表现、神态表情、言谈举止所显露出来的美。

1. 利于他人的行为美

所谓行为，是指人在社会实践活动中所表现出来的所作所为。行为涉及的内容十分广泛，如对祖国、社会、学习、工作、生活、劳动、纪律、长辈、朋友等的态度和表现。生活并不都是轰轰烈烈、气壮山河的，因此，行为美要从平凡的小事做起，从我做起。努力做到奉公守法、孝敬父母、尊敬师长、见义勇为、谦虚谨慎、诚恳待人、助人为乐、信守诺言、艰苦朴素等，这些都表现了行为美。如果自私自利、不懂礼貌、态度傲慢、举止庸俗、破坏公物、不守纪律、贪污浪费、行贿受贿、损公肥私等，这些都没有美可言，而且表现了丑。

2. 真实自然的表情美

风度美是内心美的自然流露，而不是装腔作势、矫揉造作。人们在交往中，应该坦诚相见，态度诚恳坦率，表情谦和悦目，才能使人感到亲切自然、气氛融洽。眼睛是心灵的窗户，最能表现出人的内心世界的高尚与卑劣、喜悦与冷漠，它体现着人的风度。眼睛炯炯有神表明精明强干、富于进取；目光锐利表明富于洞察力、办事果断；视线游移不定表明心神不宁，不知所措；瞳仁呆滞无光则表明思维迟钝或悲观失望。眉开眼笑是美的，贼眉鼠眼是丑的。除了眼睛之外就是脸部，人们常把脸上的表情比喻成情绪的“晴雨表”，高兴时脸上线条柔和明朗，悲哀时脸上阴沉严肃。脸上表情最突出的是笑，每一种笑态都展示着人的某一种性格、情感、修养和风度。比如性格开朗的人欢快地笑；性格内向的人微微地笑；含蓄聪明的人会意的笑；心术不正的人奸笑；心胸狭窄的人讥笑……在这些不同的笑中最美的是欢笑与微笑，是最受人喜爱的，也是风度美中不可缺少的表情美。

3. 文雅和气的语言美

语言的优美动人是风度美的重要标志。概括起来应做到三点：“文雅”“和气”“谦虚”。“文雅”就是与他人接触时要使用礼貌用语，“您”“请”“对不起”“再见”等。不应对长辈直呼其名或称呼“你”“嘿”“老头”等，不应给他人起庸俗的外号，不应粗话脏话不离口、污言秽语满天飞。“和气”就是说话时要平心静气、彬彬有礼、和蔼可亲。语调、语气也是语言美的重要方面，温和、亲切的语调能表达真诚友好的感情，更增加语言的美感。相反，有人说话时声色俱厉、冰冷生硬、咄咄逼人，不但不能产生美感，反而产生恶感和令人反感。“谦虚”就是说话时要尊重对方，多用讨论商量的口气说话，比如，“我这样做，您看行吗”“我的意见，供您参考”“我的看法，请您指正”等。说话时不要居高临下，盛气凌人，唯我独尊，自以为是。不要有理不饶人、无理搅三分、强词夺理、恶语伤人。一位青年衣着极朴素，言谈举止优雅，可以给人带来美感；一位青年打扮入时，满身名牌，但出言不逊也使人感到“俗不可耐”，对其反感。

不同职业、不同性格的人通过自我培养，可以表现出各种不同的风度美。如学者风度、政治家风度、外交家风度、大将风度、演员风度、长者风度等。温文尔雅、落落大方、博学多才、机智幽默、活泼多情等风度，都是美的风度。中华民族历来以朴实、端庄、大方、热情的风度著称于世。随着时代的发展，社会交往日益频繁，对风度美的实践与欣赏越来越引起人们的关注，同学们应培养自己具有开朗活泼、亲切热情、勤勉好学、单纯朴实、稳重大方、文雅谦虚的美好风度。

四、人怎样才美

不论男女老幼，人们都在强烈地追求着自身的美，而且毫无例外地经常当面或背后评论着别人美与不美。那么人怎样才算美呢？每个人都有自己的看法和标准，但是必须有一些全面的、正确的、共同的基本认识：

1. 人物美应该整体评价

人物美具有整体性，就是说它所包含的人体美与心灵美应该和谐地统一。一般说来，人体美只有在心灵美的显现中才能体现出来。心灵与人体的美与丑可能出现统一的状况，也可能出现矛盾的状况，有如下四种类型：

心灵美且人体美。如《青春之歌》中的林道静、《林海雪原》中的少剑波、人们传颂的刘三姐、阿诗玛以及《巴黎圣母院》中吉卜赛女郎爱斯梅拉达等。

心灵美但人体丑。如《巴黎圣母院》中的敲钟人卡西莫多。

人体美但心灵丑。如《水浒传》中的西门庆，《巴黎圣母院》中的卫队长菲比斯等。

心灵丑且人体丑。如《林海雪原》中的坐山雕。

对上述四种类型在整体评价中，第一种类型兼有双重的美，内秀外美和谐统一，给人以强烈的美感。但生活中这种全美的人不占多数，大多数人总是有点缺陷。心灵美的人可能长相或体型差一点，手脚或皮肤粗一点；人体美的人又可能言谈、举止不够庄重、优雅，精神不够振作。在现实生活中全美的人少，偏美的人多。我们应该歌颂和肯定前两种类型的美，揭露和否定后两种类型的丑。

2. 心灵美高于人体美

人物美的核心是心灵美，心灵美比人体美更珍贵。这个观点有些人不能接受，尤其有些青年人不能理解。举例说明：《水浒传》中的西门庆和《巴黎圣母院》中的卫队长都是相貌非凡、风度翩翩、仪表堂堂、英俊潇洒的“美男子”，但他们也都是欺骗、侮辱和玩弄妇女的流氓。哪位男青年愿意做他们的知心朋友？又有哪位女青年愿意和他们相伴人生呢？从理论到实践都说明心灵美比人体美更重要。

如果一个人形貌不美但心灵美，人们经过熟悉了解以后，仍然会热爱和赞美他。如《庄子·德充符》中的哀骀它，面貌极丑，天下闻名。鲁哀公初见哀骀它时虽有心理准备，但仍然被他形貌的丑吓了一跳，但处久了就非常喜欢他了。男人们和他相处，都舍不得离开；女人们和他相处，都不愿做别人的妻子，而希望做他的妾。鲁国国君很信任他，要委以国家要职，当他不愿意任职离开之后，鲁君非常忧闷，有一种深深的失落感，仿佛再也没有志同道合的人了。庄子的结论是“德有所长而形有所忘”，这就是化丑为美。化丑为美并不是说丑的形貌可以变美的外貌，而是说人们对他形貌的丑已毫不在意，甚至忘掉了他形貌的丑。德国音乐家贝多芬，赢得了全世界人民的崇敬，人们把他当作音乐美的化身。实际上贝多芬其貌不扬，一头乱发，眼睛细小而深陷，鼻子又短又方，看上去像一头狮子。但贝多芬与命运搏斗的精神令人敬佩，在人们的心目中贝多芬是一位完美的艺术家。这是心灵美补充人体美，心灵美高于人体美的生动事例。托尔斯泰说得好："人不是美丽才可爱，而是可爱才美丽。"

3. 人体美和心灵美都具有可变性

心灵美中包括人的理想、道德、情感和学识等，这些方面通过主观努力和刻苦锻炼，在学习和实践中是可以培养和提高的，也就是具有可变性。人体美中的姿态也具有可变性，人体美中的形貌是否具有可变性呢？人的形貌是天生的、命中注定的，这种绝对化的认识是不对的。形貌中的体型和体态可以通过体育锻炼逐步接近美的标准（尤其是正在长身体的青少年），五官和肌肤又可以通过美容修饰进行适当的弥补，恰当的服饰也可以掩盖人体的某些不足，特别是美的感情、美的学识、美的行为、美的表情、美的语言等因素都能使不足的形貌增加美的风采，增添美的魅力。

人体美和心灵美的可变性以及人物美的整体性使得任何人都可以追求和达到某一种美的境界。青年人应该重视在形体上进行锻炼和修饰，在心灵上进行培养和塑造，努力做到人物的整体美，使自己成为更美的年轻人。

主题二

服饰美

服饰是服装和修饰的总称。服饰美的美学意义有三：① 改变人的自然形态，显露和增添人体之美，是人的外在美的组成部分；② 反映人的思想、性格、气质，表现人的精神状态、审美趣味、文化素养，是人的内在美的具体显现；③ 反映一个国家的物质生活水平、一个民族的文明修养程度，还可以显示一个国家和民族的精神和传统。郭沫若有句名言：“衣裳是文化的表征，衣裳是思想的形象。”

一、服装美

我国是世界上最早养蚕织丝的国家。2 000多年前，宫廷里的贵族就开始穿丝绸面料的服装。大唐盛世服装极尽奢华，有艳丽多姿的高腰裙，有薄如蝉翼的罗纱裙。著名的“丝绸之路”曾把大量的中国丝绸运往欧亚非各国，我国有“衣冠王国”的美誉，一度成为服饰文化的中心。我国又是一个统一的多民族国家，各民族的服装琳琅满目、绚丽多姿、做工精良、设计巧妙，是服装设计师取之不尽、用之不竭的创作素材。在今天，服装已经成为人们的审美对象，成为一门独立的艺术。服装在美化和丰富着人们的生活。

1. 服装美的三要素

（1）色彩美

“远看颜色近看花”。看一个人的服装，首先进入观者眼帘的是服装的色彩，然后才是服装的款式和面料。色彩对于服装美比款式更重要，色彩是服装的“灵魂”。服装色彩具有极强的情感性。比如，红色鲜艳、俏丽，代表吉祥，使人感到热烈、兴奋；黄色快活、明亮，给人以充实、幸福感；蓝色是庄重素净的色彩，具有文静、素雅、朴实、大方的性格；黑色显得庄重、成熟和尊贵；白色象征纯洁，使人感到清爽、典雅。

服装的色彩美，关键在于配色是否和谐，是否能产生多样统一的整体效果。比如，红色与白色相配效果最佳，也适宜与黄、黑等色相配，与绿色相配时要慎重。褐色的配色范围较广，但不适宜与红色、黑色相配，因为会显得灰暗、混浊。黑色的配色范围广泛，尤其适宜与暖色搭配，产生对比配色，与深蓝、深绿、深灰等色相配时整体色调会比较暗。在服装配色中，调和配色的艺术效果是柔和、雅致、舒适、大方；对比配色的艺术效果是鲜明、醒目、生动、艳丽。服装配色中，可以通过点缀色的反复出现而产生色彩的节奏与韵律，而且力求做到色彩的多样统一。色彩的多样是体现丰富性，色彩的统一是体现协调性。色彩过多会陷入混乱、无秩序，色彩过于统一又显得呆板、没生气。所以服装的配色数量不要过多，形成一个统一的色调，再加适度的点缀色，在统一中求得多样，表现出一种和谐美。男性服装以不超过三色为好，女性服装的色彩也不要过多，色彩过多显得太浮艳和俗气，美学价值不高。

（2）造型美

造型美就是服装中的款式美。在一切造型艺术中造型的基本要素都是点、线、面，服装的款式也是由这些要素构成的。服装的外形是由方、圆、角这三种基本形态组成的，这些形态也具有“个性”：“方”形端庄但呆板；“圆”形柔和但臃肿；“角”形挺拔但生硬。服装设计师就应该把不同形态的个性特点，加以巧妙地利用和组合，而创造出造型美的服装。比如点、线、面、方、圆、角这些元素，以规则的或不规则的重复、放射、渐变、疏密、聚散等组合方式，创造出造型的节奏与韵律、多样与统一。还可以利用对称与均衡造型规律在服装造型上进行美化，对称形式的服装如中山装具有重心稳定、统一、规律、严格的特征，给人以庄重之感；均衡形式的服装具有活泼、多样、变化、流动的特征，给人以丰富之感。如在服装设计中，常利用领子、扣子、口袋、左前片和右前片的位置、式样的变化，有意创造反平衡的效果，以求动感，表达了人类在相对安定中求新、求异、求变化，打破单调的心理。

（3）材料美

材料美就是服装中的面料美。服装的物质材料也具有相对独立的审美价值，不同的材料有不同的审美效果。在服装美中就要发挥材料的美感作用。因此，要对服装材料的不同性能、不同质感、不同审美价值有基本认识。近年来，服装材料的品种纷繁复杂、层出不穷、数不胜数，但具有代表性的主要有棉布、丝绸、呢绒、皮革等。一般来说，棉布柔软质朴、吸水性强，给人以朴素求实的美感；丝绸轻薄透亮、透气性强，给人以轻盈富丽的美感；呢绒厚重稳健、保温性强，给人以稳重含蓄的美感；皮革牢固挺括、光泽性强，给人以雍容华贵的美感。

在创造或鉴赏服装美时，不能在三要素中孤立地强调一个要素，要使三要素紧密配合，相互作用才能充分地体现出服装美。

2. 服装美的美学原则

（1）适体

人体有高矮之分、胖瘦之别，适体是指服装要适合体型。服装的美学意义在于使人穿着得当，弥补人自然形态的不足，反映人的精神，表现人的风采，增强人的美。服装是美化人体的艺术，当然不能和人体脱节，所以要“量体裁衣”，也就是在制作或选购服装时要因人而异。人体的轮廓是立体的，适体就是要求服装能体现出人体各部位的起伏。只有适合人体和人体动作要求的服装，才能显示出其特有的艺术魅力。例如，中国女性的传统服装旗袍，身材苗条的女性穿上可以显示出体型的曲线美，而腰粗腹大的女性穿上反而暴露了身材的缺陷。

（2）适用

适用是指服装要适合使用。不具有使用价值的服装，无论有多高的审美价值，也是不易被人接受的，因为服装应服务于人们生产、生活的实际需要。根据不同的使用目的，服装有社会服（礼服）、日常服、工作服、运动服、室内服、舞台服等，人们在穿着服装时，就要选择适合其工作、学习或生活的环境气氛的。学生穿上校服去上学，工人穿上工作服去上班，就与整个外界环境相协调；学生放学后穿上睡衣去课外班参加活动就显得不文雅，职工下班回家穿上礼服去做饭也不自在。可见，服装的适用是不可违背的美学原则。

（3）适龄

服装要与人的年龄相协调才能表现服装美。少年儿童穿上色彩明快鲜艳、款式活泼精巧的服装，可以表现出一种童稚之美、纯真之美，引起人们的喜爱；青年人穿上色彩清淡素雅、款式简洁流畅的服装，可以表现出一种青春之美、自然之美，给人以潇洒大方、朝气蓬勃的美感；中老年人穿上色彩柔和典雅、款式舒适端庄的服装，可以表现出一种成熟之美、庄重之美，令人敬重。

二、修饰美

修饰就是加以整理和打扮的意思。

袁枚在《续诗品》中说："貌有不足，敷粉施朱。"自古以来，容貌的修饰一直受到人们的重视，在现代社会，修饰更具有特殊的意义和作用。人们通过修饰，展现出健康、整洁、大方、文雅的容貌，这是职业活动的需要，是日常生活的需要，也是国际交往的需要。用修饰的艺术手法来装扮美化自己，以达到振奋精神和尊重他人的目的。因此，把修饰视为资产阶级生活方式的认识是错误的。同样，一味追求表面的美，整日沉湎于涂脂抹粉，甚至导致生活上的腐化堕落，那也是错误的。修饰的范围较广泛，我们主要介绍美容、美发和佩戴饰品。

1. 美容

保护好皮肤是美容的基础。

健康、理想的皮肤应该是细腻、红润、光泽、洁净、有弹性的。皮肤的质量直接影响着容貌的美与不美，也直接影响着化妆的效果。用同样的化妆品化妆，皮肤细腻的效果就好，显得自然、质朴，皮肤粗糙的效果就差。怎样保护好皮肤呢？要保持乐观的情绪，要保证良好的睡眠，饮食要适当，要有良好的生活习惯。还可以使用面膜护肤或蒸面、水浮、泥浴等护肤方法。现代的医药化学、激光等科学技术也被广泛应用在美容护肤中。

美容还可以进行适当的化妆。化妆首先应进行基面化妆，过程是洗净面容、涂润肤霜、涂敷底色、扑干粉等，具有整体和全局性质。然后再进行基点化妆，即局部的化妆。包括眼、眉、鼻、腮、唇、耳的化妆等。化妆要轻匀、自然、丰满、适度，不能孤立地进行某一部分的化妆，要考虑五官的协调，要体现个性与气质。特别青年人的皮肤细腻娇嫩，面色红润充满青春活力，如果再细心地修饰一下，会增添一份美丽。但是，一定注意不要过多地修饰和过分地化妆，以免掩盖了青年人所特有的青春之美、健康之美、自然之美。

2. 美发

保护好头发是美发的基础。

健康、理想的头发，应该是有自然光泽、柔顺、易梳理、不分杈、不打结、有弹性和韧性、不易折断的。头发的质量直接影响着容貌的美与不美，也直接影响着美发的效果。同一位理发师进行美发，头发质量好的人和头发质量差的人理发后的效果是不会一样的。怎样保护好头发呢？要注意饮食，要有良好的生活习惯，要积极进行体育锻炼，要科学洗发。还要注意发型与脸型的协调，发型与年龄、职业的相称。学生的发型，应该是线条简洁、整齐、流畅，发式清秀、明快、自然，以反映出蓬勃向上的精神面貌。因此，男学生不适宜留长发，所谓长发，即指在头的两侧和后部发长超过发界。男学生留长发与自己的年龄、身份、气质很不协调，因此是很不美观的。女学生不适宜烫发，烫发不仅损伤头发，而且失去了头发的自然美。烫发适于成年人，学生在发型上不要追求成人化，不要盲目模仿，更不要赶时髦；否则，既浪费时间和精力，又有损自己清新、自然的学生形象。

3. 佩戴饰品

人们在服装上、发型上和身体一些部位上，佩戴上一些饰品，常常可以起到锦上添花的作用。饰品包括项链、耳环、发卡、胸花、头巾、披肩、腰带、戒指、手镯等。佩戴饰品应遵循的美学原则有以下几点：

（1）适龄

装饰也要与人的年龄相协调才美。赵树理在小说《小二黑结婚》里，这样描写了三仙姑：“虽然已经四十五岁，却偏爱当个老来俏，小鞋上仍要绣花，裤腿上仍要镶边，顶门上的头发脱光了，用黑手帕盖起来。只可惜宫粉涂不平脸上的皱纹，看起来好像驴粪蛋上下了霜。”由于三仙姑的打扮和她的年龄不相称，所以反而更丑了。

作为未成年的学生是不宜佩戴首饰的，学生佩戴首饰与年龄不相称。女学生可以适当佩戴一些式样简洁、美观的发卡、手表作为装饰，以适合自己的身份和年龄。

（2）适度

在装饰中，不论发型、化妆还是佩戴饰品，都必须注意适度。珠翠满头、金银满身，可以夸耀富有，但对于漂亮的内容来说，却可能喧宾夺主，削弱美貌本身的魅力，反而给人“暴发户”之感。一支造型别致的发卡，一条色彩美丽的丝巾，可能使形貌更添姿色。饰品的佩戴贵在适度，它既不在于饰品的数量多寡，也不在于饰品价值的贵贱，而在于选配得当。面部化妆时也要适度，涂脂抹粉不要过厚，眉眼描画点染不要过浓，“淡淡妆，天然样”，化妆的至高境界是“无妆”，是让人感到似乎没有化妆。

（3）适时

适时包括两个含义：一是要适合时代，佩戴饰品的内容和形式要反映时代的美。在当今时代身穿龙袍，头戴凤冠就不适当。二是要适合时令，春有春装，秋有秋装。装饰也要求适时，在发型上夏天宜留短发，冬天宜留长发。在佩戴饰品上初春宜戴纱围巾，冬季宜戴毛围巾。节假日或探亲访友时，带上耳环、项链，在工作中（特别是体力劳动）就没有必要佩戴饰品了。

三、怎样穿着才美

人要穿着美，首先就要认识服饰美的要素和内容，并能够掌握和正确运用服饰美的美学原则，同时，还应该注意到以下三个方面：

1. 追求朴素美，表现自然美

朴素美是指整齐清洁、质朴无华、淡雅大方、清爽脱俗的美。在服饰上的朴素美能给人以合身得体、十分匀称、不重雕琢、简洁纯真的美感。特别是青年学生，正值青春时期，匀称的体型、红润的脸庞、细嫩的皮肤、清亮的眼睛，不进行化妆本身就很美。可有些人不知珍惜这些宝贵的自然美，反而过多地修饰，男学生留长发、女学生浓妆艳抹，把青年人天赋的自然之美和特有的风采，都给掩盖住了。美是以真作基础的，只有真才可爱。故意地修饰，过多地打扮，就失去了真，也就谈不上美了。达·芬奇说：“你们不见美貌的青年穿戴过分反而折损了他们的美么？你们不见山村妇女穿着朴质无华的衣服反比盛装的妇女美得多么？”的确，山村妇女“质朴无华的衣服”是比浓艳重彩的“盛装”要美，这是因为山村妇女在劳动中获得了大自然赋予的美。

2. 利用“视错”，弥补不足

人们在视觉上可能产生一种错觉，简称“视错”。“视错”是视觉艺术中，最为奇幻的一种技巧应用。我们用下面五个图例，对“视错”进行基本认识：

图4–1看上去垂直的线比水平的线要长，实际上两条线一样长。如图4–2上面图中的三条横线段看上去长短不一，实际从下图可知三条线段一样长。如图4–3看上去白色圆形大于黑色圆形，实际上两个圆一样大。因为白色有扩张感，黑色有收缩感。如图4–4看上去左边黑色圆形小，右边黑色圆形大，实际上两个黑色

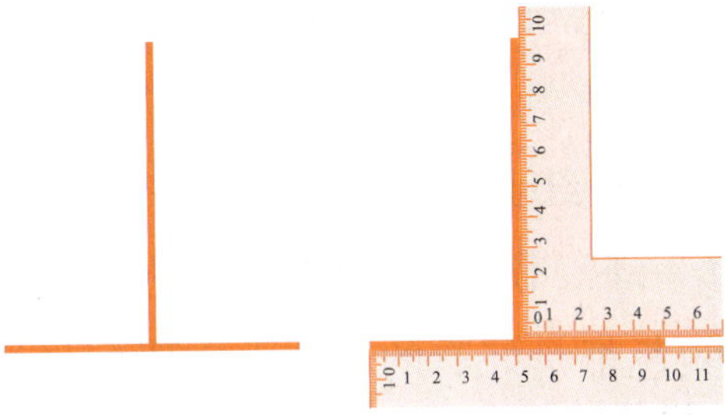

图4-1 视错

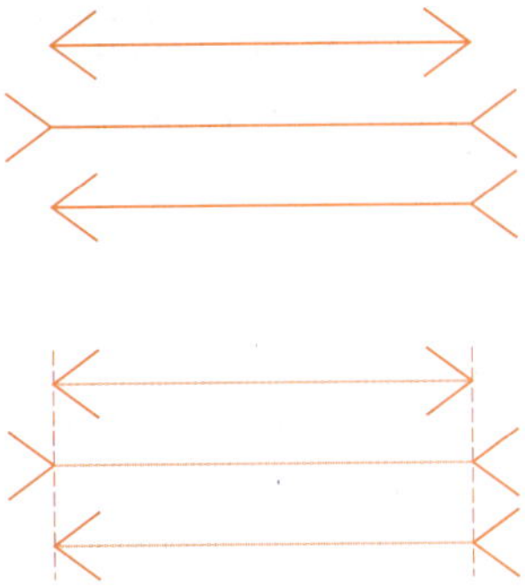

图4-2 视错

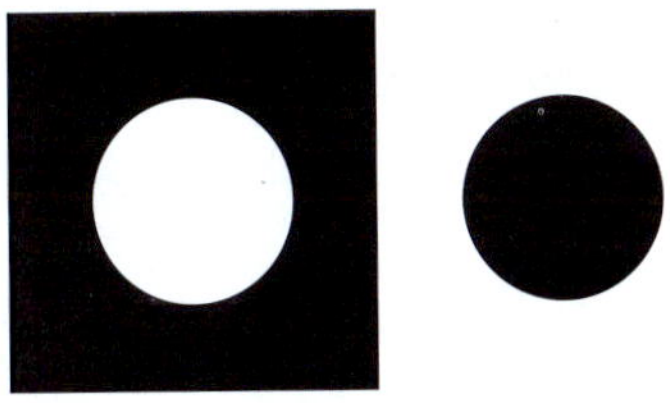

图4-3 视错

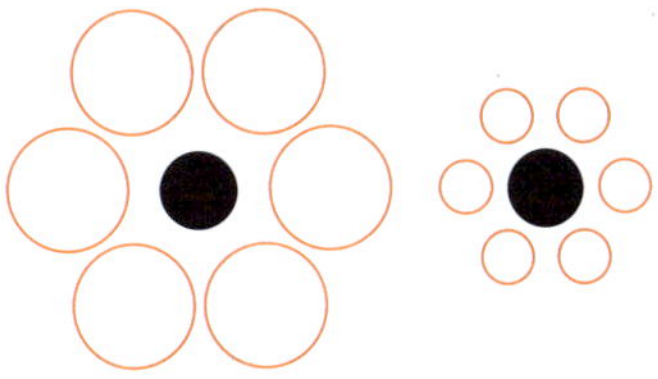

图4-4 视错

图4-5 视错

圆形一样大，这是受了周围白色圆形大小的影响。如图4-5左右两个大矩形中间各有两个小矩形，看上去左边小矩形颜色浅，右边小矩形颜色深。实际上两个小矩形的颜色是相同的，深浅的程度也是相同的（色彩的明度，色相，纯度相同）。以上的事例说明，确实存在着视觉上的错觉。在造型上，竖直的线条有挺拔加长的展高感；横平线条有厚重开阔的展宽感。在色彩上，黑色、深色和冷色有收缩感，白色、浅色和暖色有扩张感。形体大小的视觉受周围环境影响。两种颜色在一起，对比越强烈越鲜明、醒目；两种颜色在一起，越接近就会感到含混不清。如何利用视觉上的错觉穿着打扮才能美呢？我们用下面五张图例加以说明：

如彩图84，上、下装的长度比例决定人的视线焦点，图中左侧人穿的衣服视线焦点定位高，给人留下高挑的印象，右侧人衣服焦点定位低，给人沉甸甸的感觉。如彩图85，较胖的人要选择显瘦的花纹，可选细横条纹或竖条纹，竖线的延伸效果使身体和脸看起来显瘦，还可穿小圆点，小碎花的衣服。如彩图86，体型较瘦要穿显胖的衣服，可选择粗横条或粗竖条的，或大圆点，大花的衣服。如彩图87，在服装颜色的选择上，应知道黑色显瘦，白色显胖，这是因为暗色调比亮色调显瘦，黄色和柔和色调也会给人肥胖的感觉。如彩图88，在点缀装饰物时，在身体靠上部位点缀就能达到显瘦的效果，例如，在脖子上系围巾，在胸前挂项链，在领子周围加上装饰性线条等，根据年龄特征可选择适当的装饰物放在头发上。总之，要想办法把人的视线自然而然集中到显眼的高处。造成个子很高的错觉。相反，把装饰物点缀在服装的下方，让别人的视线集中在低处，身材看起来就不美。

20世纪30年代作家肖红去看鲁迅，她穿了一件红上衣，天真地问鲁迅："周先生，我的衣裳漂亮不漂亮？"鲁迅上下看了一下，说"不大漂亮""你的裙子配的颜色不对，并不是红上衣不好看，各种颜色都是好看的，红上衣要配红裙子，不然就是黑裙子"，"你这裙子是咖啡色的，还带格子，颜色混乱得很"。又说："方格子的衣裳胖人不能穿，但比横格子还好；横格子的胖人穿上，就把胖子更往两边裂着，更横宽了，胖子要穿竖条子的，竖的把人显得长，横的把人显得宽。"肖红惊讶地问："周先生怎么晓得女人穿衣裳的这些事情？"鲁迅回答："看过书的，关于美学的。"鲁迅讲的这些道理，实际上是在利用"视错"。

3. 结合自身，"扬美""遮丑"

在服饰上要有意识地"扬美"与"遮丑"，才能进一步美化自己。

"扬美"就是对于自身存在的某些美点要有明确认识，并且力求发扬和展示它。比如，男青年身躯挺拔、匀称而强健，就要穿上合体的服装来"扬美"，而不要穿过于肥大的服装来掩盖。再如女青年身材苗条，腰较细，还长着两条匀称好看的长腿，夏季就可以穿上结腰带的短裤来"扬美"，不要穿过大过长的服装来掩盖。"遮丑"就是对于自身存在的某些缺陷更要有所认识，用服饰来进行掩盖。比如：长脸形的人衣服领口要开得高一些，用一字领或小圆领，如果领口过低就露出脖子和前胸，有把脸型拉得更长的错觉。圆脸形的人衣服用尖领或V字领，不要再用大圆领，以改变脸过圆的感觉。又如，肤色较黑的人，服装应穿色彩浓艳的亮色，如橙色、明黄色或浅色调的，可增添明朗感，不宜穿黑色和深暗色调的。肤色偏黄的人，服装应穿红色、粉红色或蓝色的，以冲淡黄色，不宜穿黄、绿、棕等色，以避免显得脸色更焦黄，增加"病态"感。皮肤白皙的人，服装可选择的颜色较多，以暖色调为好。

4. 不赶时髦，展示个性

现代社会在服饰上，人们都追求"时髦"和"流行"。这说明人们的审美情趣日新月异。服饰要不断地更新换代，具有积极和进步的意义。但是，有的人在追求"时髦"时忽略了服饰美的其他原则，选择了一些不一定适合自己身份、体型、气质、性格的服饰。服饰不是越"时髦"、越贵重、越豪华，越能增添美。不适合自己个性的服饰往往会弄巧成拙，变美为丑。

个性，在心理学上指个人稳定的心理特征，如性格、兴趣、爱好等。服饰美能与人的性格美达到和谐统一，服饰美才具有其巨大的魅力。比如，一个性格内向、文静、温顺的少女，服饰就不宜色彩过分艳丽、花式繁杂、装饰过多，而应该穿戴清淡、素雅、端庄，从而显示出内在的秀美。青年学生穿上统一的校服，可以让别人看到学校的学风和校风，反映出青年学生健康活泼、充满朝气的特征。所以，按照自己的性格特征打扮出自己的风采，才能真正地体现服饰美。

利用服饰也可以改变自己的形象，如性格过于好动的男青年，可借助蓝色调、款式端庄的服装，增加文静感。性格过于沉稳的女青年，可借助暖色调、款式轻快的服装，显出活泼。选用恰当的服饰可以体现人的性格美、风度美。

主题三

风景美

风景是指自然的风光景色。我们的祖国是一个土地辽阔、地形复杂、气候多样的国家，她有巍峨的高山、莽莽的高原、滔滔的江河、广阔的平原、宝石般的湖泊。世界上像我国这样自然风景如此优美壮观的国家是不多的。自然风景具有天然和真实的天性，它比任何最高超的画家笔下的景物和最好的艺术摄影都来得真切、自然，它是立体的画卷、有声的诗篇，因此，对观赏者有强烈的感染力。它可以将人们的思想带进一种令人陶醉的境界，让人们在欣赏风景美的过程中陶冶性格、开阔胸怀、培养情操、增长知识、促进身心健康。

一、风景美的类型

风景又称景观。景观主要包括自然景观和人文景观两大类。

1. 自然景观

自然景观是指没有经过人类加工改造的自然景色，如山川草原、江河湖海、日月星辰、风云雨雪、原始森林、鸟兽虫鱼等。这些自然景物在四季更替和天气变化中，呈现出一定形式美的状态，引起人们的兴趣，为人们所观赏。自然景观还包括经过了人类加工改造的自然景色，如绿化的山岗、麦浪滚滚的田野、牛羊成群的草原、喜获丰收的果园等。这些自然景物不是由纯粹的自然物构成，但它直接体现了人的创造，渗透着人的心血，引起人们的喜爱和愉悦，使人感到和谐亲切、心旷神怡，因而仍把它归为自然景观。自然景观之所以使人们产生丰富而强烈的审美感受，是因为它具有空间感、运动感和生命繁荣等因素。空间感是指自然界巨大的空间体（如高山、田野）给人一种雄伟壮阔的美感。运动感是指自然界飞动流逝、富于变化的景色（如瀑布、麦浪），使人受到感染、启发，得到精神上的鼓舞。生命的繁荣是指自然界的动植物（如蜂蝶、果树）一派生机，使人感到生的愉悦。这些因素构成的自然美令人神往、陶醉。

2. 人文景观

人文景观是指人类社会的各种文化现象，又称文化景观。如建筑园林、寺观佛窟、帝陵古墓、碑刻文物、城市风光、民族风情、地方习俗和神话传说等。人文景观包含着丰厚的文化信息和审美意味，在满足人们获得知识和享受艺术美的同时，还能激发起人们思旧怀古之情与民族自豪感。

风景美中的自然景观与人文景观，通常表现为两者多层次的交叉与融合的特点。我国风景区大都是自然风景与绚丽的艺术美交融在一起，当人们游览欣赏风景美时，不仅可以享受到自然景观美，而且还可以感受到反映我国悠久历史渊源的人文景观美，由此增添了审美色彩，提高了审美层次。

二、风景美的构成

所谓风景美，包括了一个区域的自然景观美和人文景观美，不是单指一条小溪或一座木桥，所以风景美是多种成分融为一体的综合美。一般由以下几方面的因素构成。

图4–6 云南昆明“石林”

1. 形状美

形状美是指自然景观总体形态和空间形式的美，包含着人们对各类自然景观的心理和生理感受。形状美是风景美的核心和基础。

例如云南昆明“石林”（图4–6）岩石的千姿百态和奇异造型，美妙无穷，激发起人们丰富的联想和想象。鲜花的多姿多彩，丰富美化着人们的生活，不同的花有不同的象征，蕴含着不同的美的品格。小草的柔韧挺拔、连绵成片，启迪着人们应像小草那样具有顽强的生命力。

不仅山、石、花、草以形状见美，水也如此。江河的平稳流动、湖泊的宏伟开阔、大海的波涛汹涌、瀑布的飞流直泻、泉水的向上喷涌等，都以不同的形态和空间形式给人们带来美感。

2. 色彩美

风景美不但多姿，而且多彩，蓝天、白云、青山、碧水、花红、叶绿……以鲜花为例，不同的花有不同色彩，雪白的梨花、火红的茶花、粉红的桃花、金黄的菊花等。云南的山茶花、峨眉山的杜鹃花、八达岭的杏花等，都是以色彩美闻名于世的。自然界中的色彩随着季节的变化而变化，深秋时北京香山红叶“红似二月花”（彩图89），冬季时长城雪景洁白无瑕、银装素裹。大自然中比较稳定的是土壤的暗色调，给人以浑厚、深沉之感。和土壤相比，岩石的色彩要丰富一些，有黄色、白色、红色、灰色和绿色等。大自然中还存在着动物的色彩美，金鱼、白鸽、黄雀、蝴蝶、孔雀等，都能呈现出极其丰富的色彩美。大自然的斑斓色彩美，给人们带来了愉悦的心情，引发了浓厚的审美情趣。如果没有了色彩美，风景美就会大为逊色，失去审美价值。

3. 动态美

动与静是相对的，又是相辅相成的。人动物静、物动人静都是产生了动态的变化。风景中动态美主要由流水、瀑布、波涛、溪泉和浮云飘烟等要素构成。

图4-7 黄山云海

风是无形的，但它是形成动态美的动力，它能驱散浮云、掀起波涛、吹拂柳枝、传送花香。诗人常把垂柳比喻成美女的长发，随风飘动，显示出柔和流畅的动态美。黄山素有“云海”之称（图4-7），许多画家、诗人认为黄山妙就妙在烟云上，每当烟云升腾，时而犹如大海波涛翻滚、汹涌澎湃，时而悠然飘逸，从你脚下徐徐而过，真像在“仙境”和“云中”游动一般，使人感受到一种飘动的美、荡漾的美。山海关地区的燕塞湖有“小桂林”之称，当人们乘船在湖中观赏两岸风光时，看到群峰环抱，白云飘浮，碧水如镜，青峰似乎在水中荡漾，船儿似乎在青山顶上游动。如果在风景区再看到彩蝶在翩翩起舞、雄鹰在展翅飞翔，就更增添了风景中的动态美。动态美是一种转瞬即逝却又令人百看不厌的美。

图 4-8 西湖

图 4-9 听泉亭

4. 朦胧美

朦胧美在自然风景中广泛地存在着，如缭绕的云雾、隐现在云雾中的奇山异峰、扑朔迷离的湖光山色、日落西山的夕阳余晖、或隐或现的月亮等，都能产生一种奇妙的朦胧美。苏轼描写烟雨迷蒙的西湖的佳句有“山色空濛雨亦奇”，在细雨迷蒙中，西湖像美女穿上一层薄纱，隐隐约约显露出婀娜的体态，这正是一种朦胧美（图 4-8）。

当群山朦胧时，层层烟云掩其真面目，近山显得清晰高峻，远山显得深远莫测，产生了丰富的层次，“山在虚无缥缈间”。大海朦胧时，水天一色，茫茫一片，找不到海与天的交界，海里的游船，不知是在水里游，还是在云里行。朦胧美表现的景物若隐若现、模模糊糊、虚虚实实，使游人产生神秘、玄妙之感，引起游人的丰富遐想和探索的兴味。朦胧美具有迷人的魅力，在于使游人通过创造性的想象活动，去捕捉、理解、补充朦胧形式中的内容，从而获得美的享受。

5. 音响美

自然风景不仅赋予游人大量的视觉美，还可以使游人享受到听觉美。同学们如果到山里郊游遇到清泉，会感觉到泉水叮咚声像音乐一般，节奏感很强，几股泉水的声音汇合在一起，产生出一种旋律美与和声美。如果到了山林中，就可以体会“蝉噪林愈静，鸟鸣山更幽”的意境美，享受到幽林鸟语的音响美。风景中的音响美还表现在瀑落深潭、惊涛击岸、雨打芭蕉、风起松涛等。有的风景区建有“松涛亭”“听泉亭”（图 4-9）等，就是为游人提供欣赏自然界的音响美的场所，对于久居闹市，长期处于噪声环境中的人来说，在风景区欣赏一下天然交响曲，真是一种难得的精神享受。

6. 人文景观美

我国的名山大川和许多风景区，都留下了文明古国的光辉遗迹，而且建筑景观与自然景观的相辅相成、相互衬托，表现了风景的协调美。比如泰山山势巍峨，把一些建筑物布置在山脊、山顶或坡岸上，更增强了山体雄伟高大的气势（图 4-10）。山西恒山的悬空寺，是建在悬壁岩凹之中，40间殿宇楼阁像是用无形的线系在半空，更衬出山势的险要（图4-11）。秀丽的风景区，常建有造型轻巧、体量适当的亭、阁、廊、桥，引导游人游览，如北京的颐和园、北海公园等。幽深的风景区，常把建筑物选择建在山谷、山间的古树茂林之中，造成深山藏古寺、密林隐殿宇的优美意境，如雁荡山的灵岩寺、北京的潭柘寺等。

图4-10 泰山

人文景观除了建筑物以外，还包括碑刻、摩崖石刻、书画题记、历史遗迹、革命文物等。如泰山的祠庙中有宋代的巨幅壁画，有秦代李斯小篆残碑等，可谓是古代诗画、书法的展览馆。海南省三亚是著名风景区，在海边有两块巨石刻有“天涯”和“海角”，还有一块状如钢柱的巨石刻有“南天一柱”，都是清末文人的手笔。崖县还有为纪念苏东坡贬谪海南所建的苏公祠，祠内有苏东坡的石刻像和墨迹石碑，都有较高的历史文化价值。

图4-11 恒山悬空寺

人文景观美还表现为流传的神话传说和地方习俗。例如，有关泰山的传说离不开帝王登山封禅的题材，万里长城总有“孟姜女”的故事，广西柳州鱼峰山和小龙潭有“刘三姐”的传说，云南石林有“阿诗玛”的传说。地方习俗，如蒙古族的“那达慕”、苗族的“芦笙节”、傣族的“泼水节”、白族的“三月街”等，都会给游人留下难忘的印象。游览云南大理时，漫步在苍山的蝴蝶泉边，随波荡漾在洱海的游艇上，看到热情好客的白族青年身穿民族服装，载歌载舞，向您献上白族人敬客的三道茶时，你会感到景美、人美、情更美。这些不同民族的文化习俗，不同地区的风土人情，也是构成风景美的不可缺少的因素。自然景观与人文景观巧妙而和谐地结合起来，对游人欣赏风景美有巨大的感染力。

三、风景美的风格

风景美是具有形状、色彩、动态、音响的美，它是立体的画卷、有声的诗篇。这如诗如画的风景又具有不同的特色，形成不同的风格。品味风景美的风格，可以获得更多的审美享受。

图4-12 泰山

1. 雄伟

雄伟是一种壮观、壮美、崇高的现象。山的雄伟主要是指其高大厚重。人称“泰山天下雄”（图4-12），泰山不仅高，而且宏大，给人以厚重感和稳定感，即人们常比喻的“稳如泰山”“重如泰山”。雄伟的景观还有贵州黄果树瀑布，河水从60多米高的悬崖上直泻而下，跌入崖下的犀牛潭中，几道宽阔巨大的水帘，拍石击水，发出惊心动魄的巨响，四处飞溅的水花高达数十米，气势磅礴、雄伟壮观；浙江的钱塘江潮也表现为雄伟的景观，大潮从远处奔来，先是一条银线，然后波涛滚滚，声如雷鸣，渐渐变成一堵高墙，咆哮奔腾，甚为壮观。

2. 秀丽

秀丽是自然风景中最常见的一种审美形态。是与雄伟相对的另一种主要风格，雄伟为阳刚之美，秀丽为阴柔之美。我国有“南秀北雄”之说。人称“峨眉天下秀”（彩图90）。峨眉山体虽然高大，但轮廓线却流畅柔美，特别是它有丰富的动植物资源，3 000多种植物中的杜鹃，每到春夏之际，从山下开到山顶，漫山皆是，极为瑰丽，令人陶醉。秀丽的景观中，要有良好的植被，色彩葱绿才生机盎然。山景与水景相伴时山清水秀，如西湖的媚秀，漓江的奇秀，富春江的锦绣等。

3. 壮阔

壮阔的风景表现为一望无际、辽阔开朗。如宽阔的水面或广阔的平原和丘陵，以及登高远望的高旷等（旷为辽阔、开朗之意）。所谓“洞庭天下旷”，是因为洞庭湖位于江汉平原，水域广大，视野开阔，号称“八百里洞庭”，碧波万里，浩瀚无边（彩图91）。具有壮阔美的景观，如太湖、滇池，以及大江、海洋、草原等，都表现了辽阔无垠的美。《敕勒歌》中唱道：“天苍苍，野茫茫，风吹草低见牛羊。”赞美了阴山脚下土地辽阔、空旷无边、牧草丰盛、牛羊肥壮的草原风光。这种壮阔之美，使人心旷神怡，心胸开阔。

4. 幽深

幽的含义是隐蔽、深谙、沉静。幽景常常以崇山深谷或山麓带为地形基础，以铺天盖地的高大乔木为条件，构成半封闭空间。这种景观视域较窄小，光线暗，空气洁净，景深而层次多，有迂回曲折之妙，所谓“曲径通幽处”，就是幽中包含着深和静的因素。自古就有“青城天下幽”的美誉，四川青城山，树木葱郁、四季常青、浓荫翠盖、处处清静，是深藏于高山巨谷的幽境（图4–13）。杜甫有诗：“自为青城客，不唾青城地。为爱丈人山，丹梯近幽意。”幽美的景观还有五台山的南禅寺、峨眉山的伏虎寺、泰山的普照寺、北京西山的潭柘寺和卧佛寺的樱桃沟等。“山重水复疑无路，柳暗花明又一村”就是在描绘这种幽深风格的风景。幽深的风景均包含着“幽”“深”“藏”“静”的因素。

图4–13 青城山

图4–14 华山

图4–15 黄山

5. 险峻

“无限风光在险峰”，对于山的形态来说，坡度特别大，山脊高而窄，往往形成险峻的山势。人称“华山天下险”“自古华山一条路”，就是说华山的山势特别陡峭、险峻，它四壁陡立，坡度几乎达80度~90度（图4–14）。游人登华山要手攀铁索，经过许多险径才能到达峰顶。人们在经历险阻后获得审美愉快。这种审美愉快来得惊心动魄，却又有强烈的自豪感。许多风景区把险景列为重要景点，就是园林艺术和盆景艺术中的假山假水，也在追求创造着险景，讲究“无险不成景”。险峻景观还有长江三峡、峨眉“佛光”等。

6. 奇特

这里的奇是指形态非同一般，出人意料，是一种超乎常态的美。人称“黄山天下奇”（图4–15），峰奇、石奇、松奇、云奇。“峰奇”，指七十二峰，千姿百态、高而陡峭、多而紧凑。“石奇”，指种种巧石构成特有奇观，如“仙人指路”“天鹅下蛋”“猴子观海”“飞来石”等。“松奇”，指有许多单独成景的名松，如“迎客松”“送客松”“凤凰松”“黑虎松”“卧龙松”等。“云奇”，指黄山一年200多天可以观云海，是“云雾之乡”。奇特的景观还有武夷山之奇，奇在丹霞地貌，即岩石呈紫、绛红、朱红、浅红等色，称为“红岩”。人们又常用“碧水丹山”“奇秀东南”来形容武夷山的景观。奇特景观还有“桂林山水”“雁荡风景”“野柳岩石”等。

7. 奥秘

自然景观中的奥秘，其含义是指深奥莫测、变化无穷的封闭或半封闭空间，如奇峰深谷之底、洞穴、溶洞等。在风景区中有“武陵天下奥”之说（彩图92）。湖南西部的武陵，数以千计的山峰不是锥状，不是上尖下圆，也不是一条平滑的曲线，而是上锐下削、上下相仿或上大下小，挺拔巧叠。武陵之奥还表现在溶洞，有的长达7公里，最宽处达200米，最高处达100米，洞中钟乳石、石笋及种种岩溶现象无所不有，奥妙无穷。奥秘景观还有云南的石林、武夷山的茶洞和水帘洞、北京房山的云水洞和石花洞等。

风景美不止以上几种风格，一个风景区也不一定只有一种风格，而可能是几种风格交错并存或互相结合的。

四、怎样欣赏风景美

近年来，随着人民生活水平的提高，人们丰富自己的精神生活的要求日益强烈，越来越多的人积极投入到旅游活动中来。在旅游活动中一项主要内容就是观赏风景美，但并不是每个人都懂得怎样去欣赏。有的人去旅游只关心带什么吃的，穿什么衣服，游览时也不作细心观察，旅游后一无所获；有的人旅游时不停地走，没有停下来静观，结果错过了美的景观；有的人游览时不会选择适当的距离、角度和时间欣赏风景，结果发现不了美的景观；有的人游览后虽发出美的感叹，但究竟怎么美？为什么美？在思想感情上得到什么启迪和受到什么教育，却答不出来。那么，应当如何去欣赏风景美呢？

1. 善于发现风景美

艺术大师罗丹说过：“美是到处都有的，对于我们的眼睛，不是缺少美，而是缺少发现。”如何发现风景美呢？必须采取适当的、正确的方式、方法。

观景有动态观景和静态观景。动态观景就是“走马看花”，在步行或乘车、乘船时观景，这种观景所产生的美感是一种全面的立体感受。这种感受十分强烈，例如李白乘船游览长江三峡时，写下了他动态观景的感受，“朝辞白帝彩云间，千里江陵一日还。两岸猿声啼不住，轻舟已过万重山”（图4–16）。宋代民族英雄辛弃疾在一首词中写道：“溪边照影行，天在清溪底。天上有行云，人在行云里。”词中三个“行”字，显示出动态观景的特有情趣。静态观景就是“下马看花”，在一定位置上观景，仔细地玩味其中的奥妙，这种观景所产生的美感是深刻而细致的感受。应该指出动态观景与静态观景是相辅相成、互为补充的。动中求静、静中求动、动静结合是正确的观赏方法。

图4–16 长江三峡

图4–17 从景山万春亭上看故宫

观景要选择好距离、角度、高度和时间。观景要选择距离，观赏全景距离要远，观赏局部距离要近。观庐山瀑布只能远眺，赏洛阳的牡丹只能近观，距离适当可以增加审美的魅力。观景要选择角度，角度不对就看不到美。黄山的“猴子观海”（彩图93），没有适当角度和距离是看不出来的。在颐和园东岸的知春亭看万寿山就很美，在玉泉山上眺望万寿山就逊色多了。苏轼的诗“横看成岭侧成峰，远近高低各不同”正是道出了从不同的角度观景的感受。观景要选择高度。平视、仰视和俯视赏景的效果不同，登高观景可以极目远望，细心感悟。在北京景山万春亭上看故宫（图4–17），宏伟的宫殿建筑群便一览无余，壮美之极。在地面平视绝没有这种效果。观景要选择时间，“良辰”与“美景”相提并论，说明它们之间的密切关系。春去秋来，寒来暑往，昼夜交替，阴晴雨雪，汇成了大自然时间美的交响曲。观日出和晚霞，赏红叶和雪景，都有强烈的时间性，同一空间的不同时间会使人有不同感受。

在观景中还要注意依靠听觉，捕捉自然风景中的美妙音响；依靠触觉，接受大自然的沐浴和爱抚；依靠嗅觉，吸收大自然的气息；依靠味觉，品尝泉水的清纯和果实的香甜。在欣赏风景时，善于观察和发现美的景物，才能产生具体、生动、全面和深入的审美感受。

2. 努力把握风景美

欣赏风景美，仅仅满足于发现是不够的，还要对所发现的形象进行概括、

图 4-18 承德避暑山庄

分析和思考，从而准确地把握住风景美的构成因素和各种景观的特殊风格。

云南昆明的石林，有奇异的怪石，有晶莹的湖泊，有艳丽的鲜花，有飞舞的蝴蝶，瑰丽壮观，表现了形状美、色彩美、动态美等，我们要在全面感受中要把握住它的美。承德避暑山庄（图 4-18），山区有奇峰怪石的峡谷，平原区有大片的森林绿地，湖泊区一派江南风光，建筑规模宏大，风格独特。表现了形状美、色彩美、人文景观美等。我们在全面感受中要把握住它的人文景观美。

风景美的风格，对一个风景区来说，也不是只能有一种。自古有“峨眉天下秀”之称，但峨眉山主峰海拔3 000多米，叠嶂层峦、巍峨挺拔，也有雄伟的一面。再如欣赏漓江景色（彩图94），漓江蜿蜒于峭拔的群峰之间，组成了一幅100多公里长的锦绣画卷。秀丽的漓江有“山清、水秀、洞奇、石美”的四绝，还有“深潭、险滩、流泉、飞瀑”的佳景。说明在不同地点、不同时间观赏，会出现不同风格。漓江景色兼有秀丽、奇特、险峻、幽深的风格。但是漓江山上树木浓郁苍翠，峰影倒映江中，波光翠影、秀美异常。山的轮廓线展示了曲线美，而这美的曲线又以地平线为轴，重复而对称地出现在水面上，那动荡的倒影增加了景观的韵律感，好似音乐的回声一样，使景观表现出一种和声的美。所以，欣赏者应把握住：漓江景色的风格主要是秀丽，同时也穿插着其他风格。

3. 真正融入风景美

欣赏风景美必须真正融入风景美，才能够获得更多的审美享受，才能够得到更多的启迪和收获。怎样才能融入风景美呢？

在游览风景区之前，学习有关风景区的历史知识，欣赏有关风景区的艺术作品（文学、绘画、摄影等），这样可以提高风景美的审美质量。在游览风景区的过程中，要充分进行联想和想象，进入“情景交融”的审美境界，并对情操进行陶冶。陶冶是一种十分微妙的心理活动，比如，看到辽阔的草原感到博大；看到高耸的山峰想到奋发；领略了桃红柳绿、鸟语花香的美景，感到生活无比充实美好，从而认识到生命的力量和宝贵；观赏了祖国的锦绣河山，体会了民族的优秀传统文化，在心中会涌起热爱祖国、发奋学习、努力工作、振兴中华的激情。这种情景交融的过程也就是陶冶的过程。

总之，在欣赏风景美中，接触的景物越广，对景物观察得越细，把握景物风格越准，联想和想象得越多，触景而生的情感越浓，审美的层次越高，欣赏风景美的收获就越大。

主题四

环境美

环境是指人们生存场所周围的境况。

环境有大有小，通常指的是大自然的一部分。因此，环境美与自然美就有交叉、重复之处。为了区分方便，人们把大自然称为“第一环境”，城乡环境称为“第二环境”，室内环境称为“第三环境”。大自然的美，我们在“美的形态”和“风景美”中学习过，这里不再重复。城乡环境的美属于社会环境美，社会环境美中包含着社会风气美（软件）和生活环境美（硬件）。社会风气美我们在“社会美”和“人物美”中作过论述，所以，本节侧重分析最直观的生活环境美和室内环境美。

生活环境美，主要指物质设施方面的环境美。包括城乡、家庭、学校、单位的环境美等。这里主要认识一下城市环境美。

一、城市美

城市是在社会发展到一定阶段时人类聚集进行生产和生活活动的产物。它既是物质文明建设的结晶，也反映了精神文明的积累，它是现代社会生活的空间组织形式。城市美是社会美、自然美和艺术美的综合构成。它是环境美的重要组成部分。

1. 建筑景观美

一个城市必定存在着大量的建筑和各种设施，如工厂、住宅、商店、道路等，这是一个城市赖以生存和发展的基础。因此，一个城市的美首要条件就是建筑景观的美，它不仅是人民物质生活和劳动生产的保证，而且为人民精神生活的丰富多彩提供了物质前提。建筑景观美标志着人民群众真正成为城市的主人，过着和谐而富有生机的社会生活，同时也能表现出市民对待生活的积极态度和炽热情感。建筑景观美也标志着一个国家科学技术和文化艺术发展水平的高低。

图4-19 中央电视台总部

图4-20 水立方

例如，站在宏伟、宽阔的天安门广场上，不仅可以看到雄伟、壮观的天安门，广场两侧的人民大会堂和中国国家博物馆也给广场增添了气势磅礴的新景象。在一个广场上，既有人民的会堂，又有向公众开放的博物馆，这反映了城市的丰富多彩，也反映了历史的重大变迁，新建筑与历史建筑融为一体，形成了当代中国城市的独特面貌，这就是“共存之美”。从天安门广场向东、西两边眺望，可以看到长安街上许多美丽壮观的高楼大厦。看到这些建筑景观，会感到有一种奋发的激情在胸中涌动。再看看城市中那些体现了当代科技成就的新建筑，生动而深刻地表现了社会生活的美和艺术创造的美。

中央电视台总部大楼（图4-19），位于北京朝阳区。因其外形设计非常独特，使其造型看似很不稳定，但建筑设计团队凭借巧妙的力学运算保证了它的安全。2013年，世界高层建筑学会，将其评为“全球最佳高层建筑”。

国家游泳中心水立方（图4-20），2008年奥运会游泳比赛场馆，最大特点是采用膜结构，这种透明膜能让更多自然光透入馆内。馆内乳白色的建筑结构与碧蓝的水池相映成趣。“水立方”与“鸟巢”只有一路之隔，一方一圆，一蓝一灰，体现了中国“天圆地方”建筑理念，又体现了一个阳刚、一个阴柔的不同美感。形成鲜明对比，在视觉上极具冲击力。

东方明珠广播电视塔，塔身由三根直径9米的立柱、三个球体组成。高低错落的球体，在蔚蓝色的天空中串联，如三颗红宝石般晶莹夺目被高高托起，整个建筑浑然一体，创造了“大珠小珠落玉盘”的意境（图4-21）。

图4-21 东方明珠

图4-22 天津摩天轮

图4-23 中国美术学院象山校区

图4-24 苏州博物馆

在天津，这个集跨河桥轮为一体的“摩天轮”建筑，将观光和交通的功能完美融合在一起。摩天轮的直径110米（相当35层楼高），可同时供384人乘坐观光。这座建筑是世界上唯一建在桥上的摩天轮（图4–22）。

中国美术学院象山校区，设计者王樹（图4–23），它位于杭州转塘镇，周围是青山绿水，设计者从中国传统造园思想出发，对山水进行整理，让建筑场所回到自然场景之中，回到一个有森林、花草、山水组成的原生态的自然之中。

苏州博物馆新馆（图4–24），是由华人建筑师贝聿铭设计的，结合了传统的苏州建筑风格，把博物馆置于院落之间。该建筑是集馆舍建筑、古建筑与创新山水园区三位一体的综合性建筑。整个建筑展现了中国传统古典风格。

北京大兴国际机场（彩图95），地处北京中轴线最南端。航站楼面积（截至2019年9月）相当于98个足球场大小。远期扩建后将满足年旅客吞吐量一亿人次。建筑外形由流畅的曲线构成，塑造了“凤凰展翅”的惊艳造型。机场内部是一个巨大的开放空间，楼层之间相互交织，形成一个大型的阳光房。这座综合型国际化机场是一座共和国的超级工程。

港珠澳大桥（彩图96），是一座连接香港、珠海和澳门三座城市的桥隧工程，全长55千米，是世界上最长的跨海大桥。也是我国建设史上里程最长，投资最多，施工难度最大的跨海大桥。大桥的设计风格汇聚了粤港澳三地文化元素。在几个航道桥和东、西人工岛上，分别展现“中国结”“廊柱”“骑楼”“青铜鼎”“蛟龙”等中国传统文化元素。大桥通车对三座城市和周边地区的政治、经济、文化的交流和发展具有重要意义，也充分表现了城市建筑景观美。

2. 人文景观美

城市是物质文明建设和精神文明建设的结晶，城市是文化的表现，而城市文化也是城市得以延绵的重要基础。因此一个城市的美，其重要条件就是人文景观的美。所以，一定要保护好城市中的历史文化遗产。一个城市有着悠久的历史、灿烂的文化，历史上曾在这里发生过重大事件，杰出的人物曾在这里开展过革命活动等，这些都能体现一个城市的革命精神和光荣传统，作为城市的主人是值得为之自豪的，对于旅游者也有着巨大的吸引力。

图4-25 黄花岗烈士陵园

城市历史文化遗存是前人智慧的积淀，是城市内涵、品质、特色的重要标志。要妥善处理好保护和发展的关系，注重延续城市历史文脉，像对待“老人”一样尊重和善待城市中的老建筑，保留城市历史文化记忆，让人们记得住历史，记得住乡愁，坚定文化自信，增强家国情怀。当我们游览西安，13朝古都，参观了兵马俑、华清池、大雁塔、碑林等这些古代文化遗址，见到大量的碑刻、典籍、绘画、文学、戏剧等方面的多种实物和其他文化遗存，就能体会到这是中华文明的源远流长，它凝聚着丰富而深厚的中华民族文化内涵。我们游览北京的长城、故宫、圆明园遗址、十三陵等，就可进一步了解北京三千年的建城史和八百多年建都史，中国历史上许多重大事件在此发生。我们参观广州黄花岗烈士陵园（图4-25），就可学习广州起义的历史。学习历史，记住历史，更能增强我们的家国情怀。参观重庆白公馆、渣滓洞（图4-26），就更会激起我们对革命先烈的崇敬之情。认识我们现在的幸福生活是革命前辈用鲜血和生命换来的，让我们不忘初心，牢记使命，为中华民族的伟大复兴而贡献自己的力量。

图4-26 “渣滓洞”

城市的人文景观美，不仅表现在历史文化遗产上，更应该体现在现代社会的各种文化现象上。具备人文景观美的城市要有大量的文化设施，如书店、剧场、影院、戏院、图书馆、文化宫、音乐厅、美术馆、体育场、工艺美术馆、展览馆、博物馆、科技馆等。城市中这些物质文化环境，不仅是民族文化心理的表现，而且也直接影响着年轻一代文化心理的形成。它对人们的价值观念、审美情趣和生活态度产生潜移默化的作用，对每一个市民和旅游者来说，都是一种非说教的教育和情操上的陶冶。城市中没有这些设施，或者在这些设施中展示的内容都是低级庸俗的东西，那只能说明城市文化的贫乏或城市文化层次的低下。城市中的人文景观要体现着真（合乎历史和事物的发展规律），也要实现着善（对社会、对人民有利有益），才算是美。

3. 自然景观美

任何一个城市都是一定的地理环境的产物，它凭借一定的自然资源而得以生存和发展。比如北京，它西部和北部是连绵的太行山脉和燕山山脉，往东是浩瀚的大海，往南是辽阔的华北大平原，正由于北京有这样“草木丰盛”“泉水甘美”的自然条件，适合城市的生存和发展，所以从奴隶社会开始，许多朝代都在这里建都。再如南京，位于长江南岸，山环水绕，虎踞龙盘，形势险要，先后有10个朝代在这里建都。又如广州，它是我国南方最大的海港，长夏无冬，气候温和湿润，植物繁茂，自然条件很好，形成城市已有2 800多年的历史。古代人建立城市，充分考虑和凭借自然条件，现代人建立、改造和发展城市，也应该充分利用自然条件。因此，一个城市的美，其必要条件就是自然景观的美。每一个美的城市的自然景观，都是前人长期地不断开拓的结果，例如北京的北海、中南海、什刹海、玉渊潭、昆明湖、万寿山、香山等，都是自然美再加上人工的再创造才产生的，因此更引人入胜。人类从大自然中走来，又有复归大自然的愿望，所以现代城市的设计者和建设者，要尽量为市民创造享受自然美的条件。中华人民共和国建立以后，北京扩建了许多自然风景区，如在一片臭水沟中建成了龙潭湖公园，在一片荒土岗上建成了陶然亭公园，在一片小树林里建成了“大观园”等。又如：河北省的唐山市，素有“北方瓷都”之称，20世纪50、60年代以采煤、制水泥、制铁路机车等著称，是中国最早的工业城市。虽有所发展，但仍然是空气污染严重，第三产业较薄弱，经济发展较迟缓。1976年大地震，令唐山化为一片废墟，改革开放以来，经过唐山人民艰苦奋斗，唐山变成了一座美丽的城市。先后获得联合国人居奖、中国优秀旅游城市、国家园林城市等荣誉，近几年唐山还承办了世界园艺博览会、金鸡百花电影节和一些国际性会议。在唐山，城市建设者扩建了许多自然风景区。“南湖城市中央生态公园”就是其中之一，被评为国家AAAA级景区。改造前是采煤沉降区，垃圾成山、污水横流、杂草丛生、人迹罕至的城市“疮疤”和废墟地。经过整治，垃圾山变成山顶公园，还建有“桃花潭”“龙泉湾”“香茗岛”“凤凰台”“樱桃大道”等120多个景点。现在是蓝天碧水，绿树成荫，湖水清澈，鸟语花香的森林公园。再如：深圳过去只是一个小村庄，因村庄周围水泽密布，田间有一条深水沟而得名。改革开放后，深圳经济特区只发展了40年，就发展成中国南方重要城市。城市建设者扩建了许多自然风景区，“凤凰山森林公园”（图4–27）是其中之一，凤凰山峰峦连绵叠翠，树木四季葱茂，百鸟啼鸣、花果飘香、山泉浅唱、壑洞幽藏、奇石多姿、古庙生辉。无数的事例说明，每一个美的城市的自然景观，都是前人和后人长期的不断开拓的结果。

图4–27 凤凰山

二、居室美

居室就是住宅，人们亲切地称之为“家”。它是人们生活中学习、休息、会友和居住的地方，也是一家人共同组织家庭生活、相互交流思想感情的场所。居室环境属于第三环境，它可以反映出一个国家科学技术和文化艺术的发展水平，也可以反映出居室主人的精神境界、思想感情、志趣爱好和文化教养。居室同服装一样是人的心灵的一面镜子，可以折射出人的内在。青年人要美化自己的居室，就要有健康的审美趣味，懂得一定的美学原则，能自觉按照美的规律来创造居室美。

1. 布局合理美

有的居室面积不大，但由于布局合理显得井井有条，给人带来美感。有的居室比较宽敞，然而显得杂乱无章，比如茶几上放着报纸，书架上摆着鞋子，写字台上放着鱼缸等。要做到布局合理，就要善于利用有效的使用面积进行功能分区，如划分出待客区、学习区、娱乐区、就餐区、睡眠区等。在学习区，书桌和书架应集中摆放，在睡眠区不要放冰箱，在待客区不要放洗衣机。居室面积较小可以做到一器多用、一室多能，如用组合家具、折叠家具等，摆设在居室有限的空间里既方便实用，又显得雅致美观。有的居室一味追求数量多、体积大和造价高的家具，大衣柜、低矮柜、酒柜、电视柜、长沙发、“席梦思”床……把整个居室挤得水泄不通，钱花得很多，结果既不实用也不美观，还会感到压抑和窒息。在居室的布置上，要学会运用“减法”，去除室内一切多余的物品，要忍痛“割爱”，取其精华，居室才能美。据专家研究和测试，室内家具以占据房间面积的三分之一为最佳比例，这样可以周旋有隙、行走无碍，使人产生清新感、宽松感和舒适感。

2. 色彩组合美

美化居室，色彩是一个重要因素，因此应该了解色彩在居室中的各种审美作用。第一，色彩具有情绪感。浅色使人安静，深色使人沉闷，素淡使人镇定，浓艳使人兴奋。第二，色彩具有温度感。一般来讲，红、橙、黄、褐等为暖色调，青、蓝、绿、紫等为冷色调。人们美化居室可以用红、黄等暖色调组成一个热烈、温暖的环境，增添兴奋、喜庆的气氛，也可以用蓝、绿等冷色调组成一个清新、淡雅的环境，使紧张工作后的身心得到冷静和放松。第三，色彩具有重量感。一般白色或浅淡颜色有轻的感觉，黑色或深浓颜色有重的感觉。人们美化居室可根据色彩的重量效果进行运用与搭配，比如居室的顶棚和墙壁用白色或浅色，墙脚和地面用深色，这样组合能给人以上轻下重的稳定感。第四，色彩具有空间感。由于色彩的明暗、深浅不同，或者说色彩的亮度、纯度不同，人感觉到的物体的空间大小也不同。居室中墙面、顶棚和地面占的面积最大，把它们涂成亮度强、纯度高的浅颜色，或者涂成具有后退感的冷色，能使人产生一种高远、宽阔的视觉效果。把居室内的陈设物涂成亮度较弱、纯度较低的深颜色，可以缩小其空间感觉，使居室显得宽敞。

一个居室中，往往要采用多种色彩，但是，一定要确定以一个色彩为基调。确定基调后，再通过调和配色与对比配色，使居室的色彩富有变化。在一个房间里不要采用过多的色调，过多会使人感到色彩“太闹”，产生凌乱、厌烦的感觉。

3. 陈设装饰美

居室的美或丑，是由居室主人的思想境界、道德情操、文化素养乃至个人性格决定的。居室的美并不在于室内的陈设高级、华丽。有的人的居室尽管摆着高档的家具、现代化的组合音响，铺着高档的地毯，可谓富丽之极，但是假如它没有体现出主人的审美品位，缺乏强烈动人的生气和性格，便只能让人感觉到居室主人的富有，而富有的只是金钱不是灵魂。有的人的居室并不富丽，很简朴，只有几件普通实用的家具，但在墙上挂着寒梅傲雪的中国写意画，这表现了主人对民族传统绘画的喜爱和蓬勃向上的人生观；在客厅墙上挂上“家和万事兴”的书法作品和画，创造了一种大家庭团结、友爱、和谐、欢乐的气氛。墙上挂上“不忘初心，方得始终”的书法作品。鞭策自己不要迷失最初的目标，始终如一的保持当初信念，最后一定能得到成功。

我们在布置居室时，要有意识地创造陈设装饰美，要通过各种装饰美化的形式，如绘画、雕塑、书法、摄影、工艺品等文化艺术作品的展示，来寄托自己的审美情趣、追求志向和内在精神，反映出自己的个性、气质、文化素养和思想倾向，给原本没有生命力的居室及其陈设注入强烈的生命力，表现出陈设装饰美。

三、环境美的要求

城市是现代社会生活的空间组织形式，居室是城市的一个组成部分，两者在内容和形式上有所区别，存在着差异性。但是，城市和居室又都属于生活环境，存在着共同性。所以也就有共同性的要求。

1. 整洁、舒适

有的居室陈设简朴、装饰淡雅，摆设得整齐，打扫得干净，使人住着舒适，让人感到心清气爽，感到一种朴素的美。有的居室陈设高档、装饰豪华，但放置得杂乱，又长期不打扫，灰尘满桌，垃圾满地，使人住着不舒适，让人感到心烦意乱，感受不到什么美。

一个城市更要求整洁、舒适。环境整洁、舒适的城市受到人们的喜爱。设施落后、交通不便、满大街尘土、满胡同垃圾、河沟里臭气冲天，这样的城市谁也不愿意长期居住和逗留。所以，每个家庭和城市都要重视环境的整洁和舒适，这是环境美的最起码的要求。北京市城市建设就提出要把北京建设成“优美、清洁、具有第一流水平的现代化城市”，把清洁作为一项重要的城市建设目标。

2. 绿化、美化

几千年来，人类大规模地开发自然，向自然环境无节制地索取，严重地破坏了生态系统平衡，也就引来了困扰城市的许多环境问题，遭到了大自然可怕的报复。如气候异变、垃圾成山、水体污染、大气污染、噪声污染、水土流失、洪水泛滥、雾霾迷漫等。如不采取紧急措施，城市“繁荣”的富强之美，将变成“贫困”的病态之丑。1972年，世界上113个国家参加了联合国有关人类环境保护会议。提出了“只有一个地球”的环境保护口号。环境保护已引起各国人民的重视，成为全球一致的行动。

一般公认要达到城市生态环境优化，最重要的一项工程是绿化。绿化是创造城市自然景观美不可缺少的条件，它能起到保护、改善和美化环境，增进人身心健康的作用。绿化可以减少尘土污染，净化空气，1公顷松林每天可阻滞飘尘34 000公斤；1公顷阔叶林每天可吸收二氧化碳1 000公斤，放出氧气730公斤，净化空气1 800万立方米。同时，树林还能减弱噪声、保持水土、防风固沙、调节气候，保持整个自然界的生态平衡。绿化更有着艺术价值，现代的城市人多拥挤，生活节奏快，造成了人们紧张、单调、贫乏、压抑的心理，通过绿化让城市披上绿装，增加了空间环境的开阔感，人们好像回到了绿色的大自然的怀抱，使人感到幽静、安详、舒服和惬意。绿色不但使人感到色彩的美，还会给人以生机勃勃的美。“牡丹虽好，还要绿叶扶持”，美的城市也要用绿化来装饰，所以在改造、扩建城市风景区的同时，也要在城市的街头巷尾、楼前房后种植花草树木，建造些假山、水池、瀑布等，形成街头的小公园，使市民“不出城廓而有山水之怡，身居闹市而有林泉之致”。城市有了自然景观之美，使人们能够生活在一个清洁、优美、舒适、安宁的环境之中。

在重视城市大环境绿化、美化的同时要重视居室小环境的绿化、美化。绿化、美化的内容有盆景、盆栽、插花、养鱼、养鸟等。

盆景是我国传统的园林艺术之一。盆景有树木盆景和山水盆景之分，它是用植物、山石等材料，经过精心的艺术加工，将它们布置在盆盘之中来模仿大自然优美景色的一种陈设品。盆景充分利用了“以小见大”“缩龙成寸”的艺术手法，以达到“丛山数百里，尽在小盘中”的艺术效果。盆景被誉为无声的诗，立体的画。

盆栽植物非常丰富，有耐阴的观叶植物，如龟背竹、常春藤、万年青、棕竹等，也有穿插着花卉的杜鹃、石腊红、君子兰、扶桑等。在客厅里可摆上文竹、月季，在卧室里可放置茉莉、米兰等。有兴趣的主人还可以在室内养些金鱼、热带鱼和画眉、金丝雀、百灵鸟等，使居室的主人在室内也能享受到大自然中动物、植物和山水的形象美、色彩美、动态美、音响美。

花卉、树木、山石、流水、鱼、鸟等，这些自然景物无需修饰雕琢，就会给人以亲切爽适的美感。室内绿化还有调节气温和湿度、减弱噪声、净化空气的作用，可以消除人们在室内长时间工作的疲劳。特别在高层建筑林立的大城市环境中，我们应该努力创造室内的绿化美，以增加室内幽静雅逸的气氛和生机勃勃的自然美感。

3. 突出特色

人是有个性的，一座城市或一个居室也是有个性的，个性的美就是性格的美，也就是特色的美。在城市建设中，对整个城市的特色要注意保存和发展。比如北京是历史文化名城，有珍贵的文物古迹、革命纪念建筑物、风景名胜等，在城市发展中应当保持和发展这座古城的格局和风貌特色，使新旧建筑与周围环境互相协调，融为一体，达到继承和发扬历史文化传统的目的。再如内蒙古的呼和浩特，它是我国北疆的一座塞外古城，历史上内蒙古草原的一些民族都曾经在这里居住过，它的建设发展就要具有蒙古族的民族特色。又如广州，它是我国南方最大的海港，它的建设和发展就应该以商业为重点，成为对外贸易的门户和窗口。

在重视整个城市特色的同时，还要重视城市中某些独具特色的地区、建筑物和建筑群。如北京的海淀区是大学校园比较集中的地方，就应该多建一些书店和图书馆，成为文教区。琉璃厂有许多文化商店，出售古籍、文物、中国书画、文房四宝和工艺美术品等，就应建成具有民族特色的古色古香的文化一条街。牛街是北京的回民聚居的地区，这里有北京规模最大、始建于北宋的清真寺，有伊斯兰教堂、回民医院、回民小学，有专售回民小吃和食品的胡同等，具有民族特色。

在同样的居室条件下，一个居室会因为主人的审美修养的高低而有雅俗、巧拙、高下之分，会因为主人的审美情趣的不同而表现出不同的风格和特色。怎样才能创造居室的风格和特色呢？首先要立意在先，即要先想好布置一个什么风格情调的家，创造一种什么样的文化气氛，然后再考虑室内的家具、灯具、窗帘以及摆设的品种、材质、造型和色彩等。要让每一件家具、每一盏灯具、每一面窗帘、每一幅画……都为确定的风格特色服务，精心设计、精心采购、精心施工、让它们起到画龙点睛的作用。

比如，居室主人热爱中国文化历史，追求民族传统的美，居室设计的立意就应该传达中国文化的历史感，表达中国人的精神气质。例如：家具可选择色彩深重、表面光洁的仿明式的八仙桌、太师椅等，灯具可用中国传统的宫灯，窗帘可选用素色丝织物，案上点缀青铜器、陶俑、古玩、盆景等，墙上挂着文人写意画和草书条幅。整个居家就创造了一个怀旧的风格，表现了一种古朴的美。

如果居室主人追求时代气息，喜爱现代化的风格，居室设计的立意就应该传达国际文化艺术的新潮流，表达现代人的气质。家具和灯具的材质可选用现代优质材料，如：原木、不锈钢、有机玻璃等；造型可选择流线型、豪华型等。窗帘和地毯可选用色彩浓艳、对比色强烈的丝织物和毛织物。桌上可摆放现代派的雕塑，墙面上可挂上抽象派的绘画或彩色艺术摄影作品等。整个居室创造一种求新的风格，表现一种华丽的美。

如果居室主人追求乡土气息，喜爱田园风光，居室设计的立意就应该探求和创造大自然的“野趣”，表达勤劳纯朴的气质。室内装修可采用天然的石材、木材和砖瓦等材料，家具和灯具可选用原木、竹、藤、草、柳等原材料，窗帘可选用素雅的蜡染或土布等。桌上可摆放粗瓷蓝花瓶、陶土瓦罐，墙面贴上年画和剪纸。整个居室创造一种乡土的风格，表现一种朴素的美。

风格和特色当然不仅仅是这三例，还可以有稚拙天真的风格、浪漫奇幻的风格、幽静恬淡的风格等。居室能披露主人的性格美，也能显示主人精神世界的美。

总之，居室的美显现的是风格的美、特色的美、文化的美、时代的美。这美的居室环境要靠我们精心设计来创造，也要靠我们辛勤劳动来保持。让我们掌握更多的居室美的规律，把我们的家打扮得更美丽。

城市和居室都属于生活环境。人创造了环境，环境也创造了人。环境美对于提高人的生活质量，对于改变人的精神面貌，对于美化社会和促进社会进步，具有极其重要的作用。

主题五

饮食美

随着社会的发展和人类物质生活水平的不断提高，吃饭已不仅是人类生存的需要，而且是一种生活的乐趣和美的享受了。中国的饮食文化，源远流长，是我国优秀的民族文化遗产的重要组成部分。从最早的甲骨文的“羊大为美”，可以知道美是从饮食发源的。古代的许多哲学家、文学家都是美学家，也是美食家。孔子在《论语》中提出：“色恶不食，臭恶不食，失饪不食，不时不食，割不正不食。”即菜点的颜色不美不吃，味道不香不吃，切得不规整不吃。2 000多年前中国的烹饪就讲究食品的色彩美、形态美、香气美和滋味美了。中国古代的美学研究，也是从“五味”“五音”“五色”开始的。

唐代诗人李白的“抽刀断水水更流，举杯消愁愁更愁”，宋代诗人苏东坡的“明月几时有？把酒问青天”，都表明饮食在一定条件下，不仅为了充饥或获得生理快感，而且还可以“消愁”或为友人的远离饯行等。再从家宴、喜宴、寿宴、丧宴、国宴等饮食活动看，饮食活动已经成为人们之间、民族之间、国家之间交流感情的一种形式，具有文化内容和社会意义。

饮食美可以由饮食本身的美、饮食名称的美、饮食环境的美、饮食过程的美几方面构成。

一、饮食本身的美

1. 色彩美

任何菜点都有色彩，观色总在品味之前。菜点的色彩美能使人获得视觉上美的享受，促进人的食欲。

（1）发挥本色

菜点的色彩要尽量调动食品原料的固有颜色，如辣椒的红、腐竹的黄、菠菜的绿、银耳的白、木耳的黑等。保持和发挥固有色，能使人感觉到食品色彩的自然美，也会感到食品本身鲜美可口、清洁卫生。

（2）重在组合

菜点中色彩美不宜单调，丰富才能多彩，所以要进行有效的色彩组合。调和配色（烹饪中叫“顺色”）可使菜点具有柔和、素雅、清爽的美感。如“糟溜三白”，其鸡片、鱼片与笋片有黄白、纯白和青白之分。对比配色（烹饪中叫“岔色”）可使菜点具有醒目、鲜艳的美感。如“番茄鸡蛋”，红黄对比；“翡翠羹”，绿白对比。再如菜肴“鸡锤烧凤翼”，用鸡翅锤形部分挂糊炸成金黄色，中节部分加调料烧成深红色，粉丝炸成白色，再加少许红樱桃、香菜叶点缀，红、黄、白、绿四色组合，取得色彩美的效果。

（3）妙在点睛

例如在大面积的奶白色蛋糕上放上几粒鲜红的樱桃，在黄褐色的“红烧鱼”上放上几根绿色香菜叶，民间办喜事时在白馒头上点上红点等，都能使菜色的美感油然而生。

2. 香气美

香气是由菜点中带有香味的挥发性物质产生的，能使人舒适愉快，获得嗅觉上美的享受，增进人的食欲。和色彩一样，香气具有“先声夺人”的作用。

（1）自然香

自然香是指充分发挥原料的自身香气。如“小葱拌豆腐”，发出葱香和豆腐香；“菠萝鸭片”，发出菠萝的果香和鸭片的肉香。

（2）加热香

加热香是指通过炸、炒、熘、炖、蒸等烹饪方法，使原料的自然香气散发出来。如“荷叶米粉肉”，发出荷叶的花香与肉的清香。

（3）发酵香

发酵香是指通过微生物的作用，将原食物转化成有香气的食物。如腐乳、泡菜、酸菜、“乳香肉排”等。

(4) 调料香

调料香是指在菜点中加入增香剂，如葱、蒜、姜、胡椒、八角、花椒、小茴香、酒糟、花粉等，以扬香气，如“桂花糕”“葱油饼”。又如“清汤冬瓜鸡”，加入葱姜去掉腥气，散发出肉香和菜香。

3. 滋味美

滋味美是烹饪美感的高潮和最主要部分，它使人获得味觉上美的享受。中国菜点很重视菜点的滋味美。

(1) 重本味

重本味即是尽量保持食品原来的味。吃肉重肉味，吃海鲜重海鲜味，即便是吃萝卜也要重萝卜味。重本味不一定都是要保持原料的原始本味，而是保留了本味的精华，去除了本味的糟粕。比如有腥味的鱼或有膻味的羊肉，烹调时加点醋和酒，更能发挥出它们鲜美的本味。

(2) 重调味

俗话说“五味调和百味香”，五味指酸、甜、苦、辣、咸。调味是一种艺术，有如绘画中调色，三原色能调出绚丽多彩的颜色；也有如音乐中调音，七声音阶能调出无数的美妙旋律。调味可把五味的单一味调成复合味，复合味种类繁多。以四川的四种辣菜为例：回锅肉，咸鲜微辣；麻婆豆腐，麻辣鲜咸；宫保鸡丁，香辣鲜咸；鱼香大虾，咸辣酸甜，四种辣菜，四种滋味。

(3) 重口味

“食无定味，适口者珍”，因而烹饪要讲究适合不同人的口味。人的年龄、性别、民族、生活环境不同，人的味蕾的数量、质量、分布状况也不同，因而口味呈现出因人而异的千差万别。“南甜北咸”“东辣西酸”，道出了我国不同地区的口味特点。烹饪中还要注意不同时令不同味，古人云：“春多酸、夏多苦、秋多辛、冬多咸，调以滑甘。”

(4) 重风味

风味就是在调味中存在明显不同风格的味型。如广东风味以清淡为主，江苏风味是咸中带甜，山东风味是咸鲜味浓等。要用各种烹饪技艺展示味的无穷魅力。中国烹饪在滋味美方面，从古至今积累了丰富的经验。

4. 造型美

菜点的造型工艺是烹饪艺术的主要内容。美的菜点形态能赏心悦目，使人获

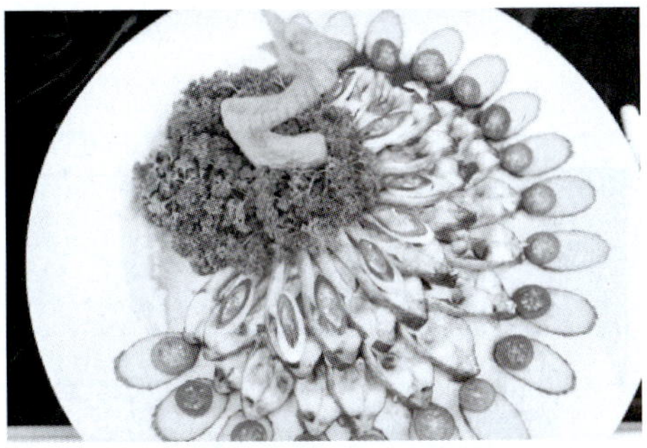
图 4–28 “孔雀开屏”

图 4–29 “喜鹊登梅”

图 4–30 食品雕刻之飞禽

得视觉上的美感，引起人们的食欲。菜点的造型形式有自然形、随意形、图案形、象形形等。造型的方法有：包卷法、扣制法、挰挤法、捆扎法、镶嵌法、串连法等。

造型的方法不仅这些，还有排制法、叠合法、穿制法等。特别是有些工艺菜造型要求很高，难度很大，要把菜点模拟成动物、花卉、建筑等，如“孔雀开屏”（图 4–28）、“金鸡报晓”“雄鹰展翅”“松鹤延年”“喜鹊登梅”（图 4–29）、“龙凤呈祥”等。

食品雕刻（简称食雕），是一种造形艺术，是中华饮食文化中的一份宝贵遗产。食雕在隋唐时期就开始流行，明清时期发展到了一个较高层次。食雕常用原料有两大类，一类是质地细密，坚实脆嫩，色泽纯正的根，茎，叶，瓜，果等蔬菜；另一类是既能食用，又能观赏的熟食食品。最常用的是前一类。雕刻的作品有人物、飞禽（图 4–30）、走兽、花卉（彩图 97）、山水等。食雕作品在饮食中起的作用是点缀菜肴、烘托宴席气氛，还会给食客带来赏心悦目美的享受。食雕成品既可观赏，又可食用。在国际性的高档宴席上，食雕艺术作品显示了中国烹饪的精湛技艺，体现了中华文明和饮食文化，得到世界各国贵宾的高度称赞。

5. 器具美

任何菜点都要用器具盛放，精美的菜肴盛放在粗陋的器具里，既不协调也不美。我国古代对烹饪中的器具美就很讲究，唐代诗人杜甫在《丽人行》中有这样的描绘：“紫驼之峰出翠釜”，即红褐色的驼峰羹盛在绿色的莲花碗中——形成艳丽的对比配色；“水晶之盘行素鳞”，即乳白色的全鱼盛放在水晶之盘中——形成素雅的调和配色，都表现了食品的精美和器具的高贵。有的菜肴装盘后放在花篮中，更美化了饮食。

器具美首先要求配套，而且花色图案要协调，不能杂乱无章。另外要求质细形美，图案有民族特色和时代感。

饮食的色彩美、香气美、滋味美、造型美和器具美，构成饮食本身的美。使人获得视觉、嗅觉、味觉上美的享受。

二、饮食名称的美

图4-31 “菊花鱼”

美味佳肴要有与之相称的美名，名称起得好，可以使佳肴与美名相映生辉。名称要根据菜点的内部特点来命名，同时也要体现出命名者的文化艺术修养以及社会历史知识等多方面的水平。菜点名称要充分体现出精练、含蓄、形象、生动的文学特性，表现文学美。饮食命名方式大致有以下几种：

①用比喻手法，如“菊花鱼”（图4-31）、“樱桃肉”“狮子头”“金银蹄”“水晶肘子”“翡翠虾仁”“松鼠桂鱼”（彩图98）、“黄鸟入林”等。

②用夸张手法，如“百果糕”“百味羹”“千层饼”“千里酥鱼”“过门香”“佛跳墙”等。

③用象征手法，如“一品豆腐”，象征这是最好的；“鸳鸯鱼片”，象征夫妻白头偕老。再如“二龙戏珠”“四喜丸子”“五子献桃”“八仙过海”“百鸟朝凤”“龙凤呈祥”等。

④包含着典故，如“霸王别姬”，用料有鳖和鸡，音谐“别姬”；“草船借箭”，借用“三国”的故事，用桂鱼制成船，以蛋松拟稻草、以冬笋拟箭枝来制菜肴。

⑤纪念某人物，如北宋苏轼把制作红烧肉的经验写成诗歌：

黄州好猪肉，价贱如粪土，

富者不肯食，贫者不知煮。

慢着火，少着水，

火候足时味自美。

人们为了纪念他，把按他的经验制作的红烧肉，称作“东坡肉”，成为杭州一道名菜。再如纪念卓文君的“文君酒”，纪念戚继光的“征东饼”，以及“麻婆（人名）豆腐”“宫保（官名）鸡丁”等。

中国饮食的名称，想象丰富、寓意奇巧、比喻精妙、情趣高雅，充满了文学性，人们可以从饮食的名称中得到美的熏陶和享受。

三、饮食环境的美

人们进食，必须有饮食环境。环境不外有两种，一种是自己家庭居室内餐厅，一种是饭店、酒楼的餐厅。

家庭的餐厅，可选用方圆或长短可变的餐桌，适应进餐人数多少的变化。餐桌上不进餐时，摆上便于移动的瓶花。墙面的最佳色彩是橙色，橙色可产生活力，有助于钙的吸收，促进健康。墙面上可挂有水果、蔬菜的静物摄影作品。餐厅灯光采用黄色，使菜肴呈现出鲜嫩可爱的色调，诱发食欲。家庭的餐厅要布置得清爽、优雅、方便、舒适。

饭店、酒楼的餐厅的环境美，首先要体现在它的命名。如“长城饭店”，长城是中华民族的象征；“鸿宾楼”，含意是“鸿雁来宾”；“萃华楼”，有荟萃精华之意；“丰泽园”，有丰富、泽润之意，等等。许多餐厅还设有包间，命名为“牡丹”“翠竹”“杜鹃”“仙鹤”等。餐厅的名称，语短意长、含蓄高雅、令人玩味，使人得到文学美的享受。在餐厅的墙面上，再挂上名人书画作品，可以更进一步创造文化气氛。

饭店、酒楼的餐厅环境美，还要创造一种独特的风格和情调，或典雅宁静，或淳厚古朴，或豪华富丽，或恬淡纯真。比如：

“宫廷式”，以中国古代皇家美学风格为模式，庄严雄伟、金碧辉煌。餐厅用彩绘宫灯照明，摆着龙凤屏风、红木家具和大型盆景，墙上挂着中国古代传统字画，表现出古色古香的古典韵味，使人们犹如置身于宫廷之中。

“四合院式”，以北京平民四合院风格为模式，通俗简朴、恬淡纯真。院的门楼上挑挂红灯，院内影壁上贴着“福”字。正房和两边厢房作为雅座和包间，廊柱上贴着吉祥的对联。屋内摆着八仙桌和条凳，在柜台上陈列着焦圈、小窝头、豌豆黄、艾窝窝等北京小吃，墙上贴着豆汁、豆腐脑、炸酱面的价目表。造就了一个老北京的文化氛围。

“园林式”，以中国建筑与自然景色交织的风格为模式，优美宁静、典雅秀丽。餐厅就在园林之中，餐厅外开池筑山，做成小瀑布，栽花种树，开辟养鱼池，再建以小型的中国古典式的亭台廊桥。在能放上餐桌的地方，摆上石桌或用藤柳编制的桌椅。在此进餐令人心旷神怡，既享受到饮食之美，又享受到山水林泉之乐。

饮食环境的美，要创造的风格和情调不止以上几种，还可以有“北方农舍式”“南国风光式”“欧美豪华式”等。不同的饮食环境美，给人们带来不同的审美感受。

四、饮食过程的美

有了美的食物、美的环境，如果掌握不好饮食节奏，上菜忽快忽慢，菜点忽凉忽热，进餐者也体会不到饮食美。饮食过程一般是先冷后热、先菜后点、先咸后甜、先炒后烧、先清淡后肥厚、先优质后一般。上席的快慢应紧密配合进餐情况，掌握好上菜速度，不要太集中，也不要出现脱节现象。一桌宴饮上菜顺序和宴饮的情绪像一部乐曲一样，其关系式是：冷菜（序曲）→热炒（初入高潮）→烧菜（第二高潮）→主菜（最高潮）→甜菜、汤菜等（尾声）。饮食过程像是欣赏一部优美的饮食交响曲。

饮食过程要表现出进餐人的礼仪、风度美。主人要亲切热情，客人要彬彬有礼，对长辈要处处给予尊重和照顾。饮食时不要发出声音，不要嘴里含着食物说话，吃中餐时不要站起来或手臂越过别人夹菜；吃西餐时要注意刀叉的正确用法——左手叉、右手刀，自外而内每道菜换一副刀叉等。这些细节都可以体现出一个人的礼仪修养，应时刻加以注意。亲朋好友聚餐，要回忆过去情深意厚的往事，谈论现在个人发展的状况，展望未来互相促进的计划。多说互相祝福的话，多谈幽默有趣的事。不说影响团结的话，不谈低级庸俗的事。不出现喧哗、争吵、酗酒、打斗等不文明行为。出现不文明的言行，就谈不上饮食美。

饮食过程要表现出欢乐、愉快之美。可以穿插一些有兴味的活动，则更增添情趣之美。如赋诗、联诗、对联、拆字、成语接龙、猜拳、猜枚、击鼓传花等，这些游艺活动，或高雅或通俗，人们随意进行既可增进友谊，又感受到了饮食中的意境美。饮食过程还可以伴随一些音乐、舞蹈活动，能起到愉悦精神、增强食欲、帮助消化的作用，有益于人的身心健康。中餐宴饮，可伴以古朴的民乐、婉转的民歌和民族抒情舞。西餐宴饮，可伴以小提琴协奏曲、钢琴曲、现代轻音乐和古典芭蕾舞等。这些轻柔缓慢、委婉动人的音乐旋律与飘逸舒展、潇洒优美的舞蹈身姿，把进餐者带入了如诗如画的意境之中。

饮食本身的美、名称的美、环境的美和过程的美，不是孤立的存在，而是相互协调，密切配合，共同表现出饮食的整体美。如在“竹楼式”的餐厅进餐，厅外有一片翠绿的竹林，厅内还摆着竹桌、竹椅、竹屏风。在竹盘和竹篮中，放着香蕉、菠萝和鲜花。穿着筒裙的傣族服务员，送上了米酒、过桥米线和竹筒饭。进餐者一边品尝着具有民族风味的菜和饭，一边谈论着西双版纳的故事传说。傣族男青年在吹笛、唱歌，傣族女青年在跳着孔雀舞。在这里进餐享受着菜点的饮食美、歌舞的艺术美和民俗风情的文化美。

饮食是科学、是文化、是艺术。饮食美，是社会进步、社会文明的重要标志之一。我们要以审美的方式对待饮食，使饮食在日常生活中具有更深厚的文化意蕴。

思考与练习

主题一

- 人体美和心灵美分别表现在哪些方面?
- 什么是风度美? 怎样体现人的风度美?
- 为什么人的美要整体评价?
- 为什么人的心灵美高于人体美?
- 为什么说人体美和心灵美的可变性造成了人们追求美的可能性?
- 你应该怎样去做，让自己变得更完美?

主题二

- 服饰美的美学意义是什么?
- 服装美的三要素和美学原则是什么?
- 什么样的皮肤和头发最理想? 青年学生美容和美发应注意什么?
- 佩戴饰品应遵循的美学原则是什么?
- 在服饰上，怎样利用“视错”和“扬美”“遮丑”的方法来美化自身?
- 为什么学生的服饰要追求朴素美,表现自然美和展示自己的个性?

主题三

- 风景美是由哪些因素构成的?
- 风景美具有哪些不同的风格?
- 观赏风景，怎样选择距离、角度、高度和时间?
- 观赏风景，怎样把握风景美的特征?
- 观赏风景，怎样才能触景生情和陶冶情操?
- 写一篇某风景区的游记。

主题四

- 城市美是由哪些因素构成的?
- 居室美是由哪些因素构成的?
- 按照城市美的构成因素和环境美的要求，写一篇北京（或某城市）的游记。
- 按照居室美的构成因素和环境美的要求，对自己的居室重新设计或适当改进，进行美化。

主题五

- 饮食本身的美包括哪些因素？举例说明。
- 饮食命名的方式有哪些？举例说明。
- 家庭的餐厅和饭店的餐厅环境，应该怎样进行美化？
- 饮食过程中，怎样表现出进餐人的礼仪、风度之美和欢乐、愉快之美？

主要参考文献

[1] 王朝闻 . 美学概论[M]. 北京:人民出版社 .1981.
[2] 汪流 . 艺术特征论 [M] . 北京 : 文化艺术出版社 .1984.
[3] 杨辛 . 青年美育手册 [M] . 石家庄 : 河北人民出版社 .1987.
[4] 雷振亚等 . 商品美学 [M] . 北京 : 北京大学出版社 .1989.
[5] 毕盛镇, 刘畅等 . 艺术鉴赏心理学 [M] . 长春: 吉林文史出版社 .1990.
[6] 曹利华 . 饮食烹饪美学 [M] . 北京 : 科学普及出版社 .1991.
[7] 杨辛, 甘霖 . 美学入门 [M] . 武汉 : 湖北教育出版社 .1992.
[8] 刘叔成 . 美育基础知识 [M] . 北京 : 教育科学出版社 .1992.
[9] 曹利华 . 美学基础理论 [M] . 北京 : 北京师范学院出版社 .1992.
[10] 赵祖达 . 美学与市场经济 [M] . 北京 : 华文出版社 .1998.
[11] 彭吉象 . 影视鉴赏 [M] . 北京 : 高等教育出版社 .1998.
[12] 庄志民 . 旅游美学 [M] . 上海 : 上海三联书店 .1999.
[13] 曹利华 . 中华传统美学体系探源 [M] . 北京 : 北京图书馆出版社 .1999.
[14] 周世斌 . 音乐欣赏 [M] . 重庆 : 西南师范大学出版社 .2000.
[15] 李莉 . 艺术美学导读 [M] . 北京 : 中国人民

大学出版社 .2004.
［16］ 仇春霖 . 大学美育［M］. 北京 : 高等教育出版社 .2005.
［17］ 张道一 . 美术鉴赏［M］. 北京 : 高等教育出版社 .2006.
［18］ 王耀华，伍湘涛 . 音乐鉴赏［M］. 北京：高等教育出版社 .2006.
［19］ 迟柯 . 西方美术史话［M］. 北京 : 中国青年出版社 .2010.
［20］ 杨辛，甘霖等 . 美学原理［M］. 北京：北京大学出版社 .2010.

彩图 92 武陵山

彩图 93“猴子观海”

彩图 94 漓江

彩图 95 北京大兴国际机场

彩图 96 港珠澳大桥

彩图 97 食品雕刻之花卉

彩图 98 松鼠桂鱼

彩图89 香山红叶

彩图90 峨眉山

彩图91 洞庭湖

单元四

生活美学

彩图84 视线焦点

彩图85 服饰花纹（1）

彩图86 服饰花纹（2）

彩图87 服饰色彩

彩图88 服饰点缀

彩图81 戏曲《挑滑车》剧照

彩图82 电影《城南旧事》剧照

彩图83 电影《黄土地》剧照

彩图78 戏曲《三岔口》剧照

彩图79 戏曲《拾玉镯》剧照

彩图80 戏曲《打渔杀家》剧照

红脸　黑脸　白脸　窦尔墩　包公　赵匡胤

彩图75　戏曲脸谱

彩图76　戏曲《空城计》剧照

彩图77　戏曲《女起解》剧照

（文）老生

（武）老生

（文）小生

（武）小生

（长靠）武生

（短打）武生

正旦（青衣）

花旦

武旦

老旦

彩旦（丑旦）

大花脸（铜锤、黑头）

二花脸（架子花脸）

武花脸

文丑

武丑

彩图74 戏曲的行当

彩图69 民族舞《丝路花雨》剧照

彩图70 芭蕾舞《天鹅湖》剧照

彩图71 话剧《雷雨》剧照

彩图72 话剧《玩家》剧照

彩图73 话剧《茶馆》剧照

彩图65 摄影《雨中情》王冉

彩图66 摄影《瞧新娘》林庭松

彩图67 民族舞《摘葡萄舞》剧照

彩图68 民族舞《荷花舞》剧照

彩图59 摄影《日出》受益

彩图60 摄影《鱼咬荷花》程幸福

彩图61 摄影《平衡木运动员》白雪

彩图62 摄影《仙境之桥》霍尔德

彩图63 高调拍摄 王浩

彩图64 低调拍摄 刘鹏

彩图 56 颐和园

彩图 57 颐和园长廊

彩图 58 钓鱼台

彩图51 国家体育场

彩图52 上海中心大厦

彩图53 安徽钢琴屋

彩图54 都江堰芙蓉花

彩图55 莲花会展中心

彩图48 苏州“网师园”

彩图49 漏窗

彩图50 北京西客站

彩图44 刺绣 陈水琴

彩图45 泥塑《惜春作画》张明山

彩图46 故宫博物院鸟瞰图

和玺彩画

旋子彩画

苏式彩画

彩图47 建筑彩画

彩图41 玉雕 吴元全

彩图42 漆雕 李志刚

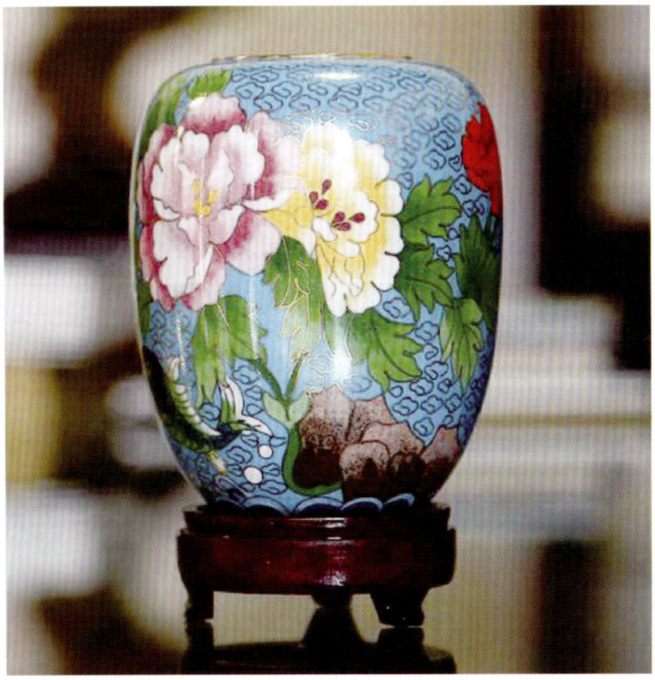

彩图43 景泰蓝 钱美华

彩图 37 油画《晨星》波洛克

彩图 38 雕塑《思想者》罗丹

彩图 40 雕塑《掷铁饼者》米隆

彩图 39 雕塑《秦兵马俑》

彩图33 油画《父亲》罗中立

彩图34 油画《罗马尼亚的上装》马蒂斯

彩图35 油画《呐喊》蒙克

彩图36 油画《亚威农少女》毕加索

彩图30 油画《花园里的妇女》莫奈

彩图31 油画《最后的晚餐》
达·芬奇

彩图32 油画《女神游乐场的酒吧间》马奈

彩图27 油画《意外归来》列宾

彩图28 油画《梅杜萨之筏》席里柯

彩图29 油画《日出·印象》莫奈

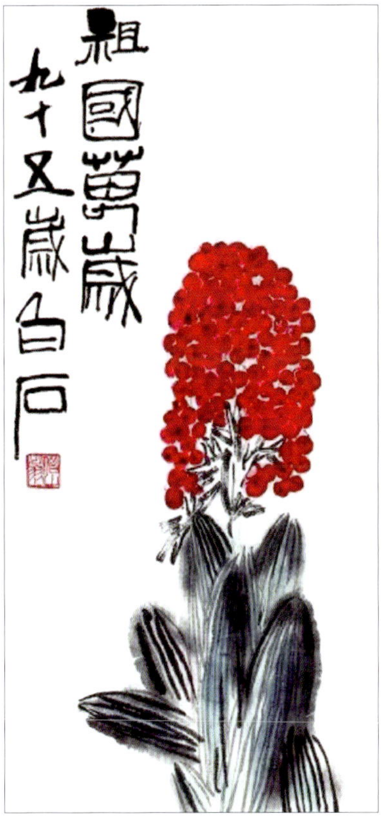

彩图24 国画《祖国万岁》齐白石

彩图26 国画《牡丹》王雪涛

彩图25 国画《捣练图》张萱

彩图21 油画《伏尔加河上的纤夫》列宾

彩图22 油画《西斯廷圣母》拉斐尔

彩图23 油画《自由引导着人民》德拉克洛瓦

彩图18 油画《前线来信》拉克季昂诺夫

彩图20 油画《推独轮车的农妇》毕沙罗

彩图19 国画《韩熙载夜宴图》局部 顾闳中

单元三

文艺美学

彩图14 敦煌石窟中的壁画

彩图15 油画《不相称的婚姻》普基廖夫

彩图16 油画《拾穗》米勒

彩图17 国画《雁荡山花》潘天寿

彩图11 雕塑《马踏飞燕》

彩图12 油画《小桥、流水、人家》受益

彩图13 摄影《江南水乡》刘鹏

彩图8 雕塑《断臂的维纳斯》

彩图10 油画《盲女》密莱

彩图9
国画《江山如此多娇》
傅抱石 关山月

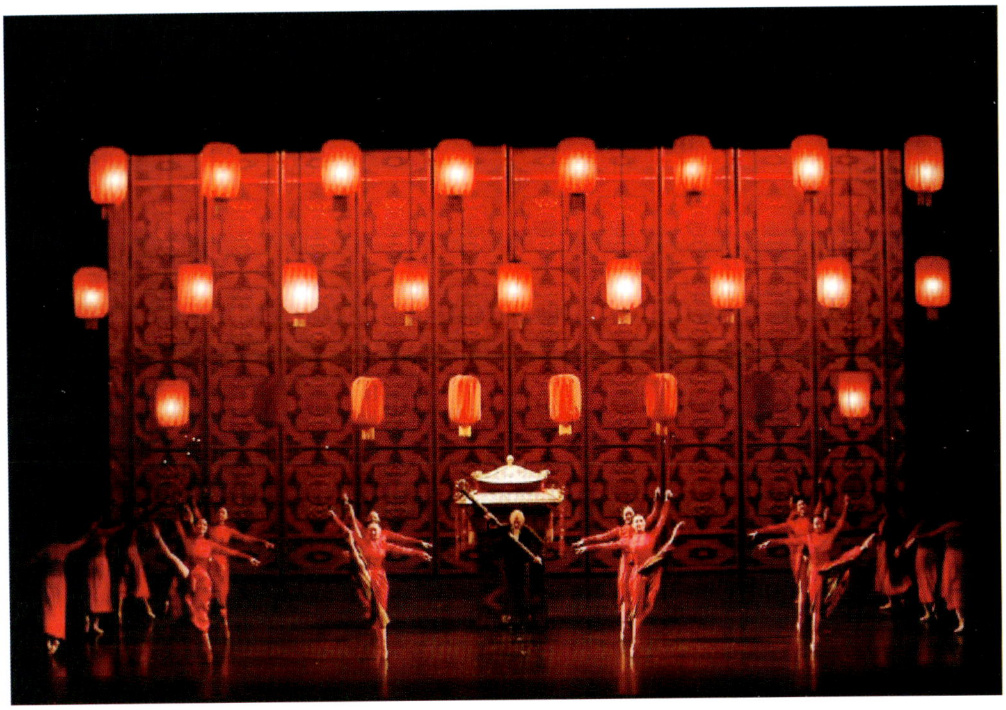

彩图5 芭蕾舞剧《大红灯笼高高挂》剧照

彩图6 国画《风雨鸡鸣》徐悲鸿

彩图7 油画《蒙娜丽莎》达·芬奇

单元二

美学原理

彩图1 舞蹈纹彩陶盆

彩图2 祈年殿

彩图3 雕塑《艰苦岁月》潘鹤

彩图4
国画《清明上河图》局部
张择端

美育基础知识

彩插

图书在版编目（CIP）数据

美育基础知识 / 刘受益主编. -- 3版. -- 北京：高等教育出版社, 2021.10（2022.12重印）
ISBN 978-7-04-055693-3

Ⅰ. ①美… Ⅱ. ①刘… Ⅲ. ①美育－中等专业学校－教材 Ⅳ. ①G40-014

中国版本图书馆CIP数据核字(2021)第029786号

MEIYU JICHU ZHISHI

出版发行 高等教育出版社
社　　址 北京市西城区德外大街4号
邮政编码 100120
印　　刷 三河市骏杰印刷有限公司
开　　本 889mm × 1194mm 1/16
印　　张 18
字　　数 320千字
插　　页 16
购书热线 010-58581118
咨询电话 400-810-0598
网　　址 http://www.hep.edu.cn
　　　　 http://www.hep.com.cn
网上订购 http://www.hepmall.com.cn
　　　　 http://www.hepmall.com
　　　　 http://www.hepmall.cn
版　　次 1996年 6 月第1版
　　　　 2021年10月第3版
印　　次 2022年12月第3次印刷
定　　价 49.80元

策划编辑 王宇彤
责任编辑 董梦也
特约编辑 王宇彤
封面设计 赵　阳
版式设计 赵　阳
插图绘制 于　博
责任校对 窦丽娜
责任印制 朱　琦

本书如有缺页、倒页、脱页等质量问题，请到所购图书销售部门联系调换

物 料 号　55693-00